SERVIÇO SOCIAL DO COMÉRCIO
Administração Regional no Estado de São Paulo

Presidente do Conselho Regional
Abram Szajman
Diretor Regional
Danilo Santos de Miranda

Conselho Editorial
Ivan Giannini
Joel Naimayer Padula
Luiz Deoclécio Massaro Galina
Sérgio José Battistelli

Edições Sesc São Paulo
Gerente Marcos Lepiscopo
Gerente adjunta Isabel M. M. Alexandre
Coordenação editorial Clívia Ramiro, Cristianne Lameirinha, Francis Manzoni
Produção editorial Bruno Salerno Rodrigues
Coordenação gráfica Katia Verissimo
Produção gráfica Fabio Pinotti
Coordenação de comunicação Bruna Zarnoviec Daniel

diálogos entre
o violão solo
e a canção popular
no Brasil

Chico Saraiva

© Chico Saraiva, 2018
© Edições Sesc São Paulo, 2018
Todos os direitos reservados

Preparação Elen Durando
Revisão Célia Regina de Lima, Rosane Albert
Projeto gráfico, capa e diagramação TUUT

Dados Internacionais de Catalogação na Publicação (CIP)

Sa713v
Saraiva, Chico

Violão-canção: diálogos entre o violão solo e a canção popular no Brasil / Chico Saraiva. – São Paulo: Edições Sesc São Paulo, 2018. –
        244 p. il.: pautas.

        Bibliografia; musicografia.
    ISBN 978-85-9493-096-5

1. Música brasileira. 2. Violão solo. 3. Canção popular.
4. Violão-canção. I. Título. II. Silva, Francisco Saraiva da.

CDD 780.981

Edições Sesc São Paulo
Rua Cantagalo, 74 – 13º/14º andar
03319-000 – São Paulo SP Brasil
Tel. 55 11 2227-6500
edicoes@edicoes.sescsp.org.br
sescsp.org.br/edicoes
/edicoessescsp

*A meu pai Nelson
e
a meu filho Tomás.*

Quando se trata de algo próprio, pessoal,
há sempre uma referência, que é um segredo intuitivo que
*　　cada um tem.*
Eu não sei direito de que forma ele aponta para
*　　essa referência*
que vai produzir um caminho musical.
Isso é um processo que foge à minha alçada de tradução.
Mas ele existe.

João Bosco

10 — APRESENTAÇÃO
Danilo Santos de Miranda

14 — PRIMEIRAS PALAVRAS

16 — INTRODUÇÃO
21 — Diário de bordo

26 — **O VIOLÃO SOLO E O VIOLÃO E VOZ**
27 — Um violão que canta
33 — Um violão que se engrena na canção

40 — **A PROCURA DO OUTRO**
42 — O letrista
44 — Matrizes rítmicas
58 — Matrizes melódico-harmônicas

66 — **CANÇÃO: GRAUS DE AÇÃO DO INSTRUMENTO NO PROCESSO CRIATIVO**
69 — A não canção?
78 — "Pétalas de rosas espalhadas pelo vento"
81 — A canção sem violão
84 — A pergunta de Tatit
92 — Parece fácil, mas é impossível
96 — O *composer*, o *songwriter* e *the grays in between*
98 — O violão às vezes traz a melodia

104 **VIOLÃO: O ERUDITO-POPULAR E O TOCAR-COMPOR**
105 Violão-piano
110 O idioma do violão
117 A sala, o banheiro e a praça
122 O vigor e a sutileza
124 Tocar junto
129 Ressurgimentos: a escola de Meira e o ar maior
139 Som polido

144 **SANGUE MESTIÇO: CINCO SOLOS**
147 "Gagabirô" – com João Bosco
153 Uma pergunta para Brouwer – com Sérgio Assad
157 É teu? – com Guinga
164 Rítmica brasileira – com Marco Pereira
168 "Boi de mamão" – com Paulo César Pinheiro

176 **O FIXO E O FLEXÍVEL**
178 Ver fazer: o "Jimbo no jazz"
183 O "Jongo" de Bellinati e o jongo do Tamandaré
189 Um problema antigo
194 O momento da escrita
198 Uma coisa poética dentro de uma música com suingue

206 **ELOMAR E O INAPREENSÍVEL**

216 **ALUMBRAMENTO**

224 Bibliografia
234 Musicografia
236 Lista de faixas
238 Sobre o autor
240 Sobre os entrevistados
243 Agradecimentos

APRESENTAÇÃO

Danilo Santos de Miranda
Diretor Regional do Sesc São Paulo

CONVERSAS
DE PINHO

Quando se trata de compreender melhor os temperamentos de um povo, quais são os papéis dos artistas? Insatisfeitos com a distância que o palavreado impõe aos fenômenos, utilizando signos que parecem mais trair do que traduzir as coisas do mundo, especialistas e diletantes investigam outras estratégias de leitura do real e, por vezes, desviam seus olhares para a arte.

Persistindo nessa linha de raciocínio, uma manifestação artística teria maiores possibilidades de expressar o inefável de uma determinada cultura se estivesse menos atrelada à linguagem prosaica com a qual se ganha a vida e se paga as contas. Não é difícil perceber que a música se encaixa bem nessa descrição: as linhas melódicas e opções harmônicas, as circunstâncias rítmicas preferidas, os timbres obtidos pelo contato com instrumentos diversos, tudo isso constitui um léxico peculiar cujos impactos no imaginário desenham caminhos imprevistos.

Os brasileiros compreendem o cenário em que vivem como eminentemente musical. A música estaria nos ambientes, nos corpos e mentes, nas visões utópicas e nas expressões de frustração. Importa menos que isso corresponda ou não à verdade dos fatos, já que no registro do imaginário as crenças equivalem aos acontecimentos: ambos implicam consequências palpáveis, dentre as quais está a consolidação da imagem de um país musical.

Algumas inquietações daí decorrem. Em quais sentidos a música brasileira nos revela? Essa seria uma particularidade do Brasil em relação às demais nações? A obra *Violão-canção*, de Chico Saraiva, transita por inquietações assemelhadas: a partir de sua própria experiência musical, identifica uma linha de força que, por um lado, conecta um determinado instrumento a seus praticantes e, por outro, testa a hipótese de que tal vetor funcione como elemento de identidade cultural.

Saraiva explora as conexões entre o canto e o violão, ouvindo para isso os próprios instrumentistas. Transita por assuntos que se interpenetram: as maneiras de compor, os ambientes culturais e seus ritmos, a influência das técnicas de gravação nos registros vocais e instrumentais, as intersecções entre popular e erudito, entre outros. E, sobretudo, encaminha tais investigações sem perder de vista um determinado ponto de fuga: a vocação do violão brasileiro para "cantar", cuja faceta complementar seria certa predileção da canção brasileira por esse instrumento.

Está aqui em jogo a traiçoeira trivialidade de lidar com o evidente. A estrutura banquinho-e-violão, ao habitar como uma segunda natureza o cotidiano brasileiro, impõe-se como dado de realidade e parece refratária a olhares interrogativos. À mera constatação, Saraiva pergunta: por que e como isso acontece?

Falar sobre tais fenômenos, nos quais a música ganha ares de traço cultural, demanda habilidade de malabarista. Trata-se de manejar saberes como os da etnomusicologia, da história cultural, da teoria musical e da sociologia, sem submeter o indizível da arte a qualquer uma dessas disciplinas. É a esse desafio que Chico Saraiva se propõe em *Violão-canção*.

Num cenário que privilegia leituras fragmentárias do real, incursões transversais são um alento. A relevância da arte guarda relação com isso: salta aos olhos aqui seu delicado caráter de intrusa. Agindo por meios que são mais percebidos do que compreendidos, a arte anima diversas instâncias da vida e convida à desconfiança acerca de explicações peremptórias. É nesse sentido que as políticas culturais, ao abordarem a produção artística, podem adquirir um potencial emancipatório, sugerindo processos educativos permanentes e recusando a adesão irrefletida aos discursos estabelecidos.

PRIMEIRAS PALAVRAS

A busca que deu origem à dissertação apresentada neste livro começou bem antes da pesquisa de mestrado. Já nas minhas primeiras composições surge a indeterminação entre peça de violão e canção, e a forma como uma nutria a outra me levou ao apreço por essa natureza híbrida.

Como professor de violão, a minha primeira pergunta ao aluno era sempre a mesma: se ele queria tocar violão para se acompanhar cantando ou se tinha a intenção de fazer o próprio violão cantar. E a resposta, muitas vezes, também era indeterminada.

Com o tempo, e com o movimento pendular de meus trabalhos entre esses dois fazeres, foi ficando claro que eu não escolheria um caminho. E que não o faria em respeito às minhas referências primeiras, que, para mim, soavam especialmente bem quando transgrediam, de diferentes maneiras, as normas que regulavam cada um desses universos. O violão soava canção. E a canção, violão.

Minha própria trajetória artística ofereceu-se como a principal ferramenta de pesquisa – científica, por que não? – quando resolvi fazer um balanço das escolhas e daquilo que não escolhi, na vida e na arte. Entrei no mestrado com o projeto de ir até os artistas que me transmitiram, em encontros anteriores ou simplesmente por meio de sua música, essa sensação de entrega da vida à música, sem a qual ambas deixam de fazer sentido.

Colher as impressões de meus mestres, do modo único como cada um deles opera, para compor um mosaico que quer ser caleidoscópio, cheio da beleza que há na diferença de tons: eis o gesto intuitivo que tive e que, assim como os gestos dos mestres que aqui revelam tesouros, foi acolhido pela academia, em um de seus departamentos mais tradicionais. Isso ocorreu por meio da conjunção especial que era a banca de defesa, composta de acadêmicos que – herculeamente, em jornada dupla – sustentam uma prática artística de alto nível, cada um também a seu modo.

Esse caminho levou a pelo menos três novas entrevistas após a defesa da dissertação. A última delas foi com Elomar, figura-chave que me recebeu na mítica Casa dos Carneiros para uma conversa franca sobre o tema, incorporada de última hora a este livro. Assim, a busca segue em realizações artísticas que dialogam abertamente com a pesquisa e que, a partir deste semestre, aprofundarei em meu doutorado, no qual ingressei em 2017, na mesma área de pesquisa (processos de criação musical) e com o mesmo orientador: o maestro Gil Jardim[1].

Este projeto é vivo: continuará estudando a relação violão-canção. E pode ser acompanhado em uma visita ao *site*: www.violao-cancao.com.

---

1 Atualmente, Gil Jardim tem como tema de pesquisa as "comunidades musicais que se tocam".

INTRODUÇÃO

INTRODUÇÃO

INTRODUÇÃO

INTRODUÇÃO

INTRODUÇÃO

INTRODUÇÃO

Para conhecer as coisas há de dar-lhes a volta.
José Saramago

No âmbito da música brasileira, o violão e a canção influenciam-se reciprocamente a partir de dois polos distintos: o do violão solo, associado à música erudita ou de concerto; e o do violão que acompanha a voz, relacionado à canção popular. Essa polaridade, com frequentes interseções, constitui o objeto principal deste livro e será abordada por meio de entrevistas com músicos de reconhecida atuação nos dois campos. Trata-se de analisar os recursos de que se vale cada um deles com o propósito de aprofundar as percepções acerca dos pontos de contato entre o violão solo e a canção popular.

A interlocução com artistas forjados na condição de mediadores naturais de diferentes práticas nos oferece subsídios para pesquisar esse trânsito de informações musicais, o qual se dá graças à "permeabilidade constitutiva da música praticada no Brasil"[1]. O movimento se estabelece não apenas no sentido popular-erudito, habitualmente percorrido pela via composicional, como também no sentido erudito-popular.

No desenvolvimento do trabalho, foram utilizados os registros de depoimentos e as demonstrações práticas que se aprofundam nos recursos usados pelos entrevistados. Os registros podem ser acompanhados tanto pela leitura do texto, estruturado visualmente à moda de uma letra de música (em versos), como pela escuta dos áudios no *site* do projeto[2]. São 24 faixas – a maioria disponível também em vídeo[3] –, indicadas em notas ao longo do texto e na "Lista de faixas" ao final do livro. Cada remissão de faixa se acompanha do ícone indicativo 🔊. Recorreu-se, assim, não somente aos elementos próprios da tradição escrita como também àqueles que obedecem à dinâmica da tradição não escrita, os quais se complementam a fim de contemplar a natureza da matéria musical nascida desses universos em interação.

O contato com a antropologia, área em que se acumula uma significativa experiência na realização de entrevistas, a partir das quais se constroem os textos, foi relevante na escolha do formato de *cinematográfica*, que permite que os diferentes depoimentos convivam entre si numa relação polifônica. Rose Satiko Hikiji

---

1 José Miguel Wisnik, "Encontros entre o popular e o erudito". Link para o artigo em: www.violao-cancao.com/referencias.

2 Disponíveis em www.violao-cancao.com/faixas-do-livro.

3 Os vídeos fazem parte do site www.violao-cancao.com.

aborda essa questão ao discutir, com base no texto do antropólogo George Marcus, a apropriação da ideia de montagem pela escrita etnográfica:

O multiperspectivismo – a descrição de um único evento de pontos de vista radicalmente diferentes – como em Cidadão Kane – apareceria nas etnografias como sinônimo de polifonia.
Enfim, a descontinuidade narrativa – inspirada no conceito de montagem cinematográfica – provocaria o rompimento da linearidade e, consequentemente, a crítica cultural[4].

A polifonia pode ser percebida na condução das vozes presentes neste livro, com a atração exercida entre polaridades que articulam os discursos dos entrevistados ao longo dos capítulos, quais sejam: violão-canção, tocar-compor, fixo-flexível, rítmico-harmônico, científico-artístico e erudito-popular.

O trânsito de informações musicais, articuladas em pontos intermediários dessas polaridades, forma uma rede que interconecta aspectos de práticas musicais aparentemente distantes, reproduzindo a organicidade que, em alguma instância, é inerente a qualquer processo criativo. As informações mobilizadas pela tensão entre esses polos "adquirem velocidade" ao longo do percurso e atingem outra dimensão ao se tornarem uma nova música ou outro modo de tocar. Os filósofos Gilles Deleuze e Félix Guattari apresentam-nos sua visão de "movimento transversal", que relacionamos com o ato criativo, bem como o conceito de rizoma, que nos serviu de inspiração para a estruturação das ideias aqui expostas:

É que o meio não é uma média; ao contrário, é o lugar onde as coisas adquirem velocidade. Entre as coisas não designa uma correlação localizável que vai de uma para outra e reciprocamente, mas uma direção perpendicular, um movimento transversal que as carrega uma e outra, riacho sem início nem fim, que rói suas duas margens e adquire velocidade no meio[5].

A fim de explorar o caráter orgânico dos conteúdos e processos criativos abordados, elaboramos dispositivos auxiliares que fazem a inter-relação das ideias presentes nos depoimentos. Trata-se de notas de rodapé que articulam o conteúdo de forma pivotante e reversível, identificadas pelo ícone ᐁ. Dessa maneira, cria-se um hipertexto transponível para o ambiente virtual através do *site* do projeto, que proporciona,

[4] Rose Satiko Gitirana Hikiji, *A música e o risco*, São Paulo: Edusp, 2006, p. 52.

[5] Gilles Deleuze e Félix Guattari, *Mil platôs*, São Paulo: Editora 34, v. 1, 1995, p. 35 (grifos do original).

mesmo no papel, a ênfase no contraste de ideias – apresentadas em diferentes capítulos – na mesma página do texto.

O trabalho do etnomusicólogo John Blacking foi igualmente referência, que veio ao encontro da conduta adotada ao longo do processo de entrevistas. Essa afinidade se revela por meio de ideias como a de que "tanto quanto for possível" os informantes devem tomar parte no "processo intelectual da análise", o que gera um "processo bastante diferente daquele usualmente associado com entrevistas", ou, ainda, que "a participação, a coleta de dados, a discussão e a análise primária devem todas estar fundidas num processo analítico em andamento", de modo que "a maior tarefa da análise" seja transferida para o campo no qual "os experimentos podem ser combinados com o diálogo" a fim de "testar cada conclusão"[6].

Uma das sensações que sobressaem nesse processo de "leitura" das entrevistas, tanto no momento de sua realização como posteriormente, é que os pontos mais significativos nem sempre são pronunciados de forma explícita, o que exige que a leitura alcance as "entrelinhas" do discurso. Tal experiência nos leva a concordar com Blacking em relação à ideia de que a ênfase pode estar nas "intenções de significar" e no ato de "reconhecer que atores e analistas podem interpretar mal" – possibilidade que faz a necessária ressalva à delicada condução de questões estéticas que compõem o que se pode designar "intimidade artística" de cada um dos entrevistados.

No entanto, a maior contribuição de John Blacking para a pesquisa, até por ter impulsionado diretamente a forma de redação, foi a ideia de transcrições descritivas: "Partituras musicais são prescritivas e apenas representações aproximadas dos sons pretendidos de uma peça musical. Transcrições descritivas de *performances* gravadas podem ser mais precisas"[7]. Aqui elas operam no sentido de colocar em primeiro plano o jogo que se estabelece não somente entre os pontos de vista dos oito artistas entrevistados como também dos demais artistas e teóricos citados.

Este projeto se vale de sua natureza plural para estimular o diálogo entre o campo da etnomusicologia, que tem ênfase no estudo da tradição não escrita, e o da musicologia, que prioriza o estudo das técnicas correntes na tradição escrita. Ambos utilizam o conceito de *gesto musical*, que se revela central neste livro e que, uma vez mais, demanda-nos diferentes pontos de vista diante da evidência de que se trata de um termo de sentido amplo[8].

---

6   John Blacking, "Música, cultura e experiência", *Cadernos de Campo*, São Paulo: 2007, v. 16, n. 16, p. 207.

7   *Ibidem*.

8   Ver José Augusto Mannis, Anotações sobre processos criativos – conceitos e estrutura: do material à realização, da ideia aos elementos de performance musical, em: II Encontro Internacional de Teoria e Análise Musical – Unesp; USP; Unicamp, 2011, São Paulo, *Estrutura e significado em música* (resumo), p. 8.

Há o conceito que parte do corpo, conforme formula o etnomusicólogo português Domingos Morais: "Gesto musical: mobilização e domínio do corpo enquanto gerador de música. A sua aquisição consegue-se pela observação, imitação, experimentação e reinvenção, permitindo o desenvolvimento de capacidades vocais e corporais, o domínio de instrumentos, o movimento e a dança"[9].

E há conceitos baseados no "próprio som", aceitando-se o estabelecimento de (mais) uma "oposição entre 'gestos-marca' e gestos corporais". Parte-se de uma compreensão de que, dependendo do contexto, "o gesto musical não pode ser reduzido ao movimento corporal dos músicos ou do público". Assim, "certas figuras musicais resultantes da escrita são chamadas gestos", já que, "em determinadas condições, o próprio som constitui um gesto"[10].

Para o musicólogo americano Robert Hatten, o gesto musical é "infinitamente fascinante por tocar em uma competência fundamental para a nossa existência como seres humanos – a capacidade de reconhecer um delineamento energético significativo através do tempo"[11]. Os doze pontos elencados por ele na construção desse conceito são ricos em imagens que, assim como outros referenciais teóricos aqui apresentados, vêm ao encontro de nosso trabalho previamente encampado. O segundo dos doze pontos nos chama a atenção pela articulação entre o complexo e o imediato – da qual se alimenta o ato criativo da canção popular – e por não negar o convívio estreito e aprofundado que a etnomusicologia tem com a música popular e com a prática musical das culturas tradicionais:

2. Gestos musicais têm significado a um só tempo complexo e imediato, muitas vezes motivados diretamente por movimentos expressivos básicos do ser humano. Eles "vão além" da partitura ao incorporarem o intrincado perfil e caráter de movimentos que têm importância biológica e social direta para os seres humanos. Isso não é para negar o ainda mais complexo significado gestual que emerge de motivações simbólicas baseadas na inculturação em um estilo musical ou os movimentos ritualizados de seus tipos mais tradicionais (danças)[12].

Este trabalho – para além de sua vocação de fonte elucidada – aponta para um possível desdobramento mais aprofundado nos recursos que lançam luz sobre

---

9 Domingos Morais, Do gesto musical, gerador privilegiado de identidade cultural – ou de como se forma o sentimento de pertença consciente, em: *Congreso A Cultura no Século XXI*, Santiago de Compostela: Xunta de Galicia; Consellería de Cultura, Comunicación Social e Turismo, 2001.

10 Jorge Sad, "Som, gesto, interação musical". Link para o artigo em: www.violao-cancao.com/referencias.

11 Robert Hatten, *Interpreting musical gestures, topics, and tropes*, Bloomington: Indiana University Press, 2004, p. 95 (tradução minha).

12 Ibidem.

tais expressões musicais, a partir das diferentes compreensões do conceito de gesto musical elencada nos últimos parágrafos.

O campo de interseção entre a canção popular e o violão solo reclama um olhar que absorva as diferentes contribuições teóricas. A própria canção popular urbana brasileira, a despeito de seu reconhecimento artístico mundial, coloca-se como um fenômeno ainda não digerido em nível científico-acadêmico, uma vez que a etnomusicologia – área que vem atendendo à chamada música popular – encontra-se muito atrelada a estudos relacionados estritamente à música praticada pelas culturas tradicionais, ou folclórica, universo que não corresponde nem à canção brasileira nem à atuação dos artistas entrevistados aqui; e a musicologia, ao menos no Brasil, ainda absorve de maneira muito restrita estudos que contemplem recursos utilizados no âmbito da tradição não escrita.

Se, por um lado, é relevante investigar em separado a canção, que vem desenvolvendo seu aparato teórico próprio, e o violão, ou mesmo a música, como é tradicionalmente ensinada na universidade, por outro lado parece ser igualmente importante confrontar tais estudos – que se entrelaçam com os pontos de vista de alguns dos artistas aqui entrevistados – a fim de salientar interconexões significativas, próprias da dinâmica da cultura, e que fertilizam, a meu ver de forma especial, o campo que se estende do violão solo à canção popular no Brasil.

DIÁRIO DE BORDO

Este livro é uma montagem que articula depoimentos de sete dos oito artistas entrevistados pelo projeto. Três deles atuam no âmbito do violão solo, relacionando-se com a tradição escrita, erudita ou de concerto: Sérgio Assad, Marco Pereira e Paulo Bellinati; outros três, no âmbito da canção popular: João Bosco, Paulo César Pinheiro e Luiz Tatit; e dois, ainda, atuam tanto como compositores-violonistas quanto como cantores, marcando presença em ambos os campos investigados: Guinga e Elomar.

A entrevista com Elomar não foi inserida na montagem por ter sido realizada após o encerramento da pesquisa, o que nos levou a dedicar-lhe um capítulo exclusivo, que se articula com os demais apenas por meio das notas de rodapé.

Os entrevistados nasceram entre os anos de 1946 e 1952, o que nos permite considerá-los – a despeito das especificidades de cada biografia – representantes da mesma geração[13]; Elomar, nascido em 1937, reitera-se como exceção. Os artistas são brevemente apresentados a seguir em função de sua contribuição para a presente pesquisa, já que a disposição das entrevistas – na ordem em que aconteceram – parece-nos a melhor forma de se referir ao que o leitor encontrará nas páginas seguintes. Esse arranjo acaba por delinear uma espécie de diário de bordo, que bem representa a trajetória deste livro:

1ª entrevista, outubro de 2011. Luiz Tatit: contribuiu de forma decisiva para o formato do trabalho aqui apresentado desde seu primeiro momento, antes mesmo da realização da entrevista, que inaugura o projeto. Nesse encontro foram propostas questões centrais – envolvendo a distinção entre "canção" e "música" – que representaram importante estímulo no sentido de tecer um cruzamento entre os pontos de vista dos artistas entrevistados.[14]

2ª entrevista, dezembro de 2011. Paulo Bellinati: representou parâmetro essencial para um aprofundamento na percepção do violonista-solista diante do campo de interação aqui abordado. A solidez de tal parâmetro auxiliou-nos na concepção de uma linha de trabalho que lide com as diferenças entre as abordagens, concepções e estilos que, mesmo no âmbito estritamente violonístico, se revelam marcantemente plurais.

3ª entrevista, janeiro de 2013. Sérgio Assad: outro importante interlocutor no que concerne à música e ao violão de concerto, em razão da especificidade de sua condição de concertista-compositor renomado que – como compositor ou *composer* – se declara decisivamente influenciado pela canção brasileira e, por consequência, pela prática do *songwriter*[15].

4ª entrevista, janeiro de 2013. Guinga: representa, junto com Elomar, um eixo para este trabalho, na medida em que é "um compositor de canção"[16], sem que com isso deixe de realizar constantes incursões criativas na música instrumental – inclusive na condição de violonista solista –, articulando em sua prática autoral e performativa as esferas aqui abordadas. A amplitude de sua atuação leva o artista à posição de mediador natural de informações musicais entre tais universos, o que justifica que sua obra, seus depoimentos e execuções musicais o tornem o personagem de maior presença ao longo da montagem das entrevistas apresentadas.

5ª entrevista, janeiro de 2013. Paulo César Pinheiro: traz-nos um olhar sobre a música atravessado

---

13 Marco Pereira à p. 29: "Uma coisa que é comum à minha geração foi termos começado pela canção".

14 Em fevereiro de 2015 houve outra conversa com Luiz Tatit, cujo conteúdo completo encontra-se em www.violao-cancao.com/entrevistas-complementares.

15 Como no inglês há uma clara diferença entre *composer* (compositor) e *songwriter* (cancionista), o que não ocorre no português, optou-se por manter os dois termos no original.

16 Ideia apresentada pelo próprio Guinga à p. 69.

pela palavra. É parceiro de alguns dos principais compositores e violonistas de música do Brasil, na companhia de Baden Powell, o que o insere no campo de estudo em questão também por favorecer a investigação da conduta do violonista solista quando em ato criativo de canção.

6ª entrevista, janeiro de 2013. João Bosco: agrega ao trabalho seu tão pessoal manejo musical, que aqui se entrelaça com sua não menos interessante observação dos pontos que lhe parecem mais relevantes para atingir a síntese entre voz e violão. O olhar da figura que canta se acompanhando ao violão e assim compõe canção, tão presente na história de nossa música, é representado aqui por um dos artistas mais populares do Brasil.

7ª entrevista, abril de 2013. Marco Pereira: instrumentista referencial para o âmbito do violão solístico popular, com uma linguagem que – assim como a de Bellinati – incorpora aspectos resultantes de sua formação como concertista erudito. Efetiva um trânsito de informações musicais que coincide, em diversos pontos, com as questões aqui apresentadas. A gravação desta entrevista foi conduzida em função dos conteúdos obtidos nas entrevistas anteriores, fato que favorece uma presença maior do artista na montagem.

Defesa da dissertação, fevereiro de 2014. Foi o momento de consolidação do trabalho. A banca, formada por José Miguel Wisnik, Ivan Vilela e Gil Jardim, apreciou o trabalho resultante das orientações recebidas desde a qualificação.[17]

Lançamento do filme, setembro de 2016. O documentário audiovisual *Violão-canção: uma alma brasileira*, codirigido por Rose Satiko, é lançado dentro da programação do festival InEdit Brasil em São Paulo, com a seguinte sinopse: "Na trilha de seu fazer artístico, Chico Saraiva parte ao encontro da experiência de sete mestres: João Bosco, Sérgio Assad, Paulo César Pinheiro, Paulo Bellinati, Marco Pereira, Luiz Tatit e Guinga. As conversas, com violões na mão, revelam múltiplas formas de a música se dar a partir da relação – especialmente fértil no Brasil – entre o violão solo (em seu viés mais ligado à tradição escrita) e nossa canção popular". Em dezembro de 2017 o filme teve sua estreia na televisão, nos canais SescTv e Arte1.

8ª entrevista, fevereiro de 2017. Elomar: é uma figura fundamental para este livro. Embora avesso a ter sua imagem registrada em foto ou vídeo, o músico nos recebeu na mítica Casa dos Carneiros para um depoimento – registrado em áudio – que está transcrito, em seleção dos pontos mais significativos, no capítulo "Elomar e o inapreensível". A conversa, pelo momento

---

17   José Miguel Wisnik à p. 218: "Considero fundamental que seja registrada a relação do artista com o instrumento. Que ele mostre cada coisa que disser. Se fizer isso, você terá depoimentos como nunca foram feitos".

em que se deu e pela centralidade do entrevistado em relação ao tema da pesquisa, revisita as questões abordadas de forma conclusiva no que tange à trama principal do livro: o engate entre peça de violão escrita e canção. Assim, a visita a Elomar impulsiona o desfecho desta obra, que é inspirada na ideia de montagem cinematográfica, como uma última cena a ser imaginada pelo leitor.

    O mapeamento dos depoimentos recolhidos se articula com o material de áudio e vídeo, disponível no *site* www.violao-cancao.com, que inclui entrevistas recentes e pretende absorver os desdobramentos naturais do projeto, como o próprio doutorado, iniciado em 2017. A fim de apresentar continuamente o resultado de um impulso nascido de minhas primeiras iniciativas artísticas – bem antes, portanto, do início do período referente ao mestrado –, apontando para uma etnografia da relação entre o violão solo escrito e a canção popular no Brasil, o trabalho alcança agora a forma de livro-montagem, apresentado a seguir.

O VIOLÃO SOLO E O VIOLÃO E VOZ

UM VIOLÃO QUE CANTA

A ideia de tocar canções é corriqueira e perpassa a vida de um músico desde seu primeiro contato com um instrumento. No Brasil, o contato inicial com a música ocorre, em muitos casos, através do violão, o que dá ao iniciante a opção entre dois caminhos principais de atuação: o do violão que acompanha a voz a entoar uma canção e o do violão que executa uma música sozinho. Muitas vezes, ao tentar reproduzir o que é corrente na música popular cantada, esse violão solo, ou solista, que tem mesmo vocação para uma atuação solitária, termina por tocar canções.

JOÃO BOSCO Lá em Ponte Nova, onde cresci, havia uma rádio
com uma discoteca muito boa à qual eu tinha acesso.
Nessa época, eu tentava reproduzir no violão as coisas
    que ouvia,
entre elas um violonista chamado Dilermando Reis,
que tocava canções muito bonitas
de grandes compositores da época, como o João Pernambuco[1].
Eu tirei duas canções ouvindo-o:
uma era "Sons de carrilhões" e outra era "Abismo de rosas".
Eram músicas muito tocantes, que me diziam muita coisa.

O "Abismo de rosas" tinha um aspecto interessante,
que era uma parte da melodia tocada em oitavas.
Muitos anos depois, quando comecei a ouvir guitarristas
    de outros lugares,
como o próprio Wes Montgomery[2]
– e você via o cara tocando com duas notas, em terças
    ou oitavas –,
eu me lembrava muito do Dilermando
por causa daquela parte da música que ele tocava.

SARAIVA Aquela frase com um arraste.

JOÃO BOSCO Música é assim,
tem ingredientes dela espalhados pelos lugares
    mais diversos[3].

Então, ouvindo Dilermando, eu senti o violão,
depois ele foi chegando com a voz.

---

1 João Teixeira Guimarães (1883-1947), violonista-compositor, desenvolveu diferentes vertentes autorais, compondo tanto canções conhecidas – como a melodia de *Luar do sertão* – quanto peças para violão.

2 Wes Montgomery (1925-1968), um dos maiores guitarristas da história do jazz, criou linguagem e técnica própria que utilizava o polegar na mão direita para a execução de melodias "em oitavas" na mão esquerda.

3 ↩ João Bosco à p. 150: "E a gente vai juntando uma coisa com a outra".

O mencionado "arraste em oitavas" pode ser ouvido na primeira frase do tema da imortal "Abismo de rosas"[4], composta por Américo Jacomino, o Canhoto. Também chamado de "glissando" ou "portamento", o arraste é um dos vários recursos que caracterizam o estilo interpretativo do violão seresteiro, propagado em cadeia nacional ao longo da Era do Rádio por meio de Dilermando Reis.

Expoente máximo do violão solo brasileiro, Dilermando explorava as vantagens das cordas de aço para atingir a expressão sentimental de seu cantábile, através do qual estabelecia um "modelo de fraseado intuitivo"[5] que é referencial para o violonista brasileiro. Seu violão "cantava" com expressão muito semelhante à das grandes vozes da Era do Rádio, resultando no que podemos perceber como uma versão instrumental do canto seresteiro.

Assim foi apresentado o violão solo para toda uma geração de ouvintes, justamente a dos nossos entrevistados. Se, por influência de Dilermando, João Bosco sentiu o instrumento que, em suas mãos, passaria a acompanhar sua própria voz, foi também por essa via que Marco Pereira se deparou com o violão solo, que cultivaria ao longo de toda a vida.

MARCO PEREIRA[6] *Minha mãe tinha um amigo que tocava violão e me ensinou algumas coisas de Dilermando Reis. Então o primeiro solo de violão que toquei foi a famosa "Abismo de rosas"* [relembra o momento inicial da peça, que inclui o arraste].

---

4   Na página www.violaocancao.com/referencias encontram-se links para esta e as demais músicas que tiveram trechos executados ao longo das entrevistas, em versão integral.

5   Fabio Zanon formula essa ideia aos 21min08s do programa dedicado a Dilermando Reis – com colaboração de Ivan Paschoito – da série de programas *A Arte do Violão*, que foi ao ar pela Rádio Cultura FM de São Paulo. Link para o programa em: www.violao-cancao.com/referencias.

6   🔊 Ver faixa 1 em www.violao-cancao.com/faixas-do-livro. Todas as faixas resultantes das entrevistas estão disponíveis nesse endereço.

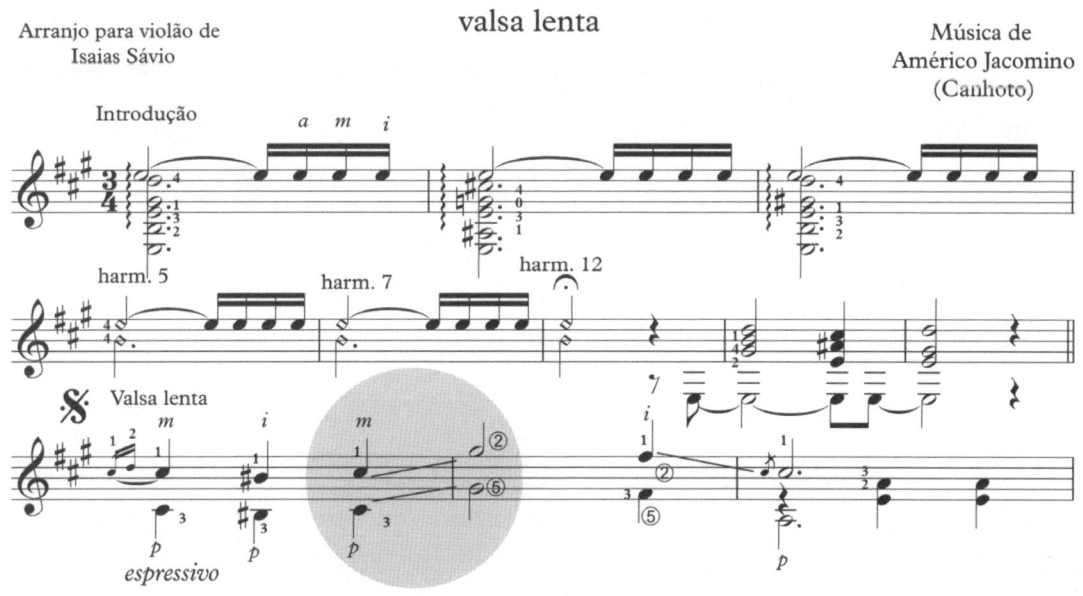

MARCO PEREIRA *Assim aprendi a solar*
e, a partir daí, começou a se abrir toda uma
outra perspectiva.

O violonista relata que se aprofundou na perspectiva de solista por meio do estudo formal do violão erudito em conservatório, sem perder de vista os inúmeros desafios apresentados no convívio com a música popular, entre os quais se destaca a prática do violão de acompanhamento.

MARCO PEREIRA *O interessante, e falo até de minha geração[7],*
é que a gente não tinha muito acesso à informação.
Não existiam, por exemplo, cursos de música popular
como existem hoje;
os cursos acadêmicos, de conservatório, eram só de
violão clássico.
Então esse outro lado a gente aprendia pela esquina.

Uma coisa que é comum à minha geração
foi termos começado pela canção.

A canção popular, vivenciada pela geração dos mestres entrevistados, mobiliza um amplo leque de

[7] Observação minha à p. 15: "Os entrevistados nasceram entre os anos de 1946 e 1952, o que nos permite considerá-los – a despeito das especificidades de cada biografia – representantes de uma mesma geração".

informações, profundamente arraigadas na maneira de viver do brasileiro. Dessa maneira, a canção se faz presente em áreas variadas da cultura nacional, como o cinema, o teatro e a literatura. No ambiente contíguo do violão de concerto, ela não deixaria de se manifestar como traço marcante.

Sérgio Assad conta de que forma a canção se apresenta em sua história como elemento que o constitui em plano profundo.

ASSAD   *Eu nasci em um ambiente musical,*
porque o Brasil é o país da música, e cresci ouvindo canções.
Como meu pai tinha essa mania de gravação desde que
     éramos pequenos,
tem gravações minhas cantando canções que ouvi pelo rádio
já aos 4 anos de idade.

Esse foi meu primeiro ambiente musical,
e isso determina muito o que você vai ser.
Acompanhava meu pai em chorinho
e minha mãe em canções brasileiras da época dela.
Dali a fazer a primeira canção foi natural.
Quando eu tinha 13 anos, participei do meu primeiro festival
     de música popular
em São João da Boa Vista, cidade dos meus pais,
     e a gente ganhou.
Fiz muitas canções dos 13 aos 18 anos de idade.
Foi quando nos mudamos para o Rio de Janeiro,
para eu e Odair estudarmos violão com Monina Távora.

A concertista e professora argentina Monina Távora, aluna de Andrés Segovia, deu aulas regulares para o Duo Assad, formado pelos irmãos Sérgio e Odair, ao longo de sete anos[8]. Durante esse tempo, o contato de Sérgio Assad com a música popular diminuiu à medida que o intenso trabalho em torno da interpretação, de cunho estritamente erudito, foi aprofundado. Esse trabalho deu escopo à carreira internacional do Duo no âmbito da música de concerto, enquanto a produção de arranjos para o repertório popular, que reconduziria Sérgio à composição, era "levada em paralelo".

Já o violonista-compositor Paulo Bellinati teve sua formação com o principal agente na instituição do ensino do violão de concerto no Brasil: o mestre uruguaio naturalizado brasileiro Isaías Sávio,

[8] Thiago Chaves de Andrade Oliveira, *Sérgio Assad*, 276 f., dissertação (mestrado em música), Universidade de São Paulo, São Paulo, 2009, p. 257.

que era "aberto ao diálogo com a música popular"[9], talvez por ser compositor também.

BELLINATI   *Eu tive um professor chamado Isaías Sávio,*
que me apresentava muita coisa de violão.
Dizia: "Você tem que ouvir o disco de Laurindo [de Almeida][10]
tocando com tal cantora".

SARAIVA   *Sávio tinha essa coisa desimpedida entre erudito e popular?*

BELLINATI   *É. Ele me dava muita música. Uma vez me disse:*
"Você tem que ouvir isso aqui. É a música de Jobim cantada
por uma cantora erudita".
Olha só a visão do cara, e isso em mil novecentos e sessenta
e pouco.

Isaías Sávio, ao que parece, alimentava Bellinati não só no sentido de como "tocar", mas também no de como "compor" música, atuando como referência para a articulação entre as duas esferas. Articulação que remonta a um dos costumes mais antigos do instrumento, dentro da tradição da música escrita[11].

Em suas aulas, Sávio também transmitia os princípios de seu estilo como autor que priorizava a expressividade da melodia.

BELLINATI   *Sávio insistiu muito numa coisa quando eu era garoto.*
Ele falava sempre que a melodia é que era o importante,
que tem que cantar,
que a melodia tem que ser bonita.

Essa prioridade, que estabelece um padrão de melodia acompanhada, repercutiria na futura atuação de Bellinati como autor, presente também em seu olhar como transcritor e realizador do livro *The Guitar Works of Garoto*, que apresenta a obra deste que é outro violonista-compositor referencial para a música brasileira: Aníbal Augusto Sardinha.

BELLINATI   *O Garoto era um compositor que fazia canção no violão.*

SARAIVA   *Você fala das canções que receberam letra e vieram a ser gravadas com interpretação vocal, como "Gente humilde" e "Duas contas"?*

---

9   Fabio Zanon formula essa ideia aos 36min50s do programa dedicado a Isaías Sávio – com colaboração de Maurício Orozco – da série de programas *A Arte do Violão*, que foi ao ar pela Rádio Cultura FM de São Paulo. Link para o programa em: www.violao-cancao.com/referencias.

10   Laurindo de Almeida (1917-1995), violonista brasileiro, em 1950 se estabeleceu em Los Angeles e tornou-se um dos artistas brasileiros que mais contribuíram para a difusão sistemática da bossa nova nos Estados Unidos.

11   ↪ Sérgio Assad à p. 116: "A grande maioria do repertório do violão foi escrita por violonistas".

BELLINATI   *Falo de todas as músicas dele.*
Eram canções instrumentais, não eram solos de violão,
era uma canção que ele tocava no violão.
Era "um violão que cantava"[12].

Como vemos, essa ideia tão recorrente de um "violão que canta", ou de uma canção instrumental, representa um traço constitutivo da música feita para violão solo no Brasil. Esse traço é determinado pela forte relação que o brasileiro tem com o canto e que se traduz em uma canção popular ampla, que ultrapassa seus supostos limites, apontando diferentes direções estilísticas através de múltiplas vertentes autorais.

Assim, o estilo cantábile se torna uma marca do repertório do violão solo brasileiro, no qual a melodia impera, seja na música de Canhoto, que se esmera pela contundência dos motivos melódicos desenvolvidos em contexto harmônico mais tradicional, seja na música que se utiliza de maior variação harmônica, da qual Garoto é nosso referencial histórico.

O violão dos mestres brasileiros canta e se vale dessa relação com o canto para alcançar integridade na composição, de modo a entrar em comunicação direta com os ouvintes, que também cantam.

ASSAD[13]   *A história do violão brasileiro vem de Canhoto,*
João Pernambuco,
passa por Laurindo, pelo Garoto.

São figuras-chave do desenvolvimento do violão no Brasil.
E tem algo comum entre eles,
que é exatamente o fato de escreverem música com
característica melódica muito forte.
Então todos eles eram compositores de canção.

Chamo atenção para o que afirma Márcia Taborda em seu livro *Violão e identidade nacional*, corroborando nossa ideia:

> *Canhoto (1889-1928) foi, sem dúvida, o primeiro ídolo popular do instrumento, profissional pioneiro no campo dos recitais e gravações e compositor de obras de autêntica brasilidade. Esta seria sua maior contribuição para o violão, firmar bases do "estilo brasileiro", posteriormente cultivado e desenvolvido por Dilermando Reis: choros e valsas ingenuamente concebidos do ponto de vista da construção, apresentando harmonias e encadeamentos básicos que funcionam*

12   A mesma ideia à p. 72 ("tudo o que Garoto fez foi canção").

13   Faixa 2, disponível em www.violao-cancao.com/faixas-do-livro.

*como suporte a melodias que se destacam pelo estilo cantábile
(muitas das quais receberiam posteriormente letra) em detrimento
de um caráter puramente virtuosístico instrumental*[14].

ASSAD   *E todos eles desenvolveram profissionalmente essa coisa
de acompanhar cantores.
Acho que porque faz parte da vida do brasileiro esse tipo
de trabalho,
porque o Brasil é uma terra onde o canto é privilegiado.
A gente vê isso nas rodas das reuniões de família:
ouve-se um pouquinho de música instrumental
por meia hora,
depois as pessoas começam a cantar.*

*Então você desenvolve essa prática de harmonizar,
e tem pessoas que harmonizam diferente das outras.
Você pode tocar simplesmente os acordes,
mas pode começar a rebuscar.
É uma maneira, digamos, de arranjar no seu violão quando
você está harmonizando.
Por exemplo, normalmente eu não faria isso,
eu vou cantar! [risos]*

[Assad canta a melodia de sua música "Angela"[15], harmonizando-a com o violão, como numa canção, e na sequência toca o arranjo da melodia no violão, costurada com a harmonização, como numa peça para violão. Enquanto toca, tece comentários sobre os desafios desse processo.]

UM VIOLÃO QUE SE ENGRENA NA CANÇÃO

A história da canção no Brasil tem estreita ligação com o violão. Se outros instrumentos melódico-harmônicos – como o piano, a sanfona ou o cavaquinho – figuram como ferramentas de elaboração musical consagradas em determinadas vertentes, o violão se destaca como principal instrumento de manuseio dos elementos musicais de quem faz canção no Brasil.

Assim, o formato de voz e violão surge como parâmetro determinante para uma música que

14   Márcia Ermelindo Taborda, *Violão e identidade nacional*, São Paulo: Civilização Brasileira, p. 141 (grifo meu).

15   Sérgio Assad, "Angela". Link para a música em: www.violao-cancao.com/referencias.

apresenta vocação para receber tratamento de canção, ainda que seja composta com a participação ativa de um instrumento que não seja o violão. Recorremos aqui ao comentário de Marco Pereira a respeito da música de Tom Jobim:

MARCO PEREIRA   *Sinto Jobim como canção, dentro dessa estética simples,*
que se traduz com uma voz e um violão
sem perder sua beleza e integridade[16].

Esse parâmetro se estabelece através da farta produção de diferentes gerações de cantores-violonistas, que vão, gradualmente, fundando as bases de manuseio musical próprias da canção brasileira. João Bosco, músico consagrado nessa linhagem, fala da forte impressão que lhe causou o contato com a música de um artista que representa um dos alicerces fundamentais desse universo.

JOÃO BOSCO   *Uma pessoa que mudou minha vida foi o Dorival Caymmi.*

Ele tinha um violão de aço
e cantava com aquela voz muito poderosa.
Violão e voz com emissão muito parecida,
ambos muito fortes.

No caso de Caymmi, o forte volume de sua emissão vocal era equiparado a seu violão, ao se valer da maior projeção proporcionada pelas cordas de aço.

JOÃO BOSCO   *Ao contrário de João Gilberto,*
que faz uma voz suave e um violão muito soft *também.*

João Gilberto, por sua vez, desenvolve uma estética vocal moldada ao volume natural de atuação do violão de cordas de náilon. Esse instrumento é semelhante ao utilizado na música de concerto, através do qual o músico estabelece, nessa dinâmica mais *soft*, seu "projeto rítmico" a partir do "conhecimento profundo da essência de uma canção", conforme relata Walter Garcia:

É certo que muito já se falou sobre a adequação do canto
baixinho à tecnologia do microfone, na evidência que, em
1958, não é mais necessário um vozeirão para poder gravar.
[...] No entanto, esse dado prático, em minha opinião, não
é exatamente a causa de João conter a sua voz – ele, que
gravou cantando de forma potente em 1951, como crooner

16   A distinção entre "canção" e "música" feita por Luiz Tatit à p. 97.

do conjunto vocal Garotos da Lua, e também no ano seguinte, iniciando sua carreira solo. A tecnologia, da qual a canção popular-comercial não se separa, torna viável a interpretação bossa-nova, mas os motivos da mudança da maneira de João Gilberto cantar, entre a juventude e a maturidade, são de ordem estética: o seu projeto rítmico, a partir do qual se organizam todos os outros elementos da obra, e o seu conhecimento profundo da essência de uma canção[17].

Para levar adiante esse projeto, o cantor-violonista baiano trilhou um caminho ímpar de atuação como *performer*, já que a partir da década de 1960 o instrumento padrão do violonista profissional de canção popular, ao menos no palco, passou a ser o violão elétrico[18], salvo exceções, como o caso de João Gilberto. Ao longo de toda a sua carreira, o músico continua a aprofundar o sutil encaixe camerístico entre voz e violão, o que exige também no palco a presença de microfones sensíveis, habitualmente utilizados apenas em estúdio.

JOÃO BOSCO *Tanto Dorival Caymmi quanto João Gilberto*
têm esse enorme talento
de equilibrar a voz e o violão no mesmo nível sonoro.

O jogo que se dá nesse encaixe entre violão e voz é o dispositivo que melhor auxilia o compositor na avaliação da expressividade de cada passagem musical em meio às escolhas inerentes a um processo criativo. Dessa forma, o autor da canção age, muitas vezes, em busca de um equilíbrio não só do nível sonoro como também das demais propriedades da voz e do violão, além de atender às exigências de um e de outro lado, que se fazem presentes no ato de compor.

JOÃO BOSCO *Comecei então ouvindo as "Canções praieiras",*
naqueles discos de 10 polegadas,
me impressionando muito com suas harmonias
e com o jeito como Caymmi toca seu violão,
que não apenas acompanha a melodia da voz
como também realiza interferências na música.

Sinto que aprendi isso com ele:
o violão muito integrado na composição.

Tanto que é impossível eu fazer uma canção sem o violão,
pois ele joga o tempo todo com a ideia da composição,
em um diálogo constante entre voz e instrumento.

---

17 Walter Garcia, *Bim Bom*, São Paulo: Paz e Terra, 1999, p. 122 (grifos meus).

18 ↪ João Bosco à p. 120: "As pessoas estão ali [na praça] esperando um determinado resultado sonoro".

> *Ao mesmo tempo que a voz inspira o violão,*
> *o instrumento chama a voz.*
> *Por fim, os dois se fundem,*
> *tornando-se partes inseparáveis da composição.*

A síntese entre voz e violão acontece no Brasil de diferentes maneiras, remetendo a práticas musicais variadas. Assim, o violão ganha ares de sanfona ou viola caipira, ao lidar com o repertório nordestino ou do Centro-Oeste brasileiro; de cavaquinho ou sete cordas, ao tocar samba e choro; de guitarra elétrica, em interpretações jazzísticas; ou de piano, ao se utilizar de recursos polifônicos próprios da música clássica.

Se, por um lado, é importante o aprofundamento em cada uma dessas pronúncias musicais, através do estudo rigoroso de suas gramáticas específicas, por outro, também é essencial – em um país que apresenta uma pluralidade musical como a nossa – que investiguemos o impulso das "soluções pessoais" como um fator característico da dinâmica criativa no campo da canção popular. Esse impulso é mencionado diversas vezes por nossos entrevistados, como nos depoimentos a seguir:

JOÃO BOSCO
> *Acho que Dorival não está aí para ser decifrado,*
> *já que apresenta uma relação misteriosa entre voz e instrumento,*
> *mas sim para sabermos que, de fato, aquele é um violão muito característico*
> *daquela voz e daquele autor.*

Guinga destaca outros artistas, da geração subsequente à de Dorival Caymmi, que contribuem de maneira especial para a multiplicação das expressões e estilos na elaboração de um "violão que se engrena na canção".

GUINGA[19]
> *Esses caras têm uma importância muito grande para o violão:*
> *Milton Nascimento, Chico Buarque, Gilberto Gil, Dori Caymmi.*
> *Eles têm a mesma importância para o violão que João Gilberto,*
> *já que apresentam soluções também muito pessoais.*
>
> *Quando Dori faz isso...*
> *[Guinga toca e vocaliza "Estrela da terra"[20]].*

19 Faixa 3, disponível em www.violao-cancao.com/faixas-do-livro.

20 Dori Caymmi e Paulo César Pinheiro, "Estrela da terra". Link para a música em: www.violao-cancao.com/referencias.

GUINGA   *É uma obra-prima, rapaz!*
Tem uma importância para a literatura violonística como qualquer dessas peças maravilhosas.

Os termos "peça", "literatura violonística" e "obra-prima" nos remetem diretamente ao universo do violão erudito[21]. E, de certa forma, reclamam, para a refinada ourivesaria do compositor-violonista que compõe canção no Brasil, uma legitimidade híbrida entre as tradições escrita e oral.

GUINGA   *Esses caras foram mais meus professores de violão do que os violonistas mesmos.*

SARAIVA   *Você fala do violão de acompanhamento?*

GUINGA   *Para mim, isso não é violão de acompanhamento, é um violão que tem vida independente.*

Paradoxalmente, só um violão "que tem uma vida independente" pode ser percebido como parte inseparável de uma canção. Assim, a visão de Guinga dialoga com a de João Bosco quando menciona que o violão e a voz se "fundem, tornando-se partes inseparáveis da composição". Em ambos os casos, a aderência entre o canto e o acompanhamento concebido de forma autoral nos conduz à impressão de *gestos musicais* específicos, que revelam o conceito de criação de cada compositor.

GUINGA   *Se você acompanhar essa música de outra maneira, não vai ter essa exuberância.*
O cara criou uma canção
e criou um violão que se engrena na canção.

Esse violão, que se funde com a voz, é flexível e constantemente reprocessado. Na grande maioria dos casos, o violão não foi escrito nota a nota pelo autor, embora muitas vezes dialogue com recursos usuais nas "peças" de tradição escrita. Cada novo arranjo, transcrição, transposição ou até mesmo reprodução que pretenda ser literal exige, em alguma medida, que o músico executante eleja o que ele considera essencial àquele violão.

No exemplo presente na faixa 3, Guinga executa a música na tonalidade original, ré maior, descartando

---

21   Universo com o qual Guinga entrou em contato como aluno do professor e concertista Jodacil Damaceno.

o recurso utilizado por Dori Caymmi na versão original, que explorava o violão nessa mesma tonalidade, porém com a primeira corda afinada na nota si[22]. O próprio Dori Caymmi, ao adequar o violão para a tonalidade de dó maior, em função da gravação de sua irmã, Nana Caymmi[23], também dispensa o recurso da afinação diferenciada e soluciona a abertura dos blocos de acordes de forma semelhante à que nos é apresentada por Guinga.

Esse pequeno recorte do percurso das informações, presentes na "metade violão" dessa canção, oferece-nos uma ideia de como se propaga esse tipo de conteúdo musical. Por um lado, ele depende de uma sedimentação da distribuição dos acordes no braço do instrumento que garanta ao gesto seu caráter original e, por outro, é constantemente reprocessado na dinâmica da tradição não escrita.

Em muitos casos, esse conteúdo interroga as funções harmônicas dos acordes habitualmente utilizados em canção popular, e, em outros tantos, exige do violonista acompanhador de canção recursos técnico-mecânicos que nem sempre são os mesmos que funcionam em sua prática habitual com o violão elétrico[24].

Dessa forma, manifesta-se uma importante troca de informações musicais entre a canção popular e a composição para violão – se não o erudito, ao menos aquele que dialoga com os recursos da tradição escrita e se vale de nuances expressivas próprias da emissão "natural", ou "de concerto"[25], do instrumento.

---

[22] Vale a comparação entre a gravação presente na faixa 3 e a partitura da transcrição feita por Júlio Cesar Caliman Smarçaro. Ver *O cantador*, 186 f., dissertação (mestrado em música), Universidade Estadual de Campinas, Campinas, 2006, p. 68.

[23] Ver Nana Caymmi, *Mudança dos ventos* (LP), Rio de Janeiro, EMI-Odeon, 1980. Link para a música em: www.violao cancao.com/referencias.

[24] Observação minha à p. 121: "Quando o som passa pelo cabo [do violão elétrico], ele é outro".

[25] Sérgio Assad à p. 142: "[Violonistas] que estudaram realmente o som polido".

À PROCURA DO OUTRO

João Bosco salienta o enriquecimento que o "Jobim arranjador" proporcionou ao "Jobim compositor" e nos revela a importância do constante manuseio da matéria musical referencial composta por outros autores, que se apresentam como matrizes para o desencadeamento de um processo criativo pessoal.

JOÃO BOSCO *Eu acho que foi muito interessante para o trabalho de Jobim*
o fato de ele estar sempre em contato com a música de outros,
e trazendo-a para seu piano para fazer os arranjos.
No fundo, essa é uma forma de se enriquecer,
que deve ter sido muito significativa para ele.

Falando por mim,
eu nunca pego o violão para fazer uma canção.
Eu pego o violão para fazer uma música de alguém.

SARAIVA *Para se lembrar de uma coisa.*

JOÃO BOSCO *Isso, lembrar uma coisa de alguém.*
E então começo a tocar a canção
do meu jeito, já que não leio partitura.
Eu não sei exatamente que acorde o sujeito está fazendo,
mas eu tenho uma ideia, que começo a desenvolver.

E é nessa procura pelo outro que você se acha.
O bonito é que você acaba entrando no outro e desaparecendo com ele,
o que me lembra de um samba que fiz com Aldir
no disco Não vou pro céu, mas já não vivo no chão,
em que num verso ele diz:
"Entrava no livro que lia e sumia".

SARAIVA *Da canção "Sonho de caramujo", certo?*

JOÃO BOSCO *É. No fundo é isso,*
todos nós entramos em uma coisa e queremos desaparecer lá dentro,
porque admiramos aquele universo
e queremos nos perder ali dentro.
E é exatamente se perdendo ali que a gente está se achando.

*Essa é a explicação que tenho de como esses caminhos vão surgindo,
com o outro sempre nos conduzindo a algum lugar.*

Ao apresentar suas referências artísticas, os entrevistados também nos "conduzem" a diferentes lugares, convidando-nos a abordar a tradição musical de dois continentes que se equilibram complementarmente no forjar da música brasileira: Europa e África. As transcrições descritivas dos exemplos musicais executados por Guinga e João Bosco são apresentadas, respectivamente, em "Matrizes melódico-harmônicas", que estuda as relações do eixo das "alturas", herdadas – em seu sentido harmônico – da tradição escrita europeia, e em "Matrizes rítmicas", que trabalha as diferentes percepções de ritmo à luz do referencial africano de tradição essencialmente não escrita.

O próximo momento do texto vai ao encontro de uma figura que, como acabamos de ver, é vital para o músico que compõe canção: o letrista.

O LETRISTA

Em "Sonho de caramujo"[1], vale ressaltar a apropriação involuntária que João Bosco faz da letra, ao transformar, no final da primeira parte, o "fugia" original ("Entrava no livro que lia e fugia") em "sumia", indo assim mais fundo na imagem que lhe ocorre como resposta no instante da entrevista. Dessa forma, seu parceiro histórico, Aldir Blanc, com quem João Bosco se reencontrou nas canções apresentadas nesse disco, é, também por essa via, um "outro" que conduz o músico a "algum lugar".

Essa complementaridade entre música e letra que forja a canção, e que depende de uma cumplicidade natural nas intenções artísticas, vem fomentando ao longo dos anos o desenvolvimento de uma verdadeira rede entre compositores de canção popular no Brasil. Em cada parceria, que se aprofunda por meio das diversas decisões autorais, dois artistas têm a oportunidade de realizar um intercâmbio entre suas vivências anteriores e estabelecer um projeto comum. Essa rede informal que interconecta artistas de idades, lugares e experiências muito distintas se apresenta como meio através do qual as práticas autorais da canção popular brasileira são lapidadas e transmitidas de geração em geração. Essas práticas se transformam e se renovam, construindo continuamente o futuro da canção brasileira.

[1] João Bosco e Aldir Blanc, "Sonho de caramujo". Link para a música em: www.violao-cancao.com/referencias.

Peça fundamental para a história da canção no Brasil, e para a dinâmica dessa rede de propagação, é o letrista Paulo César Pinheiro.

P.C. PINHEIRO

Eu faço música há mais de cinquenta anos,
estou com 63 e comecei com 13 – e tive os parceiros mais diversos e dos mais distantes lugares do Brasil.
Posso traçar o mapa do meu país através das músicas dos meus parceiros.

Conheço o Brasil de perto, pois em cada lugar aonde ia fazer um show ou uma palestra,
interessado como era pelo folclore brasileiro,
mergulhava em cada linguagem
e [assim] fui amalgamando o que hoje sou e escrevo.

A música de cada um dos meus parceiros tem uma linguagem diferente.
A linguagem que eu faço com João Nogueira
não é a mesma que faço com Lenine ou com Sivuca.
São coisas díspares.
A diversidade musical presente nessas melodias me fez caminhar por trilhas muito diferentes umas das outras.

Então, até para depois vir a fazer eu mesmo as melodias,
antes aprendi um pouco com cada parceiro.

Este livro estuda a parceria que se estabelece entre um compositor de música e um compositor de letra[2], com foco na atividade do primeiro, abordando assim o "lado musical da canção"[3], sem perder de vista as propriedades da palavra que incidem sobre o desenho melódico.

Luiz Tatit enfatiza a singularidade do ouvido do cancionista, que privilegia o tratamento integral da obra e, assim, se distancia da escuta do músico que trabalha as unidades mínimas do som[4]:

Parece, realmente, que o ouvido dos cancionistas possui uma Gestalt própria: [...] adota algumas sequências de acordes (quando toca algum instrumento) e algumas regularidades rítmicas como pontos demarcatórios para a invenção melódica; propõe e memoriza melodias globalmente sem se deter nos detalhes de passagem [...]. Se a tendência do músico é desenvolver um ouvido analítico, chegando às

---

2   Vale o esclarecimento de que esse tipo de relação se apresenta das mais variadas formas no Brasil, já que é comum a figura do autor que trabalha tanto letra como música. Mesmo os compositores que dispõem de ambos os predicados recorrem constantemente a um parceiro e assumem uma das duas funções – o que resulta no formato de trabalho aqui estudado – ou, ainda, compõem no modelo de "parceria de sambista", em que um compositor apresenta letra e música de uma primeira parte e o parceiro a complementa também com letra e música.

3   Luiz Tatit, *O século da canção*, Cotia: Ateliê, 2004, p. 124.

4   ↳ Marco Pereira à p. 51: "A cabeça do músico popular sempre está na menor figura".

5   Luiz Tatit, *O cancionista*, São Paulo: Edusp, 1996, p. 163.

6   ⌕ Turibio Santos à p. 82: "Para Baden o que interessa é a melodia; a harmonia depende do que ele está pretendendo" e Sérgio Assad à p. 110: "Numa música com forte natureza melódica, se você tocar a melodia já é o suficiente".

7   ⌕ Observação minha à p. 92: "Luiz Tatit nos aponta a relevância do papel de mediação exercido pela entoação".

8   Trecho presente a 24min03s do segundo dos dois programas que apresentam a entrevista de Egberto Gismonti no *Supertônica* em 2004. Idealizado e apresentado pelo compositor Arrigo Barnabé, o programa vai ao ar pela Rádio Cultura FM de São Paulo. Link para o programa em: www.violao-cancao.com/referencias.

9   Dessa forma, Gismonti nos exemplifica, através da síncope característica brasileira, o conceito de *contrametricidade*, isto é, de figuras que interrogam o compasso, em contraste com a figura rítmica associada à "marcha" alemã, que é exemplo de *cometricidade*, já que afirma os tempos do compasso. Tais conceitos são apresentados na obra de Carlos Sandroni, *Feitiço decente*, Rio de Janeiro: Jorge Zahar, 2001, p. 27.

EGBERTO GISMONTI

unidades mínimas do som (embora não perca a noção do todo), o ouvido do cancionista privilegia o tratamento global da obra, não se importando com alterações localizadas[5,6].

Ao longo do livro, procuraremos analisar de que modo as habilidades próprias do músico convergem com o fazer do cancionista ou, em um ponto extremo da polaridade aqui esboçada, com a percepção do letrista.

No intercâmbio entre as especificidades da atividade musical e as nuances da palavra, um dos compositores escuta com maior nitidez o que o outro ouve apenas superficialmente. Assim, diante do formato de parceria aqui estudado, o músico tem, na escuta do letrista, parâmetro para a articulação de um discurso melódico que atenda à fluência própria da fala por meio dos recursos musicais que domina. Na busca da integridade da canção, forjada através de colaborações entre parceiros, o melodista – que, em muitos casos, é um músico instrumentista – tem como desafio equacionar as diferentes escutas apresentadas acima por Luiz Tatit[7].

MATRIZES RÍTMICAS

O aspecto rítmico lida diretamente com diferenças culturais que repercutem nas informações musicais em trânsito entre os contextos musicais de cada realização. Chamamos atenção para uma questão que é motivo histórico de inquietação entre os músicos e que nos acompanha ao longo deste trabalho. Ela será introduzida aqui por meio do depoimento de Egberto Gismonti para Arrigo Barnabé, transcrito a seguir[8]:

A cultura musical alemã é fundamentada em "marcha"; já a brasileira, seja ela mais ou menos culta, é fundamentada naquele surdo que bate no segundo tempo e na síncope, cuja divisão nunca está onde deveria[9].

10   Marco Pereira à p. 51:
"Só quando fica clara a pulsação você entende a síncope".

11   Igor Stravinski e Robert Craft, *Conversas com Igor Stravinski*, São Paulo: Perspectiva, 1984, p. 99.

Já que nossa síncope... [solfeja os seguintes ritmos]

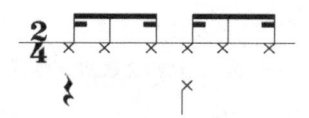

[...] sofre um deslocamento e é sentida pelas orquestras alemãs como "marcha", na figura [...][10]

[...] e pelos franceses – a despeito de terem sido os colonizadores da África – como tercina.

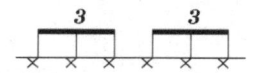

Baseada no meio de expressão orquestral, que bem representa as implicações práticas da música escrita, a observação de Igor Stravinski retrata, a partir de outra realidade, as dificuldades na transmissão e assimilação através da partitura da música que interroga as hierarquias tradicionais do compasso. Essas preocupações se refletem na conversa de Stravinski com o músico Robert Craft:

Durante cinquenta anos dediquei-me a ensinar músicos a [...] acentuar notas sincopadas e a começar o fraseado antes para obter resultado. (As orquestras alemãs são incapazes de fazê-lo, tanto quanto os japoneses de pronunciar a letra ele.) Na execução de minha música, questões simples como essa consomem metade dos meus ensaios: quando irão os músicos aprender a abandonar a nota ligada, a suspendê-la e não apressar as colcheias em seguida?[11].

A questão se revela na medida em que constatamos a significativa diferença entre uma abordagem rítmica que se alimenta da estabilidade do tempo, mais presente no músico que tem sua formação através das práticas populares, de cunho não escrito, e outra, ligada à tradição escrita, que se desenvolve através da expressão regida justamente por dispositivos de variação do tempo.

Essa variação se traduz por meio de entidades de expressão musical, tais como o *rallentando* (ou *ritardando*); o *accelerando* (ou *stringendo*); o *ad libitum* (ou *rubato*); ou o *a tempo* (dispositivo de "restabelecimento" do tempo)[12]. Tais recursos estão diretamente associados à partitura e são cultivados ao longo de toda a história da música "culta" europeia, conforme nos esclarece, por exemplo, Joaquín Zamacois:

A expressão musical:
Executar com exatidão as entonações e os valores das notas não é suficiente para impor, de uma forma artística, uma composição à sensibilidade do ouvinte. Ademais, faz falta o que comumente se entende por dar-lhe expressão.
Contribuem para a expressão musical:
O movimento ou "tempo", isto é, o grau de lentidão ou rapidez com que se realiza a obra.
O caráter, isto é, o sentimento exigido pela ideia musical: alegria, serenidade, dor etc.
A tonalidade ou gradação da sonoridade: fortíssimo, piano etc.
A acentuação e a articulação, isto é, a maneira especial com que cada nota é executada[13].

O fértil conflito ao qual nos referimos é constatado na própria natureza da música popular brasileira, que se alimenta fartamente da tensão resultante do encontro entre o manejo rítmico das matrizes musicais africanas e europeias[14]. Essa polaridade é estabelecida estrategicamente aqui diante do fato de que a musicalidade indígena – que completa a tríade constituinte brasileira – "se encontra difusa[15] e seus elementos, difíceis de serem apontados", mesmo dentro da música caipira, que é talvez a principal derivação musical resultante do encontro entre os homens portugueses que aportaram no Brasil no início da colonização e as mulheres indígenas.

Assim, o mameluco, que é o povo formado e formador desta região compreendida como o Centro-Sul do Brasil, é quem começa a assimilar e juntar estas musicalidades. É ele quem incorpora as estruturas da música indígena de forma intuitiva, ouvindo-a soar da voz de sua mãe. Hoje esta musicalidade se encontra difusa e seus elementos, difíceis de serem apontados dentro da música caipira, pois, devido ao quase total extermínio da nação tupi perderam-se as referências de como era a música produzida por estes povos, restando a nós hoje descobri-la

---

12 Ver Joaquín Zamacois, *Teoría de la música*, Barcelona: Labor, v. 1, 1979, p. 132-3.

13 *Ibidem*, p. 130 (tradução minha).

14 "As músicas africanas (negras) são fundamentalmente rítmicas e, no entanto, plenamente musicais. Ao contrário da música ocidental [...] o ritmo africano contém a medida de um tempo homogêneo (a temporalidade cósmica ou mítica), capaz de voltar continuamente sobre si mesmo, onde todo o fim é o recomeço cíclico de uma situação" (Muniz Sodré, *Samba, o dono do corpo*, Rio de Janeiro: Mauad, 1998, p. 19).

15 A cantora Marlui Miranda, colega no programa de pós-graduação em música da USP, tece comentário que revela um traço essencial da "antropofagia" brasileira, estabelecendo uma importante inversão no sentido do fluxo de informação e protagonismo, e faz refletir sobre quem deveria ser considerado o sujeito quando se fala em música brasileira: "Nunca vi um índio com preconceito com relação a outros tipos de música; ele absorve aquilo que ouve" (comunicação pessoal, 29 nov. 2017).

[16] Ivan Vilela, "O caipira e a viola brasileira", em: José Machado Pais (org.), *Sonoridades luso-afro-brasileiras*, Lisboa: Imprensa de Ciências Sociais da Universidade de Lisboa, 2004, p. 175.

[17] 🔗 Paulo César Pinheiro à p. 174: "Tem uma coisa indígena, não é muito negro".

[18] Arthur Morris Jones *apud* Carlos Sandroni, *Feitiço decente*, op. cit., p. 24.

através da eliminação de elementos musicais inerentes às culturas brancas e negras, num trabalho de arquelogia musical[16].

É para esse trabalho arqueológico que nossa pesquisa contribui, na medida em que estuda a relação entre a tradição escrita (europeia) e a não escrita (africana) no Brasil[17].

A rítmica ocidental é divisiva, pois se baseia na divisão de uma dada duração em valores iguais. Assim, como ensinam todos os manuais de teoria musical, uma semibreve se divide em duas mínimas, cada uma destas em duas semínimas e assim por diante. Já a rítmica africana é aditiva, pois atinge uma dada duração através da soma de unidades menores, que se agrupam formando novas unidades, que podem não possuir um divisor comum (é o caso de 2 e 3)[18].

O músico e etnomusicólogo austríaco Gerhard Kubik apresenta um olhar mais amplo, resultante de uma profunda vivência e reflexão sobre a questão, que é aqui transcrito integralmente para que possamos identificar tais nuances nos exemplos musicais que se sucederão ao longo do livro:

A organização do movimento na música e dança africanas segue rigidamente certos princípios de tempo rítmico. Não há comparação com os sistemas rítmicos ocidentais. Os sistemas de divisão do tempo africanos baseiam-se em, pelo menos, quatro ou cinco conceitos fundamentais:

1   *A presença de uma pulsação de referência mental (não explícita), que consiste em unidades de pulsação iguais ocorrendo ad infinitum e habitualmente muito rápidas. Essas pulsações elementares têm por função servir de quadro de referência. São duas ou três vezes mais rápidas do que a pulsação ou o "tempo forte" ocidentais.*

2   *As formas musicais organizam-se de forma a que os motivos e temas se desenvolvam de acordo com um número regular dessas pulsações elementares, habitualmente 8, 12, 16, 24 ou os seus múltiplos, mais raramente 9, 18 ou 27 pulsações. É o que designamos por ciclos; os números são designados por fórmulas estruturantes.*

3   *Muitas destas fórmulas podem ser divididas ou partidas de mais do que uma maneira, permitindo assim a combinação simultânea de unidades métricas contraditórias. Por exemplo, o número 12, que é o mais importante em música africana, pode ser dividido por 2, 3, 4 e 6.*

> 4   *Motivos com o mesmo número de pulsações podem ser conjugados entre si de tal forma que os seus pontos de início se cruzem (ritmos cruzados). Em alguns casos eles cruzam-se de tal forma que ficam entrelaçados, não havendo duas notas a soar em simultâneo (combinação entrelaçada).*

Em "algumas regiões" existe outro "conceito de tempo": as designadas frases rítmicas de referência (time-line patterns)[19].

A confluência entre "as músicas da Europa e da África se fundindo sobre as Américas"[20] instaura no Brasil um novo regime rítmico que, apesar de no mais das vezes adotar a manutenção de um compasso fixo, como na concepção europeia, relativiza a hierarquia entre tempos fortes e fracos e explora um tipo de expressão que depende da estabilidade do tempo para alcançar o efeito das inflexões contramétricas que geram a síncope característica brasileira.

Essa contrametricidade presente nas porções menores de tempo pode ser enxergada como resultante dos desenhos rítmicos assimétricos das *time-lines* referenciais que o músico internaliza e adota como infraestrutura para seu discurso rítmico. O etnomusicólogo e compositor ganense Kwabena Nketia cunhou o termo *time-line* para designar um procedimento largamente empregado e difundido por toda a África:

> *Ela [a time-line] pode ser definida como um padrão rítmico em forma aditiva ou divisiva, que incorpora o pulso básico ou a pulsação reguladora, assim como o referencial de densidade. Em vez de grupos regulares de quatro notas, grupos de cinco, seis ou sete notas podem ser utilizados em padrões de subdivisão binária ou ternária (compasso simples ou composto)*[21].

Diante de outras culturas derivadas da diáspora africana, como é o caso da cubana, que tem sua música organizada, ao menos de um modo geral, nas *time-lines* (ou seus sinônimos, "clave" ou "linhas-guia"), a música brasileira parece se revelar, também nesse sentido, marcada pela diversidade.

De fato, a nossa música apresenta tanto práticas musicais regidas por *time-lines* como por "batuques", que não obedecem a uma lógica atrelada a um padrão rítmico mais extenso que possa se configurar como uma *time-line*. Exemplo disso é o congado mineiro, cuja

19   Gerhard Kubik, "African Music and Dance", em: Jocelyn Murray, *Cultural Atlas of Africa*, Oxford: Phaidon, 1981, p. 93.

20   José Miguel Wisnik, *O som e o sentido*, São Paulo: Companhia das Letras, 1989, p. 210.

21   Joseph Hanson Kwabena Nketia, *The music of Africa*, New York: W. W. Norton, 1974, p. 132.

sofisticação rítmica deriva diretamente da nação banta[22]. Já a música afro-baiana de terreiro, ligada ao candomblé e descendente direta da nação iorubá e *ewe* (jeje)[23], constitui um dos vários exemplos em que essa preponderância da clave como referência absoluta se revela nitidamente no Brasil.

Carlos Sandroni observa que o conceito de "linhas-guia" é usado em muitos dos repertórios africanos, porém não na totalidade, e que sua utilização tende a acontecer em fórmulas assimétricas. As figuras rítmicas derivadas desse contexto musical são assim apresentadas por ele:

Figuras rítmicas [...] que, embora possam eventualmente ocorrer na música erudita ocidental – em particular na chamada música contemporânea –, só o fazem a título de exceções e são consideradas de difícil execução[24]. *Na música da África Negra, ao contrário, elas pertencem por assim dizer ao senso comum musical, frequentando inclusive o repertório rítmico das crianças. [...] neste ponto o Brasil está muito mais perto da África do que da Europa*[25].

Assim, os meandros do "senso comum" que constitui a música brasileira são derivados diretos de práticas africanas, como podemos observar nos dois desenhos de *time-lines*, em um ciclo de 16 "pulsos", apresentados por Kubik:

Padrão normal de 16 pulsos de Angola/Zaire (muitas vezes, batido na caixa de um tambor, em uma garrafa de vidro, cabaça ou com palmas)

A Versão de nove tempos (obtido tal como na aldeia de Soma Kayoko, área de Cuito Cuanavale, 1965)

(16) [X.X.X.XX.X.X.XX.]

B Versão de sete tempos (por exemplo, como um padrão de aplauso na dança nkili do Humbe, no sudoeste de Angola, 1965)

(16) [X.X.X.X..X.X.X..]

---

22 ⌐⌐ Observação minha à p. 173: "O 'boi' é um exemplo de gênero/ritmo que, originário do entorno amazônico, marcadamente indígena, não apresenta um desenho rítmico mais extenso que se configure como uma referência básica, nos moldes de uma *time-line* ou clave".

23 Ver Gerhard Kubik, *Angolan Traits in Black Music, Games and Dances of Brazil*, Lisboa: Junta de Investigações Científicas do Ultramar; Centro de Estudos de Antropologia Cultural, 1979, n. 10, p. 17.

24 Salomea Gandelman e Sara Cohen ilustram a relação entre esse senso comum e partituras da chamada música erudita contemporânea, consideradas de difícil execução. Fato que se explicita com o seguinte olhar: "As síncopes escritas muitas vezes camuflam ritmos aditivos que convivem com o compasso binário simples (o seu derivado direto)". Ver *A cartilha rítmica para piano de Almeida Prado*, Rio de Janeiro: [s.n.], 2006, p. 36.

25 Carlos Sandroni, *Feitiço decente*, op. cit., p. 25 (grifos meus).

Este padrão é geograficamente característico da África Negra. É quase exclusivamente concentrado nos países africanos de língua banta, principalmente em Angola[26].

A familiaridade que o brasileiro tem com esses desenhos rítmicos torna inegável o parentesco que chamou a atenção de Kubik. Apresentamos a seguir a "tradução" das *time-lines* para o nosso sistema de notação habitual, ocupando dois compassos binários. Esse compasso se consagrou na escrita de partituras de samba a partir de 1930, quando Bide[27] introduziu no samba o surdo, instrumento que determina a periodicidade binária na medida em que oferece apoio no segundo tempo.

O surdo, equivalente ao polegar (p) da mão direita para o violonista, dá o apoio no grave para que as variações rítmicas que são características do samba se desenvolvam livremente no agudo – que podem, a princípio, ser lidas pelo violonista com os dedos indicador (i), médio (m) e anular (a), em bloco. Dessa forma, ao menos no samba, os desenhos das *time-lines* africanas se ressignificam no Brasil, perdendo o caráter de "frase rítmica de referência" e ganhando, talvez pela miscigenação com outras referências como o banto[28], um sentido de variação rítmica[29].

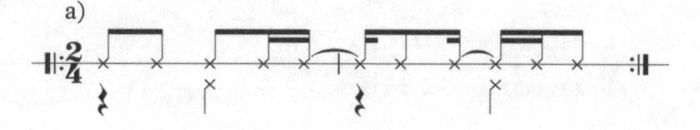

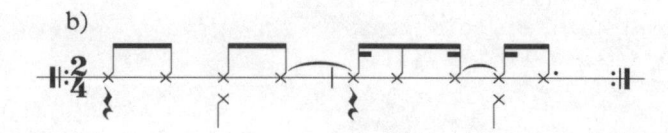

A conversa com Marco Pereira se desenvolve a partir dos recursos musicais que contemplam esse tipo de expressão musical.

MARCO PEREIRA[30] *Na verdade, a gente lida com semicolcheias; nosso compasso é de dois tempos.*
São oito semicolcheias, é só nisso que a gente tem que pensar [solfeja o ritmo].
Dentro disso é que surgem os acentos que formam as síncopes.

---

26 Gerhard Kubik, "African Music and Dance", *op. cit.*, p. 17 (tradução minha).

27 Alcebíades Maia Barcelos (1902-1975), compositor de fértil parceria com Mestre Marçal, fundou, ao lado de Ismael Silva e Heitor dos Prazeres, a Deixa Falar – a primeira escola de samba do Brasil.

28 Os indivíduos do grupo linguístico banto chegaram ao Brasil muito antes dos iorubás, fato histórico que favorece uma maior sedimentação na mistura de elementos da herança musical banta com as informações musicais de matriz indígena e europeia. Essas fusões foram primordiais para a música brasileira, as primeiras a apontar no sentido do "samba", já mais miscigenadas que as mesclas com os elementos advindos da cultura iorubá. Como lembra Nei Lopes, "foram os bantos também que criaram o samba e o amplo leque de manifestações que lhes são afins" (*Bantos, malês e identidade negra*, Belo Horizonte: Autêntica, 2007, p. 186).

29 A inversão dos desenhos apresentados pelos compassos binários representados a seguir, que alcança a rítmica mais habitual no samba, bem como uma percepção de que o samba se desenvolve sobre um período equivalente a um compasso quaternário, em 16 pulsos, nos foi transmitida pelo músico baiano Letieres Leite, em *workshop* sobre o método Universo Percussivo Baiano (UPB), em setembro de 2013.

30 ◁)) Faixa 4, disponível em www.violao-cancao.com/faixas-do-livro.

*Se você mantém a precisão, você entende a síncope;
se você toca de uma maneira imprecisa,
dessa maneira um pouco mais "solta",
que em geral o músico erudito aplica quando toca,
você perde a noção da síncope
[solfeja uma síncope].*

Só quando fica clara a pulsação você entende a síncope.

O músico, que também tem uma consistente formação como concertista erudito, compara a maneira "mais solta" com que o músico erudito, de um modo geral, se relaciona com o tempo com a maneira como o músico popular se desenvolve ritmicamente a partir da estabilidade do tempo. Tais conceitos parecem, por vezes, ter um sentido diferente em cada um dos contextos.

SARAIVA — *Em determinados contextos, essa estabilidade rítmica é fundamental,
senão perdemos as resultantes entre as semicolcheias,
que é um jogo aditivo, africano,
que gera grupos de cinco, três, quatro semicolcheias
[solfeja].*

MARCO PEREIRA — *Exatamente.
Uma coisa é a divisão melódica e outra coisa é a pulsação.
A pulsação é o tempo e a articulação rítmica.
Então, na música popular em geral, e na brasileira,
    em particular,
quando o músico vai tocar algo de essência rítmica
ele tem sempre que pensar na menor figura*[31]*.
Eu tive a sorte de tocar em duo com o grande baixista
    Nico Assumpção*[32]*,
e com ele percebi que a cabeça do músico popular sempre
    está na menor figura,
onde você tem uma precisão absurda
[solfeja o ritmo].*

*Esse aspecto matemático
é o que eu acho que faz da música uma arte perfeita.
Então, especialmente quando se trata de ritmo, a precisão
    é muito importante.
Ela dá esse sentido de perfeição matemática na transmissão
    do conteúdo musical.*

---

31 A divisão do tempo na música africana caracterizada por Gerhard Kubik, à p. 47: "Uma pulsação de referência mental (não explícita), que consiste em unidades de pulsação iguais ocorrendo *ad infinitum* e habitualmente muito rápidas".

32 Antônio Álvaro Assumpção Neto, o Nico Assunção (1954-2001), foi um dos maiores baixistas do Brasil. O site www.nicoassumpcao.com.br mantém viva sua memória.

Esse modo de escuta da coisa musical ressoa nas execuções de Marco Pereira, que equilibram a qualidade tímbrica, própria de sua formação erudita, com a precisão rítmica – a um só tempo, matemática e suingada – de quem estudou os mestres de acompanhamento de canção popular[33]. Saliente-se, ainda, que seus estudos são perpassados por um olhar que se atrela à música escrita, em que a própria partitura representa um sistema gráfico que exige o esclarecimento das relações matemáticas.

João Bosco, com quem o mesmo baixista Nico Assumpção trabalhou por anos, segue como interlocutor em diálogo que se aprofunda no manejo rítmico. Violonista de domínio nato da contrametricidade, que no Brasil tantas vezes se baseia em compasso binário simples, prefere apresentar como matrizes rítmicas exemplos que trabalham a assimetria em desenhos desenvolvidos em segmentos estruturais mais amplos. João Bosco "sente" e assimila tais segmentos à sua maneira, com um comprometimento diferente daquele de quem lê, para expressá-los com a naturalidade destilada através da escuta de seus mestres.

SARAIVA *Você tem uma espontaneidade,*
uma facilidade com o tratamento das relações rítmicas,
de estabilizar e ficar livre.
Acho que é uma frente de estudo muito importante[34].
E eu queria perguntar como você trabalhou e trabalha isso.

JOÃO BOSCO[35] *Eu ouvi dois caras muito bons na*
   minha vida:
um foi o Dave Brubeck[36] *com o quarteto dele,*
com dois discos, o Time Out *(1959) e o* Time
   Further Out *(1961),*
e depois o Moacir Santos[37] *com o disco* Coisas *(1965).*

O álbum de partituras *Coisas: cancioneiro Moacir Santos* – lançado pela Jobim Music em 2005 como uma das iniciativas de um amplo processo de redescoberta do maestro pernambucano, encampado pelos músicos cariocas Mario Adnet e Zé Nogueira – traz prefácio do crítico Hugo Sukman. Em texto que revela o batismo primeiro das "coisas afro-brasileiras", o crítico comenta de que modo Baden Powell, assim como João Bosco, encontra em Moacir Santos um "professor" efetivo.

---

33 Marco Pereira à p. 166: "A levada [de João Gilberto] é quase mântrica, é de uma precisão, uma constância, que praticamente não varia".

34 Conversa com Sérgio Assad sobre o estudo de elementos de natureza rítmica, à p. 154.

35 Faixa 5, disponível em www.violao-cancao.com/faixas-do-livro.

36 Dave Brubeck (1920-2012), pianista e compositor americano que representou um marco para o jazz. Embora filho de professora de piano, evitava a leitura de partituras e, mesmo assim, se formou em 1942 na Universidade do Pacífico em Stockton, na Califórnia.

37 Moacir Santos (1926-2006), arranjador, compositor, maestro e multi-instrumentista brasileiro nascido em Pageú (PE). Em 1967, mudou-se para a região de Pasadena (Califórnia), onde viveu compondo trilhas para cinema e ministrando aulas de música.

Moacir revelaria mais tarde que gostava tanto daquelas músicas que estava escrevendo que gostaria de numerá-las como se costuma fazer na música erudita. Assim, em vez de "Opus nº1", "Opus nº2", "Opus nº3", como são ordenadas as composições clássicas, Moacir optou por "Coisa nº1", "Coisa nº2", "Coisa nº3", subtitulando aquela primeira série de dez de "Coisas afro-brasileiras". Seria também Baden Powell o primeiro músico a se deixar arrebatar e influenciar pelas "Coisas". Muitos dos famosos afro-sambas que estava compondo na época e que seriam lançados também em série pela gravadora Forma nasceram justamente nas aulas, como exercícios propostos por Moacir. O caráter afro das "Coisas" é responsável por dar à luz os afro-sambas de Baden e Vinícius de Moraes[38].

JOÃO BOSCO   *Brubeck e Moacir trabalharam uma polirritmia muito impressionante,*
com a vantagem da simplicidade.
Eles foram grandes professores
porque, ao invés de tratarem essa polirritmia como uma espécie de segredo próprio,
com a vaidade de fazer aquele mundo parecer complexo,
possibilitaram de uma maneira muito generosa que os alunos-ouvintes
pudessem entrar no mundo deles e se sentir confortáveis.

Na contracapa do LP *Time Out* (1959) consta um texto de Steve Race, do qual destacamos o seguinte trecho:

Os resultados de suas experiências musicais encontram-se neste LP, que mostra basicamente três culturas: o formalismo da música clássica ocidental, a liberdade da improvisação jazzística e a pulsação, frequentemente complexa, da música folclórica africana. Brubeck usa até, no seu primeiro número, um ritmo folclórico turco. "Blue rondo a la turk" mergulha em cheio na mais antiga marcação de tempo do jazz, 9/8, agrupada não de forma usual (3+3+3), mas em 2+2+2+3.

A amplitude da repercussão desse tipo de informação é, como vemos, imensurável. Em *Time Further Out* (1961), o próprio Dave Brubeck escreve a contracapa do LP, comentando as fórmulas de compasso utilizadas e o processo de aprofundamento no manuseio desse tipo de polirritmia.

---

38   Hugo Sukman, "Prefácio", em: Mario Adnet e Zé Nogueira, *Coisas*, Rio de Janeiro: Jobim Music, 2006, p. 23.

JOÃO BOSCO   Então ao tocar um ⁹/₈, um ⁹/₄, um ¹¹/₈, um ⁷/₄, um ⁵/₄, você entrava naquela música e se sentia bem.

SARAIVA   Soava natural.

JOÃO BOSCO   Soava natural.
Eu tenho a impressão de que isso foi muito importante para mim,
porque às vezes eu faço coisas e as pessoas que estão comigo falam:
"Mas esse compasso é um treze!"
Eu não sinto treze, pelo contrário, eu sinto bem [risos].
E a pessoa: "Mas tocar isso é como andar com uma pedra no sapato, é tão desconfortável".
Pois é, eu não sinto isso.

SARAIVA   Isso se chama virtuosismo.

JOÃO BOSCO   Não, eu acho que isso é sinal de que você teve um bom professor.
O cara fez uma coisa boa, você assimilou e desenvolveu.
Eu gosto de tocar essas coisas.
Nesse DVD que eu gravei agora, comemorando os quarenta anos de minha carreira,
eu canto uma música do Milton que eu gosto desde os meus tempos lá de Minas,
chamada "Lilia", que é um ⁵/₄.

João Bosco demonstra a maneira como Milton Nascimento "sente" o ⁵/₄ na versão original e na sequência sua própria inflexão do mesmo compasso, ao modo de Brubeck. Essa inflexão ganha variações com o gesto do violonista regido pelo seguinte desenho rítmico referencial:

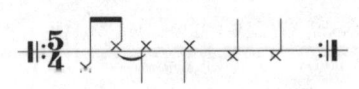

(10) [X X . . X . X . X .] ou

JOÃO BOSCO   Em ritmo, tudo depende de como você o deixa entrar e sair naturalmente,
porque enquanto isso não acontece não adianta, você não vai se sentir confortável.

Nesse momento, João Bosco nos apresenta a divisão que ele "sente" em uma levada em 4/4, que usa em diversas de suas composições e releituras[39]. Essa divisão parece lhe servir de referência como uma *time-line*, a qual João Bosco transmite valendo-se de recursos não relacionados à tradição escrita ocidental, mas à oralidade e ao modo como, segundo Kubik, a matéria é ensinada na África: "Uma frase rítmica de referência é o coração estruturante de uma peça musical [...]. Os motivos rítmicos de referência são transmitidos do professor ao aluno através de sílabas ou frases mnemónicas"[40]. João Bosco "canta" essa divisão para transmitir sua sensação[41], que poderia ser notada das seguintes formas:

(16) [X . X X . . X . X . X . X . X .] ou

ta - t'- ka__ ka di-rum di-rum

Assim, João Bosco demonstra se referenciar em estruturas mais amplas a fim de alcançar a inflexão desejada nas partes mínimas do tempo. Tal inflexão é atingida algumas vezes justamente pela subversão de uma precisão rítmica referenciada nas proporções reproduzidas pelo metrônomo. É o caso da nota atacada no que seria a colcheia do primeiro tempo (cantada em t'), que nesse contexto acontece "atrasada" e com nítida atração de gravidade com relação à nota que escrevemos como sendo a quarta semicolcheia (atacada pelo violão e cantada em "ka"). Dessa forma, a sílaba "t' ka" nos apresenta o ponto de inflexão na articulação rítmica que fará a diferença para uma execução natural. Para tanto, é essencial que o músico apresente intimidade com o jogo de intensidades e acentuações sobre o qual nos debruçamos aqui.

JOÃO BOSCO *Agora cada um, imagino, deve ter um jeito de sentir a polirritmia.*
Cada ritmo eu sinto de uma maneira,
então eu toco da maneira que sinto.
Às vezes, outro músico está tocando com você,
e ele tem uma maneira de sentir e de contar diferente da sua,
mas vai dar no mesmo lugar.

---

39 Uma releitura que utiliza a levada apresentada na sequência por João Bosco é "Se você jurar" (Ismael Silva, Francisco Alves e Nilton Bastos), presente no álbum *Dá licença meu senhor* (CD), Rio de Janeiro, Epic/Sony Music, 1995.

40 Gerhard Kubik, "African Music and Dance", *op. cit.*, p. 93.

41 ⏵ Relato meu à p. 173: "Acabei por 'cantar ritmicamente' uma melodia que, já não sendo mais apenas a melodia a ser letrada, visitava o desenho rítmico da referida clave".

> *O que eu acho que tanto o Brubeck quanto o Moacir tinham era uma naturalidade para expressar esse tipo de polirritmia.*

A fim de salientar o que chama de "naturalidade", João Bosco improvisa livremente com a voz sobre a harmonia de "Maracatu, nação do amor", de Moacir Santos e Nei Lopes. Essa música está atrelada à linha referencial escrita pelo maestro-compositor como guia das seções rítmicas que, assim, deixa transparecer seu caráter africano em uma linha que referencia também João Bosco em sua execução.

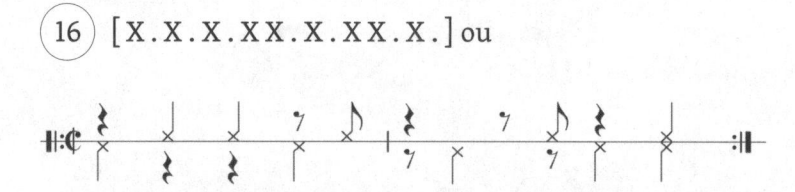

(16) [X.X.X.XX.X.XX.X.] ou

O maestro Moacir Santos, graças também à sua articulação com o *jazz*, representado aqui diretamente por Brubeck, é um ótimo exemplo da existência muito sólida da tradição escrita dentro da música popular brasileira. Esse fato nos leva a salientar as diferenças entre a música popular "impressa e praceana", ligada à indústria do disco, e a música (e dança) popular efetivamente baseada nos modos de transmissão próprios da dinâmica de tradição oral. Nas palavras de Mário de Andrade, "se pela expansão grande que teve a forma coreográfica do maxixe, este, o samba, a embolada, o cateretê, se confundem na música popular impressa e praceana, isso não se dá nas danças de tradição oral"[42].

Vale lembrar que com seu *Ensaio sobre a música brasileira*, em 1928, o escritor "dava cobertura teórico-ideológica aos compositores" e apresentava o que representaria as bases estéticas do programa nacional-modernista. No afã de propor um determinado modelo de relação entre os compositores eruditos e a música folclórica, esse programa acaba por operar um distanciamento entre âmbitos de atuação musical que, na realidade, se contaminam fertilmente em interação constante.

Assim, tais diretrizes se atrasam "de maneira básica, tentando reduzir o popular ao mito de origem (e da pureza das raízes, romanticamente)"[43], o que nos leva a considerar que a seguinte observação de Mário de Andrade diz respeito tanto à música brasileira rural, da qual se origina o "coco" analisado, quanto à então

---

42 Mário de Andrade, *Ensaio sobre a música brasileira*, Belo Horizonte: Itatiaia, 2006, p. 52.

43 José Miguel Wisnik, "Getúlio da Paixão Cearense (Villa-Lobos e o Estado Novo)", em: Ênio Squeff e José Miguel Wisnik, *Música*, São Paulo: Brasiliense, 1982, p. 148.

emergente música brasileira urbana: "Os ritmos ora se diluem na comodidade, ora se afirmam nítidos. A síncopa nos dois-por-quatro às vezes [...] é um intermediário entre isso e a tercina. Uma grafia muito aproximativa era fixar esse coco por meio de síncopas dentro da tercina"[44]. A figura que procura representar essa indeterminação entre a subdivisão rítmica é assim anotada pelo autor:

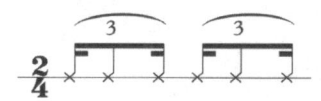

Essa subversão do princípio de divisão rítmica ocidental se irmana vivamente com a colcheia interpretada com *jazz feeling*[45], recurso que assume a condição de escrita aproximada[46] e referencia o desenvolvimento de toda uma cultura musical nascida na América do Norte como resultado do encontro entre as tradições musicais europeia e africana.

Se a relação com a inflexão rítmica da escrita, marcada pelos estilos de cada período da história da música ocidental, vai se transformando ao longo dos séculos no forjar da tradição da música culta, outra dinâmica se estabelece por meio da readequação dos recursos de escrita rítmica à música popular, que alcança sua expressão hegemônica por meio do pacto forjado em torno da palavra "suingue"[47]. Esse pacto está diretamente relacionado com o corpo em movimento que atinge o topo esquerdo da página das partituras através da seguinte indicação:

JOÃO BOSCO *E aquilo balança.*
E ele [Moacir Santos] canta em cima uma melodia solta,
    bonita e tudo funciona.
Não é um samba[48]*, mas tem uma levada com um ritmo*
    insinuante dentro desse outro mundo.
Dá para sentir como ele traduz isso de maneira tão
    explicativa, sem esconder.

SARAIVA *Não é para complicar.*

JOÃO BOSCO *Não, ele faz disso uma festa*[49].

---

44 Mário de Andrade, *Os cocos*, São Paulo: Duas Cidades, 1984, p. 366.

45 "Esta convenção precisa sempre ser indicada em levadas com *jazz feeling* (algo como 'sentimento jazzístico'). Ela diz que as colcheias devem ser interpretadas não literalmente, mas como a figura quialterada acima." Ver Carlos Almada, *Arranjo*, Campinas: Editora Unicamp, 2000, p. 45.

46 ↩ Observação minha à p. 128: "As inflexões das frases contam mais com a vivência dos executantes nos gêneros interpretados do que com a notação detalhada de articulação".

47 A questão do "suingue" é trabalhada, a partir da obra de Moacir Santos, na dissertação do violonista e pesquisador Gabriel Muniz Improta França. Ver *Coisas*, 194 f., dissertação (mestrado em música), Universidade Federal do Rio de Janeiro, Rio de Janeiro, 2007.

18 ↩ Eu para Paulo César Pinheiro à p. 171: "No caso desta música, não vem tanto pelo samba".

49 "Quando a festa é estrutural, caso do camdomblé, ela impregna a visão de mundo total, implicando um estilo de vida marcado pelos valores festivos, como o ludismo, o dispêndio, a alegria, a sensualidade. A transgressão" (Rita Amaral, *Xirê!*, Rio de Janeiro: Pallas, São Paulo: Educ, 2002, p. 110).

MATRIZES MELÓDICO--HARMÔNICAS

No que tange às relações melódico-harmônicas, nossos diálogos investigam as possibilidades de articulação entre o que nasce do instrumento e o que nasce da voz. Essa questão se entrelaça com a dicotomia daquilo que percebemos como matéria musical de "natureza harmônica" ou de "natureza melódica"[50]. Essa contraposição, que é histórica no percurso da música europeia, surge em diversos momentos ao longo deste trabalho, muito impulsionada pelo contraste entre a "cifra alfanumérica" de recorte vertical – habitualmente utilizada para anotações harmônicas por quem manuseia canção popular – e o material com sentido linear que se desenvolve em direcionalidade horizontal e pede a escrita em partitura.

Seguindo a trajetória de Sérgio Assad, regressamos ao universo do violão solo. Músico de consistente educação formal, cumprida como violonista nos padrões eruditos mais severos, Assad estabeleceu uma importante articulação entre a figura do intérprete e a figura do compositor, que, embora trivial no universo da canção popular, é pouco frequente no ambiente contemporâneo do violão acadêmico e de concerto.

ASSAD *Na época em que chegamos ao Rio [em 1969], eu já me dedicava ao violão,*
e minha atividade principal era com o Duo Assad.
Quando entrei para a Escola Nacional de Música para estudar regência,
a minha vertente de compositor, se é que eu tinha alguma, ficou avariada,

porque na época a música dodecafônica e a herança do Koellreutter eram muito fortes.
Estava todo mundo preocupado com essa estética musical.
Eu me sentia envergonhado, já que as coisas que me ocorriam naturalmente eram canções.

Ainda tentei fazer um pouco de música serial, mas, como não conseguia, acabei desistindo.

A retomada da "vertente de compositor" de Sérgio Assad acaba por percorrer uma trajetória semelhante

---

[50] Vale ressaltar que a relevante melodia africana – mesmo instrumentalmente (no repertório de kora, por exemplo) –, bem como melodias oriundas de outros continentes, não apresenta "natureza harmônica", ao menos não nos moldes europeus.

à de Tom Jobim e à dos compositores brasileiros de canção que têm em seu trabalho como arranjador da obra de outros autores uma imersão naquilo que constitui a sua base referencial de autor. No caso de Assad, essa experiência se relaciona com a prática das transcrições, que marca o ressurgimento do violão de concerto no início do século XX[51], desenvolvendo-se entrelaçada com a *performance* violonística – em alto nível de excelência dentro dos padrões eruditos – ao longo da carreira do Duo Assad.

ASSAD *Mais tarde, eu tive uma retomada com a composição.*
Quando saímos do Brasil nos anos 1980,
Odair e eu fomos para a Europa já levando na bagagem
   muita coisa que eu passei a arranjar:
a música do Astor Piazzolla;
Radamés Gnattali, com quem tivemos grande contato e que
   fazia um tipo que me fazia pensar:
"O que esse sujeito escreveu eu até consigo".

Já existia uma força também do Egberto Gismonti,
   compositor que eu admirava
e que tem aquela coisa de usar o lado de saber fazer canções
com a estrutura de quem sabe escrever uma música elaborada.

Então eu comecei a escrever minhas músicas, timidamente,
e começamos a botar em uns programas,
e as coisas foram se desenvolvendo a partir daí.

O processo composicional de um autor que equilibra a experiência prática do "saber fazer canções" com os recursos de quem se desenvolve no sentido de "escrever música elaborada" conduz-nos a uma investigação que lida com a tensão entre a tradição escrita e a não escrita.

Guinga nos apresenta em voz e violão trechos de três músicas de Tom Jobim, ressaltando aspectos que o fascinam. O encadeamento entre as músicas que Guinga lembra e executa de um só fôlego nos leva naturalmente a uma música de sua própria autoria, composta em homenagem a Jobim[52].

Guinga contextualiza o momento inicial da composição Matita Perê[53]:

---

51 Sérgio Assad à p. 117: "Violonistas que fazem arranjos pegando todo o repertório desde a época barroca até a época atual".

52 Faixa 6, disponível em www.violao-cancao.com/faixas-do-livro.

53 Tom Jobim e Paulo César Pinheiro, "Matita Perê". Link para a música em: www.violao-cancao.com/referencias.

Matita Perê

(Tom Jobim/Paulo César Pinheiro)

[Partitura com cifras: G#m7, D#7(sus4), Gm7, D7(sus4), F#m7, C#7(sus4), Fm7, C7(sus4)]

Esse momento é interrompido pela passagem contrastante transcrita a seguir:

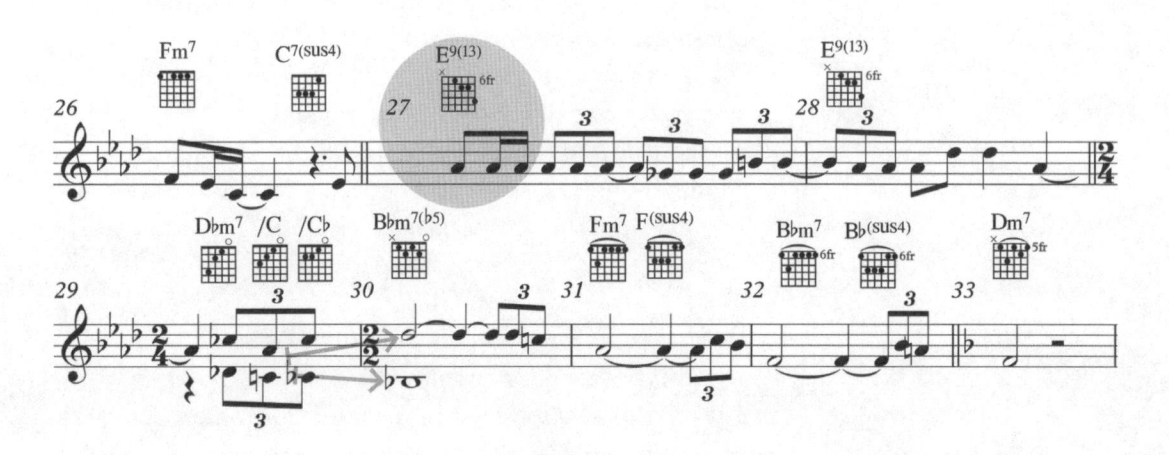

[Partitura, compassos 26–33, com cifras: Fm7, C7(sus4), E9(13), E9(13), Dbm7/C/Cb, Bbm7(b5), Fm7, F(sus4), Bbm7, Bb(sus4), Dm7]

Guinga salienta em sua execução o efeito do acorde dominante (compassos 25 e 26)[54] que quebra a fórmula reincidente até então no plano harmônico. Esse acorde[55] leva ao ponto culminante da melodia, atingido através de movimento descendente do baixo na passagem do compasso 27 para o 28. A execução segue no instante em que a sonoridade baseada em acordes menores se reestabiliza, sendo regida nos compassos 29 e 30 pela relação entre o I e o IV graus do tom de fá menor, até a retomada da fórmula, que voltará a vigorar no momento seguinte da composição. Essa reexposição já começa (compasso 31) com o efeito da modulação, que se vale da relação de mediante (terças) com a *common note* (fá) na melodia, para a tonalidade relativa menor (ré menor) do homônimo maior (fá maior) da tonalidade (fá menor) assumida na referida reestabilização ao longo dos dois compassos anteriores.

GUINGA *É maravilhoso!*
Tom Jobim é um compositor que realmente emociona muito.

[54] A numeração dos compassos, assim como o desenho melódico e a armadura de clave (salientada na partitura com o círculo), é extraída de *Cancioneiro Jobim*, Rio de Janeiro: Jobim Music, v. 4, p. 63. Já a parte harmônica, representada pelas cifras, é replicada da execução de Guinga em sua adaptação dessa composição para o violão.

[55] O acorde dominante E7, no mesmo compasso 25, choca com a armadura de clave em bemóis escolhida para a edição do *Cancioneiro Jobim*, o que tanto pode apontar um simples erro de revisão como nos remeter a um conflito entre a cifra alfanumérica e a notação formal em partitura.

Villa-Lobos é o pai e Jobim, o filho dele.
O cara começa uma música assim...
[toca "Canção em modo menor"⁵⁶].

Canção em modo menor

Tom Jobim/Vinícius de Moraes

Por-que ca-da ma-nhã me traz O mes-mo sol sem res-plen dor E o dia é sem-pre um di-a a mais E a noi-te é sem-pre a mes ma dor

Com foco nas aberturas dos acordes de acompanhamento, Guinga enfatiza dois pontos especiais: o acorde do primeiro compasso, que abre a canção com o contundente efeito de sua dissonância, e a resolução no último acorde do trecho, que exige, sob pena de perda expressiva, o emprego de uma "tríade menor simples". Vale ressaltar que, embora se trate de uma tríade menor simples, o acorde que encerra o trecho surpreende, dado o contraste entre o sol sustenido introduzido pelo acorde do primeiro compasso e o sol natural do acorde de mi menor.

Como voltaremos a constatar, o que Guinga parece efetivamente valorizar é o uso de tríades "puras", quando colocadas em situações harmônicas especiais; no caso acima, em mistura de modos. Essa valorização surge no discurso do compositor em forma de preocupação com uma propensão, existente inclusive nele mesmo, à aplicação indiscriminada de tensões. Isso acontece muitas vezes a partir de uma visão "vertical" resultante de uma prática ligada à cifra alfanumérica, principal ferramenta de anotação musical do cancionista, e da ideia jazzística de escala-acorde. Marco Pereira apresenta-nos algumas informações sobre esse ponto de vista:

A notoriedade da cifragem alfanumérica se deu, dentro da linguagem jazzística, devido a seu aspecto aberto, com várias possibilidades de montagem, visando à prática harmônica

---

56 Tom Jobim e Vinicius de Moraes, "Canção em modo menor". Link para a música em: www.violao-cancao.com/referencias. O trecho da partitura da melodia é extraído de *Cancioneiro Jobim*, op. cit., p. 218. As aberturas dos acordes de violão são transcritas da execução de Guinga.

57 Marco Pereira, *Cadernos de harmonia*, Rio de Janeiro: Garbolights, 2011, v. 1, p. 38.

58 Tom Jobim, "Rancho nas nuvens". Link para a música em: www.violao-cancao.com/referencias.

59 Vale ressaltar que a questão da enarmonia é um dos pontos-chave para o estudo do conflito entre a tradição escrita e a não escrita, já que a relação entre sol sustenido menor e dó menor (de quarta) exigiria um ajuste – enarmonizando para lá bemol menor, por exemplo – para que a relação de mediante (terça) com dó menor não se perdesse. Esse ajuste não é adotado por Jobim, entre outros motivos, pela quantidade de bemóis existentes na armadura de clave de lá bemol menor. Da mesma forma como ocorre um tom abaixo, entre fá sustenido menor e si bemol menor, na música de Guinga apresentada a seguir.

60 Observação minha à p. 181: "[O uso da] cifra alfanumérica [...] faz que cada acorde ganhe uma dimensão de maior autonomia com relação ao centro tonal".

61 Os momentos equivalentes das duas composições, que têm tonalidades diferentes, aqui estão salientados de modo a favorecer a comparação entre elas.

improvisada. [...] Não confundir complemento com tensão. Os complementos de nona e décima terceira devem ser vistos como complementos naturais quando estão de acordo com a estrutura escalar utilizada[57].

A tríade de mi menor que encerra a passagem representada pela partitura da "Canção em modo menor" desperta em Guinga a lembrança de outro exemplo de tríade menor em Jobim para o qual não convém a aplicação de complementos ou tensões.

GUINGA *É como na segunda parte daquela música* [toca "Rancho nas nuvens"[58]].

Guinga apresenta a primeira parte da música, que se desenvolve assumindo a tonalidade de si maior para resolver em sua tonalidade relativa, de sol sustenido menor. O acorde de G#m7 se vale de uma décima primeira (11), que é salientada em seu efeito pelo músico no segundo compasso do trecho transcrito a seguir. Nesse momento, Guinga apresenta Jobim explorando, uma vez mais, as relações de mediante (terças)[59], por meio do movimento que parte da tonalidade estabelecida de sol sustenido menor, que fecha a primeira parte, e alcança o acorde de dó menor triádico, que abre o momento contrastante da composição, levando enfim (e também por relação de mediante) ao mi menor igualmente triádico. Essa é outra forma de expressão da "mesma" e "simples" tríade menor[60].

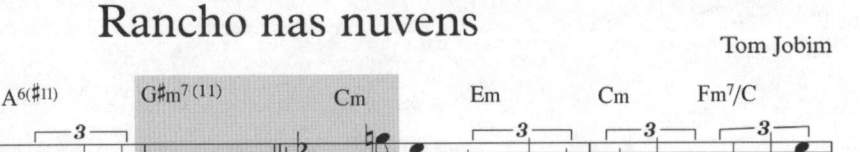

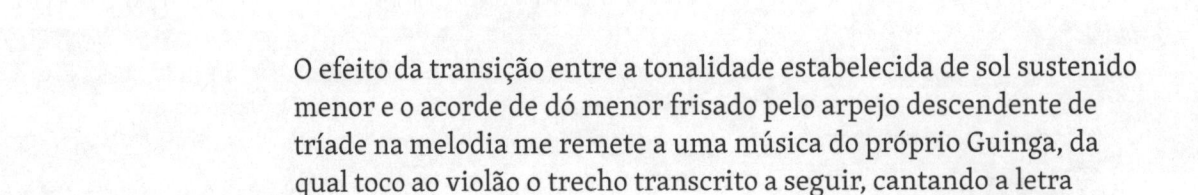

Rancho nas nuvens

Tom Jobim

O efeito da transição entre a tonalidade estabelecida de sol sustenido menor e o acorde de dó menor frisado pelo arpejo descendente de tríade na melodia me remete a uma música do próprio Guinga, da qual toco ao violão o trecho transcrito a seguir, cantando a letra de Aldir Blanc[61]:

Pra quem quiser me visitar

Guinga/Aldir Blanc

[musical score: measure 16, chords Am6(add9) Gmaj7(#11) F#m6 Bbm7 Ebm7 Bbm7 Ebm6/Gb, with lyrics "Sei das ma-nhãs que só nas-cem de tarde"]

"Pra quem quiser me visitar", composta um tom abaixo, se vale dessa mesma relação harmônica ao se desvencilhar da tonalidade menor estabelecida (fá sustenido menor) e iniciar, em momento equivalente também no que tange à estrutura formal da composição, sua parte contrastante em si bemol menor. Dessa forma, Guinga se alimenta da mesma relação de mediante que Jobim assimilou, muito provavelmente, em seu manuseio como pianista do repertório romântico[62] de tradição erudita, que, assim, configura toda uma frente que sustenta, como importante "matriz", a música de Tom Jobim.

Guinga reage à lembrança mobilizada por essa equivalência entre as duas composições:

GUINGA   *Foi por isso!*
Foi por isso que eu fiz a segunda parte daquela minha música em homenagem a ele
[toca "Pra quem quiser me visitar"].

Pra quem quiser me visitar[63]
[A1]
Fiz o meu rancho [...]
[A2]
Toco piano [...]
Me dá saudade de Leblon.
[B]
Sei das manhãs [...]
[A3]
Aos meus amigos [...]

Guinga sola ao violão a primeira parte [A1] da música. Na reexposição [A2], somo meu violão ao dele. A nota longa que finaliza essa parte, equivalente à sílaba "-blon" (Leblon), é assoviada por Guinga. Vale frisar que essa é

---

62 Período em que as relações de mediante se estabelecem dentro do repertório de concerto.

63 Guinga e Aldir Blanc, "Pra quem quiser me visitar". Link para a música em: www.violao-cancao.com/referencias.

64 Ver Guinga, *A música de Guinga*, Rio de Janeiro: Gryphus, 2003, pp. 152-4.

a primeira nota da melodia que não se faz presente na pauta do violão, conforme a partitura a seguir[64]:

me dá sau-da-des do Le - blon

GUINGA *Aí vem o roubo que não é roubo* [segue assoviando a parte B].

Sei das ma-nhãs que só nas-cem de tarde

A parte B se desenvolve através de recursos fortemente vinculados ao violão, como na utilização de uma mesma digitação na mão esquerda que se desloca ao longo do braço do instrumento, gerando diferentes relações com as cordas soltas, que se mantêm nos acordes dos três compassos que seguem:

vi que o sol sen-te in-veja das a-sas do u-rubu

65 Vale ressaltar que o topo dessa frase, no trecho equivalente à letra "Rancho lá nas nuvens", presente neste último trecho aqui transcrito, é o outro ponto em que o autor recorre à quebra de oitava, cantando na oitava inferior, a exemplo do que aconteceu no trecho da letra "Pra quem quiser me visitar", presente na passagem anterior.

66 A digitação do segundo compasso da pauta do violão apresenta um arraste no dedo 4 que não consta na partitura publicada, mas que foi salientado pelo autor na entrevista como aspecto fundamental da canção.

Na retomada da primeira parte [A3], Guinga continua a cantar a letra, procurando contornar o fato de essa parte da música, solada ao violão nas duas primeiras exposições, extrapolar a tessitura de sua própria extensão vocal – o que exige esforço especial na emissão das passagens que envolvem notas mais altas, como a que segue:

Um par de a - sas

Guinga se vale também do recurso de quebras de oitava para adequar o percurso melódico à sua tessitura. Isso ocorre nas últimas quatro notas da frase final da música, que é composta resolvendo na oitava aguda – conforme as notas entre parênteses no trecho que segue, cantadas uma oitava abaixo pelo autor nessa execução.

Pra quem qui-ser me vi-si-tar

Ao posicionar Jobim "nas nuvens", com o impulso ascendente[65] da angulosa frase de abertura da canção transcrita a seguir, Aldir Blanc incorpora à letra os desafios e limites transgredidos na música dessa significativa homenagem de Guinga a Jobim. Assim, a poesia de Aldir retrata aspectos do próprio processo criativo, que se alimenta da distância entre o que nasce do violão – ou da música – e o que é próprio da voz – ou da canção[66].

Voz: Fiz o meu ran-cho lá nas nu - vens
Violão

CANÇÃO: GRAUS DE AÇÃO DO INSTRUMENTO NO PROCESSO CRIATIVO

Tanto em processos composicionais relacionados com a tradição escrita como em processos correntes na tradição não escrita, a criação musical pode acontecer por meio da "escuta interna" do autor que, assim, prescinde do manuseio do instrumento ou mesmo do emprego da voz no ato criativo. Entretanto, diante dos depoimentos recolhidos, podemos apontar três categorias básicas relativas à ação de um instrumento melódico-harmônico, como o violão ou o piano, em meio ao processo criativo da canção. Essa ação se faz significativa por incidir diretamente no teor do material musical resultante.

Diante desse contexto, apresento aqui o conceito de *instrumento ativo na busca melódica*[1] em processos composicionais de canção popular, que está relacionado à terceira das três categorias apresentadas a seguir. Elas não são estanques, já que uma música, como veremos, pode se valer de recursos de todas as categorias para apresentar, por exemplo, partes contrastantes. O que vale ressaltar é que, de modo geral, maior presença do instrumento na busca melódica favorece contornos que revelam a natureza harmônica da melodia.

1 *Melodias compostas com a voz (ou "na cabeça")*[2]: processo que utiliza não mais que apoio rítmico para o jogo de estímulos estabelecido entre o ritmo da melodia e a rítmica referencial do gênero, que pode ou não ser baseado em um desenho fixo de *time-line* (ou clave). O contorno melódico resultante desse jogo passa a orientar uma harmonização posterior dentro do repertório harmônico habitual do gênero.

2 *Melodias compostas com a voz, contando com apoio rítmico-harmônico de instrumento*: processo que reproduz aspectos da categoria apresentada acima, transformado pela utilização de um instrumento que possibilita a obtenção de um sentido harmônico que seja atributo de identidade da obra, como uma das "partes inseparáveis da composição"[3].

3 *Melodias compostas por meio da interação de instrumento e voz*: processo que não dispensa nenhuma das possibilidades elencadas nas duas primeiras categorias, mas que, ao contar com os recursos próprios do instrumento que agora age diretamente na busca melódica, pode gerar – para além da canção – também uma peça instrumental que muitas vezes ganha vida autônoma[4].

---

1 Essa ideia começou a ser gestada no plano teórico em 2007, por ocasião da oficina *Elaboração melódico-harmônica na canção brasileira*, que ministrei em diferentes universidades brasileiras através do Programa de Ação Cultural (PAC), da Secretaria de Cultura do Estado de São Paulo.

2 ↳ Guinga à p. 92: "Mauro Duarte [...] fazia tudo na cabeça. João Nogueira [...] compunha tudo na cabeça" e Paulo César Pinheiro à p. 82: "[Baden] fazia muitas das coisas na cabeça".

3 ↳ João Bosco às pp. 36 e 128.

4 ↳ Guinga à p. 70: "Essa aí era uma música que não tinha nenhuma pretensão de ser canção".

O compositor Edu Lobo, no depoimento que segue, comenta a significativa transformação ocorrida em seu processo criativo. No início da carreira, ele utilizava o violão como apoio harmônico para a voz na busca melódica (segunda categoria elencada na página anterior). Com o passar dos anos, passou a usar o instrumento – no caso dele, o piano – como ferramenta ativa na busca melódica (terceira categoria). Esse tipo de transformação aproximou o compositor dos recursos próprios da tradição escrita, na medida em que o sentido melódico-harmônico de suas composições se desenvolveu.

EDU LOBO *Acho que houve uma mudança muito grande na minha música quando passei a compor no piano. Ela se tornou mais elaborada do ponto de vista da melodia e da harmonia.*
Compor no piano é completamente diferente de compor no violão.
Quando eu componho no violão, componho cantando, então minha voz determina a melodia.

Se, por um lado, isso é legal, porque vai resultar em melodias mais intuitivas, mais populares,
por outro, quando você compõe no piano, pode escolher notas melhores e intervalos diferentes.
Você faz o acorde e canta uma nota, mas o dedo escolhe outra – e o cérebro registra e escolhe o que ele prefere.

A voz é limitada. Digo isso me referindo mais ao sentido harmônico.
Se eu fosse cantor de jazz, talvez fosse diferente,
pois ele tem a habilidade de cantar como o instrumento toca.
Por exemplo, "Beatriz", "Choro bandido" e "Valsa brasileira" são músicas de piano.
Se eu cantar o início de "Beatriz":
[cantarola] "Olha, será que ela é moça...",
esse intervalo eu não teria cantado,
porque é uma sétima maior,
que você não faz intuitivamente.
O que não quer dizer que seja artificial,
mas que é mais interessante do que uma sétima "normal".

Para cantar, tem que ser cantor, porque "Beatriz" é um grande exercício vocal[5]

5 Link para a entrevista em: www.violao-cancao.com/referencias.

A NÃO CANÇÃO?

SARAIVA[6] — *A minha sensação é a de que, quando a gente está inventando música,*
tem coisas que vêm mais pela via da voz
e outras vêm do violão.

GUINGA — *Não, a canção vem sempre pela voz.*

SARAIVA — *Sempre pela voz?*

GUINGA — *Comigo vem sempre pela voz.*
Quando faço uma música sem estar cantando, eu já sei que é uma música para o violão.
Mas eu sou compositor de canção, não sou compositor de música para o violão[7].
Passei a vida inteira com o violão na mão, se contabilizar tem até alguma coisa considerável composta para ele,
mas eu sou compositor de canção.
Por favor, esse é o grande orgulho da minha vida[8]:
tentar ser um bom compositor de canção.
Tenho passado a vida inteira tentando isso.

SARAIVA — *E como você vê a influência que os gestos violonísticos têm no percurso melódico de uma canção?*
[Eu toco o trecho inicial do baião "Nítido e obscuro"[9], *salientando com a inflexão vocal articulações que, em certa medida, se fazem presentes nos acentos da digitação de mão direita apresentados na partitura que reproduzimos na sequência*[10].*]*

---

6 Faixa 7, disponível em www.violao-cancao.com/faixas-do-livro.

7 Referência a Elomar à p. 211: "Não veio para ser um compositor de violão, de peças violonísticas".

8 Guinga também tem outras fortes razões para se orgulhar, na medida em que é um compositor-chave para a expansão das possibilidades expressivas da canção brasileira.

9 Guinga e Aldir Blanc, "Nítido e obscuro". Vídeo da música disponível em: www.violao-cancao.com/referencias.

10 Ver Guinga, *A música de Guinga*, Rio de Janeiro: Gryphus, 2003, p. 111.

Nítido e obscuro

Guinga/Aldir Blanc

A por-ce-la-na e o a-la - bas-tro na pe-le que eu vou bei - jar   o es-cu-ro a-trás do

(segue alternando polegar e indicador)

GUINGA   *Essa aí era uma música que não tinha nenhuma pretensão de ser canção[11].*

O Aldir gostou – só Aldir Blanc para letrar isso – e letrou. Tanto que quase não se consegue cantar,
mas fica bom. Com quem consegue cantar fica muito bom!

A fim de relativizar minha observação sobre essa "música que não tinha nenhuma pretensão de ser canção", Guinga toca duas de suas músicas que representam o outro extremo de uma polaridade revelada aqui: canções de andamento lento e com movimentos melódicos baseados em graus conjuntos pontuados por saltos melódicos em intervalos consonantes[12], que são tocadas uma seguida da outra.

GUINGA   *Mas não é como você fazer*
[toca "Senhorinha"[13] e "Lendas brasileiras"[14]].

---

11   Terceira categoria de processo composicional à p. 67: "Melodias compostas por meio da interação de instrumento e voz".

12   Andamento de caráter oposto ao de "Nítido e obscuro" e dinâmica intervalar significativamente diferente da percebida em canções como "Pra quem quiser me visitar" (ver capítulo anterior), que baseia seu percurso melódico em intervalos dissonantes.

13   Guinga e Paulo César Pinheiro, "Senhorinha". Vídeo da música disponível em: www.violao-cancao.com/referencias.

14   Guinga e Aldir Blanc, "Lendas brasileiras". Link para a música em: www.violao-cancao.com/referencias.

Senhorinha

Guinga/Paulo César Pinheiro

[partitura musical: Se-nho-ri-nha / Mo-ça de fa-zen-da an-ti-ga pren-da mi-nha]

Lendas brasileiras

Guinga/Paulo César Pinheiro

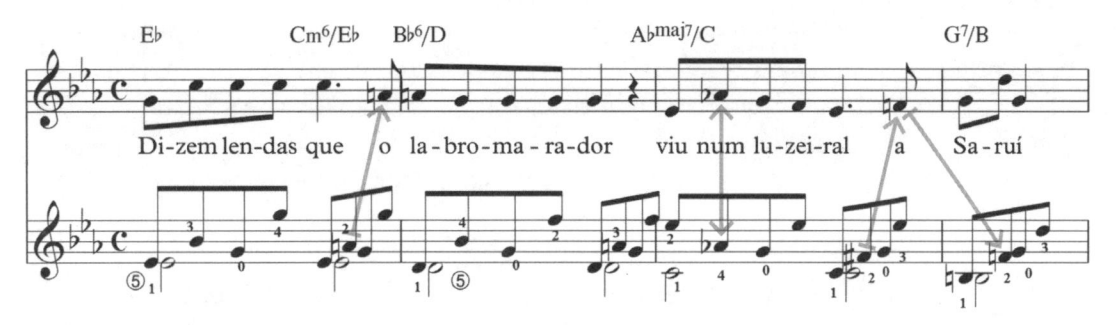

[partitura musical: Di-zem len-das que o la-bro-ma-ra-dor viu num lu-zei-ral a Sa-ruí]

GUINGA — *Isso aqui está completamente possuído pela canção! Fazer uma música dessas sem cantar é impossível.*

As setas presentes na partitura[15] acima apontam os momentos em que o violão precede a voz ou coincide com ela na apresentação de notas que ainda não haviam surgido no percurso melódico vocal. Na primeira seta, o lá bequadro do violão se apresenta na sequência na melodia; na segunda seta, o lá da melodia volta a ser bemol com o apoio simultâneo do violão; e, na terceira seta, o jogo entre violão e voz resulta em um movimento cromático entre o fá sustenido[16] presente no violão e o fá bequadro, que a voz adianta e o instrumento, por sua vez, assimila no último compasso.

---

15 Ver Guinga, *A música de Guinga*, op. cit., p. 99.

16 ♫ Nota que estabelece uma direcionalidade horizontal, ferindo a cifra alfanumérica optada para esse compasso. Segundo Marco Pereira à p. 61, "cifragem alfanumérica [...] com várias possibilidades de montagem, visando à prática harmônica improvisada".

SARAIVA   *Sim, mas percebe?*
Mesmo nesse encadeamento que você acaba de mostrar,
há momentos em que o violão, em alguma medida,
lhe dá caminhos.

GUINGA   *Ah, o violão sempre inspira.*
Outro dia, eu vi o Edu Lobo dizendo uma coisa
    que achei legal:
que não conseguia compor sem o instrumento na mão.
Eu também não.

Como vemos, essa "inspiração" que o instrumento representa para quem compõe canção dispara um jogo de estímulos entre o tecido harmônico do violão e o desenho melódico da voz, em dinâmica que se apresenta na segunda e terceira categorias da esquematização proposta no início deste capítulo. Esse jogo, que se desenvolve das mais variadas formas, se faz presente tanto em canções de compositores que tocam violão de maneira básica como em peças de músicos-instrumentistas que se utilizam da voz apenas como ferramenta de composição.

A conversa com Sérgio Assad nos remete a Garoto e caminha até Pixinguinha:

SARAIVA   *Em uma conversa recente com o Bellinati surgiu essa ideia*
    de que, na visão dele, tudo o que Garoto fez foi canção.
    "Melodia acompanhada", na tradução para como
        o músico erudito vê.
    De qualquer forma, é a mesma referência
    que a gente sente quando está cantarolando alguma coisa.
    Eu fico pensando que no Brasil isso é muito forte,
    já que aqui a canção tem uma dimensão especial.
    E isso se faz presente para compositor
    de todo tipo de música.

ASSAD   *Claro.*

SARAIVA   *Então, quando Bellinati soltou essa [frase] tão bonita de*
    que tudo o que o Garoto fez foi canção, perguntei se ele
        estava falando de "Gente humilde", "Duas contas",
    e ele disse que se referia à obra como um todo[17].

ASSAD   *Os choros também.*

---

17   A mesma ideia como mote do texto em "Um violão que canta", à p. 27.

SARAIVA   *Têm esse mesmo espírito.*

ASSAD   *Ou seja, você também pode colocar a letra na maioria delas.*
Eu tenho uma certa dúvida com relação ao todo.
Acho que você pode botar letra na maioria das coisas.
Nos choros do Jacob, por exemplo,
o Hermínio Belo de Carvalho colocou letra em muitos,
mas acho que ficam agitados por terem muitas notas.
Funciona também; você pode colocar palavras,
mas confunde um pouco, pois tem que colocar muitas,
e então não se sabe mais no que prestar atenção.

SARAIVA   *Trunca?*

ASSAD   *Isso é discutível.*
Você também pode pegar uma canção, uma valsa como "A rosa",
que tem uma letra incrível, daquelas quilométricas
– tenho a impressão de que aquilo foi concebido como uma valsa para ser tocada
e depois veio a letra.

SARAIVA   *Parece mesmo existir uma tradição de uma música que nasce instrumental,*
mas que tem esse fundo de canção,
que promete uma letra, mas que não depende dela.

ASSAD   *Sim.*

SARAIVA   *A canção já fez o seu papel,*
quando serviu de base para a composição.
No Pixinguinha, a gente sente muito isso.
E trata-se de um inventor do Brasil,
referência absoluta de todos.

ASSAD   *Eu tenho a impressão de que, se você pegar as músicas do Nazareth,*
pode botar letra em muita coisa também.

SARAIVA   *Isso vem acontecendo.*

ASSAD   *Mas o que eu não sei é se isso apresenta alguma coisa,*
porque a música nasceu como música instrumental mesmo.
As melhores canções, na realidade, têm poucas notas e
    mais respiração,
facilitando a veiculação da mensagem que o texto
    quer passar.
Quando tem muita nota, fica difícil de passar essa mensagem.

SARAIVA   *Eu li recentemente em um método de interpretação de violão*
    erudito uma oposição interessante.
Um excerto do capítulo "The Intuitive Differences Between
    a Canzone and a Dance"[18] nos diz:

Por um lado, existe a faceta apolínea: melodia e lirismo. Por outro, há ritmo e corpo, a faceta dionisíaca. Sempre que a canzone prevalece, podemos desejar uma maior amplitude de expressão, um abandono da melodia (cum grano salis – com um pouco de bom senso) que possa influenciar o seu ritmo. A prevalência da dança impõe um ritmo no mais obstinado dos costumes[19].

Ele apresenta uma ideia que se relaciona com isso que
    você está falando:
uma certa oposição entre o movido e o lento.
Isso que a canção também significa para o músico,
de lá pelas tantas dizer:
"Agora vamos tocar uma canção".
E você toca um lá menor
[dedilha acordes nessa tonalidade].

ASSAD   *Calma.*
Agora uma coisa mais relax.

Foram, inclusive, acontecendo as misturas.
Por exemplo, o samba-canção.

SARAIVA   *Que é um samba desacelerado.*

Tanto na formulação de Assad como nos dois exemplos escolhidos por Guinga para representar seu viés autoral intrinsecamente ligado à voz, percebe-se a associação do termo "canção" a uma música de natureza lenta, que alcança "maior amplitude de expressão" e um desejado "abandono da melodia", quando emprega "poucas notas e

---

18 Marco Pereira à p. 200: "Claro, tem a coisa totalmente rítmica, mas tem também a coisa mais solta, mais melódica" e Guinga à p. 203: "Uma coisa poética dentro de uma música com suingue".

19 Edoardo Catemario, *Fundamentals of Interpretation*, Milano: Amadeus Arte, 2012, p. 33. Tradução minha.

mais respiração", a fim de facilitar a "veiculação da mensagem que o texto está querendo passar"[20].

Em meio a esse contexto, o olhar do letrista se apresenta como parâmetro importante, que, em alguns casos, chega até mesmo a selecionar dentro da obra do compositor-instrumentista as melodias que revelam, através de seu contorno melódico, a vocação de canção. Paulo César Pinheiro foi o responsável pela conversão de inúmeros temas instrumentais – alguns já consagrados nesse formato mesmo antes de receber letra – em canções.

SARAIVA *Você letrou recentemente aquele clássico do Dori Caymmi que era todo vocalizado,*
o "Amazon River"[21], que ficou muito legal
[eu canto os versos "Nas águas/ Do rio Amazonas…"].
Uma música que já era conhecida
e que se sustenta sem a letra.

Nesse caso, trata-se absolutamente de uma canção,
seja lá o que isso for,
já que seu teor vem muito da voz,
da nota longa que o violão não é capaz de emitir.
E a letra chega agregando, trazendo novo sentido,
aprofundando.

Isso aconteceu muito na história da música brasileira,
contigo muitas vezes.
Você fez isso com o Pixinguinha.

P.C. PINHEIRO *Eu fiz "Ingênuo" com o Pixinguinha.*
Ele dizia que era a música de que mais gostava.
Essa foi a primeira de diversas que fiz.

SARAIVA *Como você vê esse tipo de composição*
que carrega uma canção latente?

P.C. PINHEIRO *Olha, os temas das canções não são meus,*
são delas,
elas é que me dizem
as palavras que já estão nelas.
A minha função é descobrir isso,
é ficar ouvindo até entender o que ela [a canção]
está me dizendo,
até descobrir as palavras que ela quer,

---

20 A ideia de "canção dinâmica" de Sérgio Assad à p. 116: "Numa boa canção, quanto menos notas melhor".

21 A música "Amazon River" foi lançada em 1988 no LP *Brasilian Serenata* (Qwest/Warner) com a referida gravação vocalizada que, assim, prescindia de letra. A letra só foi gravada no formato de "canção" em 2009. Ver Dori Caymmi e Paulo César Pinheiro, "Rio Amazonas", em: Dori Caymmi, *Mundo de dentro* (CD), Music Taste; Horipro, 2009. Link para as músicas em: www.violao-cancao.com/referencias.

> *a sonoridade das palavras que ela quer*
> *e o tema que ela me dá sempre de bandeja.*
>
> *É uma palavra que vem,*
> *às vezes uma frase inteira,*
> *às vezes o nome da música, que já me sugere o que fazer.*
> *Então eu não tenho nenhuma fórmula, não.*
> *A música é que me chama*
> *e me diz o que eu tenho que fazer*[22].

Dentro dessa "tradição de uma música que nasce instrumental" com "um fundo de canção" vale mencionar ainda o caso de "Carinhoso", composta em 1916 por Pixinguinha. Trata-se de uma composição basilar para a música brasileira, que, nascida instrumental e letrada posteriormente por João de Barro, vem sendo entoada por plateias inteiras há décadas. Isso é indício da fertilidade que o desenho melódico de origem instrumental[23] oferece para a canção no Brasil desde seus primórdios. O *músico* traça esse desenho, que se entrelaça com a poesia e a escuta do *cancionista*, representado pela figura do poeta.

O poeta, por sua vez, sente nessa origem instrumental do material melódico um atributo que pende para o campo estritamente musical, o que o leva a manter, no mais das vezes, uma distância segura das infinitas possibilidades musicais que o instrumento proporciona. Isso pode representar uma ameaça à natureza e à fluência entoativas intrínsecas à melodia da canção[24]. Luiz Tatit nos deixa clara essa posição:

> TATIT *O Guinga, por exemplo,*
> *extrai melodias que acabam virando unidades entoativas,*
> *mas que têm outra origem, que é a instrumental.*
> *O instrumento sugere a linha e,*
> *se a linha for instrumental demais,*
> *vem aquela história de diminuir.*
> *Você atenua a musicalidade*
> *para que aquilo vire uma coisa entoável.*

Esse fato pode ser comprovado na observação, presente no álbum de partituras *A música de Guinga*, que justifica a diferença entre as notas do violão e da voz ao longo do compasso onde a frase a seguir, que fecha a segunda parte de "Nítido e obscuro", se desenvolve.

---

22 João Bosco à p. 219: "São várias situações que forjam esse momento".

23 Nesse caso, nascido não de um instrumento melódico-harmônico, mas de um instrumento de sopro, que costumamos vincular mais diretamente à expressividade melódica.

24 Paulo César Pinheiro à p. 83: "E não é assim. Às vezes faz [a melodia] batucando numa mesa, e vai passar para o violão depois".

Nítido e obscuro

Guinga/Aldir Blanc

[partitura, compasso 35: Em⁷ – lác-tea no mar mas ca-be den-tro do o-lho de um gri-lo num man-gue-zal – Am – G]

Obs. da partitura original:
no compasso 36 a melodia original (da versão instrumental) é a que se encontra no violão.
Quando cantada, o violão deve dobrar a melodia do canto (uma oitava abaixo).

Conforme o próprio autor afirma no início deste capítulo, trata-se de uma composição que "não tinha nenhuma pretensão de ser canção" e que muitas vezes é tocada em sua "versão instrumental"[25]. Como salienta a digitação no segundo compasso transcrito acima, nessa versão o violão se vale de uma "forma" determinada pelos dedos 4, 2 e 1 que parte da terceira corda e que reincide a partir da quarta corda. Essa forma determina uma melodia que acarreta uma difícil entoação intervalar, pois envolve o intervalo historicamente evitado de quarta aumentada. Por outro lado, a mesma forma determina um claro sentido rítmico ao agrupar as semicolcheias em um padrão de 3+3+2, gerando intenção que alude à "embolada" e que poderia ser explorada por uma interpretação vocal alimentada mais por essa intenção rítmica do que pela entoação dos intervalos.

No caminho entre o violão e a canção, esse trecho da composição tem sua musicalidade atenuada para que "vire uma coisa entoável". A versão canção, apresentada na pauta superior, perde também seu sentido rítmico ao se desvencilhar da "forma" do violão e apresentar a melodia afirmando os intervalos da cifra simplificadora de Am, a fim de favorecer tanto a entoação vocal como o futuro manuseio em transposições e rearranjos do tema.

SARAIVA   *Para que possa ter eficácia de canção, certo?*

TATIT   *Exatamente, senão não funciona.*
Pode ser a coisa mais linda possível do ponto de vista musical, que não funciona na hora de dizer a letra.

Como vemos, Luiz Tatit estabelece uma polaridade entre os recursos de origem instrumental e os que atendem às

---

25 Ver Guinga, *A música de Guinga*, op. cit., p. 113.

propriedades intrínsecas da palavra cantada, ao passo que o ponto de vista de Paulo Bellinati salienta justamente o enriquecimento que o violão proporciona à canção, tomando Guinga como ponto culminante de toda uma trajetória dentro da canção brasileira. Essa trajetória se irmana, por exemplo, com as "músicas de piano" de Edu Lobo, que são inspiradas pelo instrumento.

BELLINATI *Eu acho que a evolução mostra que essa relação entre*
a canção e o violão
vem crescendo de um jeito incrível nos dias de hoje,
culminando no Guinga,
um compositor que extrai do violão a própria composição,
que pega o violão, toca as cordas soltas e isso já é a
composição.
O violão vai oferecendo a música para ele de uma forma tal
que aquela sofisticação harmônica acaba criando uma
nova melodia,
uma canção muito mais sofisticada.

Assim, os fatores que envolvem a obtenção da eficácia entoativa, salientada por Tatit, trocam impulsos ao longo da história da canção brasileira com os que proporcionam essa sofisticação musical, revelada – como vimos até agora – em Bellinati, Edu Lobo e, claro, também em Guinga. Essa tensão estabelece um intercâmbio constante entre os processos composicionais descritos nas categorias do início deste capítulo, as quais continuaremos a destrinchar.

"PÉTALAS DE ROSAS ESPALHADAS PELO VENTO"

Paulo César Pinheiro, que já fez letras para canções compostas das mais variadas maneiras, valoriza os recursos próprios aos processos criativos que prescindem do instrumento e que se aproximam da primeira categoria de nossa esquematização. O trecho de nosso diálogo transcrito a seguir tangencia tais questões:

SARAIVA *Então parece que até dentro da mesma música*
dá para termos momentos em que se usam recursos que vêm
mais da voz,
contrastando com o que vem mais do instrumento.
Jobim fazia isso.
[Canto "Chovendo na roseira".][26]

26 Tom Jobim, "Chovendo na roseira", em: Tom Jobim e Elis Regina, *Elis & Tom* (LP), Rio de Janeiro, Philips, 1974. Ver *Cancioneiro Jobim*, Rio de Janeiro: Jobim Music, v. 3, 2001, p. 96. Link para a música em: www.violao-cancao.com/referencias.

Chovendo na roseira

Tom Jobim

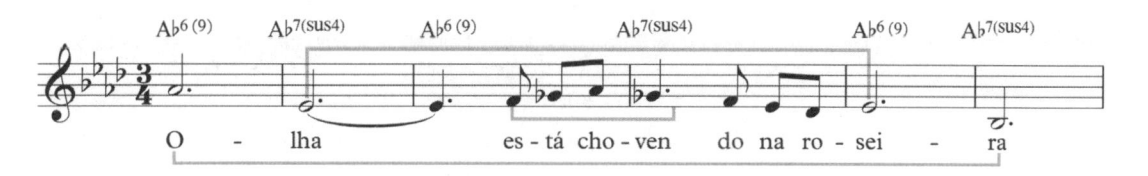

O - lha es - tá cho - ven - do na ro - sei - ra

SARAIVA *Natural!*[27]
[Toco e canto a segunda parte da mesma música.]

Pé - ta - las de ro - sa es - pa - lha - das pe - lo ven - to

SARAIVA *Não natural, certo?*[28]

*Na segunda parte, que é mais elaborada,
faz-se necessário então que eu "dobre" a melodia,
tocando-a também no instrumento,
a exemplo de como Jobim fazia tantas vezes[29]
para apoiar a voz.
Senão não dá.*

P.C. PINHEIRO *E são populares.*

SARAIVA *São populares e sofisticadíssimas.*

P.C. PINHEIRO *Pois é!*

[27] Essa primeira frase, que é simétrica e equilibrada visualmente, exemplifica uma construção melódica que atende aos preceitos cultivados historicamente pelo ensino da disciplina do *contraponto*, já que a melodia tem seus saltos compensados por graus conjuntos no sentido oposto àquele em que ocorrem, preservando naturalidade, entoabilidade e memorização do sentido horizontal da linha melódica. Essas questões se apresentam de maneira espontânea para o "cancionista" e, de maneira análoga, representam alicerces para a tradição da música escrita. Paulo de Tarso Salles, em comunicação oral, aponta a utilização de material simétrico como uma característica dos processos composicionais de Villa-Lobos.

[28] A melodia da segunda parte apresenta saltos ininterruptos, inclusive de quarta aumentada, que dificultam sua entoação, colocando-a nessa condição de uma canção "sofisticada". Por outro lado, esses saltos se dão dentro do círculo de quintas de um mesmo modo, mixolídio, o que facilita sua assimilação e pode gerar esse sentido "popular".

[29] Vale ressaltar que compositores do período romântico, que alimentaram Jobim, como Schumann e Schubert, utilizavam o piano "dobrando" a melodia com a voz, nos momentos em que o *Lied* apresenta uma maior presença de saltos na melodia.

No vídeo de Elis Regina e Tom Jobim[30] ensaiando essa mesma música para a antológica gravação do LP *Elis & Tom*, há um diálogo entre compositor e intérprete que corrobora a visão aqui apresentada:

ELIS   [canta "Pétalas de rosa espalhadas[31] pelo vento" e diz:] *Essa escadinha, hein?!*
JOBIM *Foi por isso que eu não gravei cantando essa música.*
ELIS   *Deixou para eu gravar, né?*
JOBIM *Isso é coisa para profissional.*

O capítulo dedicado à "Música dramática profana", do livro *Curso de formas musicais*, de Joaquín Zamacois, apresenta alguns conceitos que aqui são parcialmente transcritos, priorizando os aspectos mais pertinentes ao exemplo apresentado acima e à realidade musical brasileira. Esses conceitos têm, por um lado, uma compreensão estreita da canção popular, atrelando-a apenas ao sentido que, no Brasil, relacionamos ao "folclórico", mas, por outro lado, estabelecem uma interessante contraposição entre *popular* e *original*.

A despeito do fato de que a originalidade possa ser atingida pelos mais variados caminhos e através de pontos de equilíbrio insondáveis, chamamos atenção, ainda assim, para a categoria "canção original", uma vez que esta surge da distância, que procuramos tangenciar aqui, entre as canções populares e o *Lied*:

> *A canção: [...] pode definir-se como breve peça lírica [...]; Diferentes tipos de canção: [...] sua diversidade não impede a formação destes dois grupos: o das canções populares e o das originais. [...] As canções populares [...] as que baseiam sua música em raízes populares. [...] A canção original [...] Nada impede o compositor de criar sua música no estilo e na forma que lhe interessa. [...] O Lied [...] palavra alemã [...] equivale à espanhola canción; fora da Alemanha não é usada com a acepção ampla da nossa, mas com a mais restrita, de canção original, escrita para ser cantada por uma pessoa, composta com ambição artística, mas em um estilo íntimo, desprovido de efeitos vocais e na qual poesia e música se fundem totalmente*[32].

São inúmeros os exemplos em que o *Lied*, direta ou indiretamente, se faz presente na canção popular brasileira[33]. Tal referência gera canções que dependem de precisão, maior do que a habitual para a canção popular, na emissão dos intervalos melódicos entoados

---

30 Link para o vídeo em: www.violao-cancao.com/referencias.

31 Elis Regina canta no ensaio "espalhadas", mas na gravação do disco entoa "carregadas", conforme a letra original de Tom Jobim.

32 Joaquín Zamacois, *Curso de formas musicales*, Barcelona: Labor, 1960, p. 156.

33 ⌕ Marco Pereira à p. 88: "Senão fica a canção como ela existe dentro da música erudita".

vocalmente que, aí sim, se relacionam diretamente com a partitura e/ou com o instrumento melódico-harmônico[34]. Esse processo remete à terceira das categorias de nossa esquematização no início do capítulo. E se aplica também ao exemplo apresentado em "Chovendo na roseira", que tem uma primeira parte "natural", ligada à primeira e à segunda categorias de nossa esquematização, e uma segunda parte nascida do gesto musical de interação entre a voz e o instrumento ativo na busca melódica, ligada à terceira das categorias estabelecidas.

A CANÇÃO SEM VIOLÃO

O diálogo com Paulo César Pinheiro se desdobra motivado por esse contraste entre gestos autorais que se alimentam de uma maior elaboração musical, relacionada com o instrumento, e gestos que priorizam uma naturalidade na emissão vocal e apresentam, como virtude, a capacidade do autor de se desvencilhar do instrumento quando em ato criativo de canção.

SARAIVA *Eu queria lhe perguntar*
sobre os momentos em que você percebeu o violão agindo na melodia da canção,
ao longo das suas inúmeras parcerias.
Quando você sentiu isso como uma coisa que dava força
e quando você sentiu isso como algo que tirava expressividade da canção.
Eu venho procurando esse equilíbrio e o presente trabalho persegue essa ideia.
Não sei se você poderia comentar isso.

P.C. PINHEIRO[35] *Olha, eu vivi muito tempo do lado do Baden.*
Comecei a fazer música com ele aos 16 anos,
e com ele convivi diariamente por muitos anos;
então eu via de perto o que era a expressividade de um violão.

Nas horas de estudo – quando ele parava para sentar e estudar,
quando ele tocava porque estava com vontade de tocar,
quando ele tocava de onda – para fazer uma canção,
fazer um samba – para brincar no meio de uma roda.

Eram diversos momentos diferentes
de diversos violões na mão de uma pessoa só.

---

34 Edu Lobo à p. 68: "Se eu fosse cantor de *jazz*, talvez fosse diferente, pois ele tem a habilidade de cantar como o instrumento toca".

35 Faixa 8, disponível em www.violao-cancao.com/faixas-do-livro.

Essa multiplicidade de "violões" frisada por Paulo César Pinheiro surge como resultante da ampla gama de situações e contextos musicais em que Baden Powell atuava.

P.C. PINHEIRO *Curioso:*
ele, violonista craque do jeito que era,
muitas vezes compunha sem pegar no violão.

SARAIVA *Quando ia compor canção não era uma peça instrumental, como, por exemplo, "Choro para metrônomo"[36], era canção.*

P.C. PINHEIRO *Pois é, ele fazia muitas das coisas na cabeça[37].*
E depois, no momento de "tirar", tinha até uma certa dificuldade
de descobrir a harmonia da música que ele próprio fez.

Paulo César Pinheiro salienta a atuação de Baden referenciada na tradição de "sambista" que compõe "batucando na mesa" (primeira categoria elencada no início deste capítulo), mobilizando o conteúdo melódico-harmônico consensual à linguagem e ao ambiente musical que constituem essa tradição. Canções que, depois de prontas, o violonista virtuose "tira" como se nem as tivesse composto, preservando-as assim, ao menos em um primeiro momento, da sedimentação de um arranjo que cristalize a composição em determinada digitação do violão.

Dessa forma, a flexibilidade própria da canção, cultivada pelo Baden compositor, garante a organicidade através da qual desenvolve aspectos essenciais a seu estilo pessoal de violonista forjado na interpretação instrumental de suas próprias canções, muitas das quais compostas sem o violão. O concertista Turibio Santos comenta a diferença entre a música com natureza melódica, de Baden, e a música essencialmente harmônica[38] de Jobim:

TURIBIO SANTOS *Uma coisa curiosa é o processo de criação de Baden.*
Ele é um compositor extremamente melódico e não é um compositor de harmonias feito Tom Jobim.
Para Baden o que interessa é a melodia; a harmonia depende do que ele está pretendendo[39].
Em todas as músicas dele a melodia é muito forte,

---

36 Exemplo de música de Baden – feita para violão solo – passível de uma escrita efetiva em partitura. Ver ideia de "música formal", apresentada em seguida ao depoimento de Turibio Santos.

37 Ideia que constitui a primeira categoria da esquematização apresentada no início do capítulo (p. 67).

38 A mesma ideia apresentada à p. 134.

39 Sérgio Assad à p. 110: "Numa música com forte natureza melódica, se você tocar a melodia já é o suficiente".

> por isso é muito difícil para outro violonista tocar as músicas de Baden,
> a não ser que seja uma "música formal"...
> Senão ele sai em cima da melodia
> e faz pequenos contratempos muito maliciosos e bonitos, que só ele consegue.
> Aí fica praticamente impossível interpretar Baden Powell.
>
> Eu já gravei músicas de João Pernambuco, de Dilermando Reis, de Garoto.
> De Baden nunca consegui, porque ia ficar careta,
> ia faltar aquela "salsa" que ele mesmo coloca em suas músicas.
> Até Raphael Rabello, que era um violonista espetacular,
> sempre evitou o repertório de Baden Powell[40].

Turibio Santos demonstra a amplitude de sua visão musical ao levantar a questão e mencionar Raphael Rabello como exemplo de violonista forjado em um ambiente musical que, diferentemente do ambiente de concerto, proporciona farto convívio com material musical de essência rítmica. Nesse ambiente, a figura do "compositor" está diretamente associada à do "sambista", conforme nos conta Paulo César Pinheiro.

P.C. PINHEIRO
> As pessoas imaginam que o instrumentista pega o violão e vai fazer a melodia nas cordas. E não é assim.
> Às vezes faz batucando numa mesa, e vai passar para o violão depois[41].
>
> Eu o vi fazer isso diversas vezes, mesmo em canções que, até certo ponto,
> apresentam melodias difíceis de serem feitas sem a ajuda do instrumento,
> sem o caminho harmônico.
>
> Quando eu digo isso alguns instrumentistas não acreditam,
> mas ele fez várias dessas canções do meu lado.
> Algumas vinham já com o violão, outras vinham vindo na cabeça
> e ele ia cantando, cantando, descobrindo, decorando,
> e depois é que ia harmonizar.

---

40 Dominique Dreyfus, *O violão vadio de Baden Powell*, Rio de Janeiro: Editora 34, 1999, p. 304.

41 ↳ Observação minha à p. 76: "Isso pode representar uma ameaça à natureza e à fluência entoativas intrínsecas à melodia da canção".

> *Então, [para] criar, inventar, compor não tem fórmula.
> Isso gira de tantas maneiras diferentes na cabeça de alguém
> que é muito difícil de explicar*[42].

A PERGUNTA DE TATIT

A entrevista inaugural da pesquisa que deu origem a este livro foi realizada no segundo semestre de 2011 com Luiz Tatit, que trabalha com base em ferramentas da semiótica aplicadas à análise da canção popular. Esse sistema se desenvolve a partir de três modelos básicos de integração de melodia e letra: *passionalização*[43], figurativização e tematização[44].

Esse encontro com Tatit alavancou todo o processo de entrevistas e estabeleceu o desafio, enfrentado desde o primeiro instante, de como assimilar e apresentar aos demais entrevistados o ponto de vista que nasce de uma sensibilidade muito especial e que tem uma natureza intrinsecamente ligada à palavra e a seus contornos entoativos.

Uma entoação expressiva é fator imprescindível a qualquer melodia de canção que seja reconhecida como tal[45]. Essa expressão é resultante da interação entre o entoar – conforme a utilização habitual do termo pelos músicos, que se refere à entoação dos intervalos de uma "unidade melódica" (que se entrelaça com a ideia de solfejo) – e o "entoar", no sentido usado por Tatit, que diz respeito a "unidades entoativas".

Ao ser recortada pela letra, a melodia preserva suas características musicais, mas adquire imediatamente contornos entoativos que se remetem à fala cotidiana. Assim, as unidades melódicas (aquelas que podem ser escritas em partitura) passam a conviver com as unidades entoativas subjacentes (aquelas nas quais reconhecemos alguém falando sua língua), e muitas vezes tais unidades não coincidem entre si[46]. Portanto, a letra não apenas circunscreve um conteúdo como também recorta as unidades entoativas que contribuem para a expressividade da canção.

Tatit dispensa o aparato semiótico e apresenta-nos essa dimensão por meio da transcrição entoativa presente no *Manual de entonación española*[47]:

---

[42] Ver aprofundamento desse ponto de vista à p. 168, em "Boi de Mamão".

[43] Pergunta para Guinga à p. 201: "Você procura também em andamentos mais acelerados esse tipo de expressividade [que envolve intervalos amplos ou angulosos]?".

[44] Essa base conceitual é apresentada por Kristoff Silva no segundo capítulo da sua dissertação. Ver *Contribuições do arranjo para a construção de sentido na canção brasileira*, 144 f., dissertação (mestrado em música), Universidade Federal de Minas Gerais, Belo Horizonte: 2011.

[45] Pergunta para Paulo César Pinheiro à p. 75: "Como você vê esse tipo de composição que carrega uma canção latente?".

[46] Observação minha à p. 171: "A primeira exposição da frase que abre a canção se dá através do 'ênadeiadumá' por mim entoado, que pode se tornar, por exemplo, 'Vi o galo cantar', 'Pela beira do mar' ou mesmo 'Na carreira da emboscada ou diante da mesa', se emendarmos a primeira e a segunda unidades melódicas, em um recorte mais extenso do que Luiz Tatit chama de 'unidades entoativas'".

[47] T. Navarro Tomás, *Manual de entonación española*, Madrid: Labor, 1974.

> GRÁFICOS 295
>
> FORMAS INTERROGATIVAS
>
> ¿Es-tán de-ci-di-dos a se-guir? ¿Que si están de-ci-di-dos?
> (Absoluta) (Reiterativa)

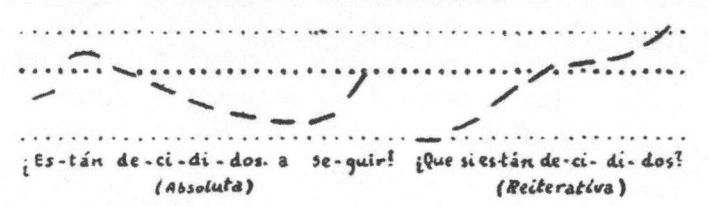

O gráfico ilustra o que pode ser visto como ponta de *iceberg* da teoria desenvolvida por Tatit e explica seu tratamento das alturas de um perfil melódico. De certa forma, esse tratamento traduz para o plano científico a experiência artística que ele apresenta já na década de 1980, no movimento que ficou conhecido como "vanguarda paulista". Desde então, a expressão da entoação derivada da palavra, que Luiz Tatit forja em plano profundo, norteia os passos desse expoente de um experimentalismo raro na breve história da canção brasileira.

TATIT   *O que eu acho interessante,*
e isso acontece ao longo de toda a história da canção,
é o fato de gente extremamente capaz do ponto de vista instrumental
sempre ir atrás de quem tem pouquíssimos recursos instrumentais
e uma intuição para fazer melodias maravilhosas.

É frequente no olhar de Tatit que os recursos instrumentais, supostamente aprendidos de modo consciente, mediante o estudo da linguagem musical, se contraponham aos recursos próprios do cancionista, estes sim apreendidos por meio da intuição[48]. A ênfase é dada antes aos pontos de distanciamento do que aos de convergência, a fim talvez de ressaltar a dualidade, estabelecida pelo próprio Tatit, entre *canção* e *música*[49].

TATIT *Esta é minha curiosidade:*

1) *Saber o que os músicos-instrumentistas veem.*
2) *E se, de fato, eles têm consciência de que o que admiram são as unidades entoativas.*

[48] Guinga à p. 100: "Essa nota ficou na memória. [...] Mas acho que [o processo criativo] é inconsciente mesmo, eu não encontro explicação para isso".

[49] Luiz Tatit à p. 97: "Essa distinção entre 'canção' e 'música' não é para deixar os universos separados. [...] É para que entendam o que é uma vocação para canção, que é diferente da vocação musical".

Quando você diz "unidades entoativas", eles acham que são "unidades melódicas". Ou que o ponto é o som das palavras, aliterações etc., quando isso é secundário.

A questão é da própria fala.
Para chegar a isso, é preciso afinidade e uma certa massa de conversa a respeito.

A primeira curiosidade de Tatit sobre "o que os músicos-instrumentistas veem" me orientou e me estimulou decisivamente no sentido de tecer o cruzamento dos discursos decorrentes de diferentes vivências musicais que compõem a trama essencial deste livro.

As informações aqui mobilizadas se propõem a contribuir para uma futura resposta que satisfaça a segunda questão colocada por Tatit. Ao afirmar categoricamente que o objeto de admiração dos próprios músicos são as "unidades entoativas", Tatit provoca – e assim convoca – o músico brasileiro a aprofundar sua escuta na relação entre a melodia e os perfis de alturas que brotam naturalmente da palavra na dimensão de "música da fala"[50]. Essa dimensão alimenta explicitamente um grande número de práticas autorais e interpretativas, entre as quais a música do próprio Luiz Tatit é referencial exemplar.

Entretanto, a questão que se apresenta em um plano mais profundo do discurso é até que ponto essa escuta – baseada na transcrição entoativa apresentada anteriormente – contempla, por exemplo, o sentido de notas de natureza harmônica que compõe muitos dos perfis melódicos do cancioneiro brasileiro[51].

Nesse contexto, a obra de Tom Jobim, central para a compreensão da canção brasileira, instaura-se como emblemática e surge, uma vez mais, no diálogo desenvolvido com o músico instrumentista Marco Pereira. Por sua atuação como professor universitário da área de música, ele foi eleito para responder a uma das questões de Tatit.

SARAIVA *Peço licença para fazer uma pergunta que Tatit me pediu que fizesse a um músico.*

MARCO PEREIRA *Vamos lá.*

SARAIVA *Eu só estou transportando-a.*
A pergunta dele é a respeito daquela figura do maestro que recebe os sambas.

---

50 Luiz Tatit à p. 193: "Mas canção dinâmica é uma canção que fica [...] muito mais esquisita do que finalizada, porque ela se baseia na instabilidade da fala, e não num conforto para você fazer as inflexões".

51 Observação minha à p. 58: "Nossos diálogos investigam as possibilidades de articulação entre o que nasce do instrumento e o que nasce da voz. Essa questão se entrelaça com a dicotomia [histórica] daquilo que percebemos como matéria musical de 'natureza harmônica' ou de 'natureza melódica'".

Nos anos 1930, na porta da rádio,
o próprio Jobim fez isso por alguns anos,
anotando as melodias dos sambistas
que muitas vezes compunham "na cabeça".

MARCO PEREIRA   *Ah, [ele ficava] passando para a partitura.*

SARAIVA   *Para poder fazer o arranjo,*
porque uma hora tem que chegar aí.

MARCO PEREIRA   *Sei, o cancionista cantava a melodia.*
O maestro escrevia a melodia, cifrava, para depois arranjar.

Ao enxergarmos os processos criativos de canção com um olhar mais amplo, o objeto de investigação deste trabalho acaba por representar não mais do que o momento do nascimento de uma canção. A partir desse momento, o percurso mais tradicional leva a canção para as mãos do arranjador, que muitas vezes contribui com maior elaboração do conteúdo melódico-harmônico da composição, preparando-a para que o intérprete, foco de atenção da escuta "entoativa" de Tatit, finalmente a devolva ao público[52].

SARAIVA   *A pergunta do Tatit é:*

"Por que o maestro, que sabia tanto de música,
ficava esperando os teminhas do cancionista?
Por que ele não fazia o teminha?"[53]

MARCO PEREIRA   *Mas ele fez.*
Jobim fez depois desse período em que trabalhou
como arranjador.

Agora, tem um negócio também,
não é o conhecimento técnico-musical que leva alguém a
fazer uma boa canção.
Por isso eu lhe perguntei se seu trabalho cobre essa coisa mais
rasteira da canção popular.

Eu, por exemplo, não sei fazer canção,
escrever algo em forma de canção[54].
Posso fazer trinta por dia, se eu quiser; faço de montes.
Mas fazer aquela que realmente vai na veia é a questão
e finalidade principal de uma canção.

---

52   Paulo César Pinheiro em nota lateral à p. 221: "A terceira etapa acontece quando se realiza a missão do cantor – a música chegar ao povo".

53   "O samba é o meio e o lugar de uma troca social, da expressão de opiniões, fantasias e frustrações, de continuidade de uma fala (negra) que resiste à sua expropriação cultural. Por isso, a produção desse tipo de samba é selvagem com relação à ideologia produtiva dominante, embora cada canção resulte trabalhada como uma joia; ritmo e melodia caprichados, sutis, às vezes bastante eruditos" (Muniz Sodré, *Samba, o dono do corpo*, Rio de Janeiro: Mauad, 1998, p. 59).

54   Citação de Zamacois à p. 196, sobre a "forma *Lied*".

>   Senão fica a canção como ela existe dentro da música erudita.
>   Todos os compositores eruditos escreveram canções:
>   Brahms... Schubert tem lindas,
>   o próprio Mahler escreveu canções, "Canção da terra", que é
>   uma obra grandiosa.
>   Só que isso não é a canção popular.

SARAIVA   Mais direta.

MARCO PEREIRA Através dela se atinge uma fatia grande da população.
               Você faz chegar, comunica,
               o que é a finalidade da canção popular –
               senão ela ganha uma erudição que a pode impedir de chegar
                   ao público.

               E chegar ao público é o segredo;
               tem que ter o feeling disso.
               Não adianta ser maestro e conhecer a técnica.

O próprio maestro Radamés Gnattali, que abriu portas para Jobim atuar como arranjador, e posteriormente como compositor, representou uma referência em diversos aspectos da música brasileira. Radamés gerava repercussões variadas, na medida em que era visto pelos músicos mais jovens como alguém capaz de uma orientação precisa em questões complexas, como a relação entre "saber música" formalmente, por meio de partitura, e os recursos musicais próprios de quem apresenta vocação musical para a tradição não escrita.

    O conselho dirigido a João Bosco deixa claro que o maestro tem em alta conta as habilidades intrínsecas à oralidade e, assim, à figura do cancionista. Esse posicionamento acaba por complementar a resposta à pergunta formulada por Tatit.

JOÃO BOSCO   Eu fico muito constrangido em dizer que nunca
                   estudei música.
               Não sei ler uma partitura e sinto muito por isso[55].
               Morei em lugares que eram adequados para estudar,
               mas não estudei, e também não insisti muito nisso.
               Porque, conversando com o Radamés Gnattali uma vez –
               eu costumava visitá-lo com o Raphael Rabello –,
               comentei que tinha esse constrangimento de
                   não "saber música".
               E me explicou que, de fato, ler e escrever música
                   era importante

---

[55] Observação minha, à p. 207, a respeito de Elomar, que nunca estudou composição.

        e me perguntou se eu tinha intenções de orquestração,
        de condução,
de fazer esses arranjos para grandes orquestras.
Eu disse que não, que só queria tocar meu violão. E ele:

RADAMÉS   *Então pode tocar o seu violão,*
                  fique assim que está bom.

JOÃO BOSCO   *Daí eu fiquei quieto.*

Contemplar a dimensão empírica de transmissão do pensamento musical de cunho não escrito parece tão importante quanto buscar um aprimoramento dos modos de escutá-lo, registrá-lo e estudá-lo, ensinando às novas gerações suas profícuas articulações com as variadas práticas musicais que aproveitam e cultivam o conhecimento. Esse fator marca positivamente diferentes processos de criação musical da canção popular no Brasil[56].

    Ao longo de minha conversa com Tatit, traço um panorama para pôr em pauta a forte conexão que há entre a música de Nelson Cavaquinho e Cartola e a música de Guinga.

TATIT[57]   *Mas o que o Guinga apreciaria no Cartola?*

SARAIVA   *Acho que algumas coisas...*

TATIT   *Uma pessoa que toca daquele jeito, que faz o que quiser*
            com o violão.
        O que ele aproveita do Cartola, que mal toca violão?

SARAIVA   *Por exemplo, em "Acontece"[58], faz...*
        [Eu canto o momento modulatório].

---

56   Bellinati à p. 185: "Não dá para imaginar uma composição como 'Luiza' como uma canção simplesmente intuitiva. Eu acho que 'Luiza', 'Choro bandido' e 'Beatriz' só existem porque alguém com muito estudo e muito conhecimento musical as criou".

57   Faixa 9, disponível em www.violao-cancao.com/faixas-do-livro.

58   Cartola, "Acontece". Link para a música em: www.violao-cancao.com/referencias.

Acontece

Cartola

[Partitura musical com indicações: "mi maior", acordes E, E/D#, E/D, A; letra: "e a-con-te-ce que já não sei mais a-mar"; "modulação para dó maior", acordes Dm7, G7, C, C#°, Dm7, G7, C; letra: "vai cho-rar vai so-frer e você não me-re-ce"; "retorno a mi maior", acordes B7, E; letra: "mas isso a con-te-ce e a-con-te-ce que meu co-ra-"]

SARAIVA   Esse tipo de relação de tom Guinga aproveita.

TATIT   Mas é muito pouco,
uma coisa que ele faria com a maior facilidade.
O que ele está apreciando no Cartola?
É isso que eu acho interessante investigar.
Acho que ele admira mesmo o Cartola.
Mas o que admira, se ele é muito melhor?

SARAIVA   Não acho que ele se considere melhor,
mas entendo que você se refere ao tipo de recurso utilizado.

TATIT   O que ele está admirando?
Não é a parte técnica.

SARAIVA   Tem uma frase bonita sobre ele do compositor Théo de Barros:
"Como é possível haver um músico que a cada frase de
cada melodia
consegue resumir momentos inteiros da música popular?"[59].

Existe, então, essa vontade de analisar o conteúdo estritamente musical das canções,
o que pode até parecer uma contradição, mas não deixa
de ser um recorte legítimo.

---

[59] Guinga, *A música de Guinga*, Rio de Janeiro: Gryphus, 2003, p. 15.

> *A modulação presente na canção de Cartola*
> *é o tipo de recurso que gera esse lastro musical a Guinga.*

TATIT *É, mas esse é um trechinho de passagem na música.*
O que vale para o próprio Cartola[60] é a música como um todo.
É o que ele fez.
As frases
[canta]
"Esquece nosso amor,/vê se esquece"
têm uma afirmação:
"Porque tudo no mundo acontece".
Esse "acontece" é afinado para ir lá para cima, para dar
    a ideia de suspensão,
que ainda vai dizer mais:
"E acontece que já não sei mais amar".

Tudo,
toda a entoação é extremamente bem articulada.

Diante do nosso foco no "conteúdo estritamente musical das canções", cabe mencionar que o compositor de canção se vale de sua voz, em diferentes graus de interação com o instrumento, para delinear um *gesto musical* que encaixa voz e instrumento na busca de uma melodia com sentido de canção.

Esse sentido depende não só da entoação, como salientou Tatit ao cantar a primeira parte da letra da música, estabelecida na tonalidade de mi maior[61], mas também da busca de uma escuta arraigada inclusive nas modulações do plano harmônico para obtenção de determinados perfis melódicos. É a esse processo que dou ênfase por se tratar de recurso presente mesmo em alguns sambistas considerados totalmente intuitivos, como Cartola[62]. Assim, ao entoar brevemente a melodia de "Acontece", excluí parte da letra para poder incluir o baixo do acorde dominante (G7) do momento modulatório (para dó maior), a fim de dar sentido à nota da melodia (sol bequadro) na nova tonalidade, que vem contrastar significativamente com a armadura de clave da tonalidade principal da música (mi maior)[63].

Esse é um jogo de complementaridade que se dá entre músico e letrista no processo de gênese de uma canção[64]. E é desde o âmago dessa busca de

---

60 Observação minha à p. 100: "A relação direta entre o ponto de vista do compositor e o ponto de vista do pesquisador".

61 Comentário meu após tocar "Boi de mamão" para Paulo César Pinheiro, à p. 171: "Apresento a melodia cantada com palavras que esboçam a entoação por meio de uma sonoridade aproximada para cada frase".

62 Guinga à p. 92: "[Cartola e Nelson Cavaquinho,] dentro do universo deles, tinham uma formação muito sólida: violonística e harmônica".

63 As passagens estão salientadas na partitura.

64 Observação minha à p. 44: "No intercâmbio entre as especificidades da atividade musical e as nuances da palavra, [no formato de parceria aqui estudado] um dos compositores escuta com maior nitidez o que o outro ouve apenas superficialmente".

compatibilidade entre as propriedades da palavra e da música que Luiz Tatit nos aponta a relevância do papel de mediação exercido pela entoação[65].

PARECE FÁCIL, MAS É IMPOSSÍVEL

No encontro com Guinga chego, por outra via, ao mesmo par Cartola-Nelson Cavaquinho, compositores referenciais para uma corrente do samba que se alimenta da elaboração melódico-harmônica oferecida pelo violão, interrogando assim, em certa medida, as normas habituais de composição que prescindem do instrumento no ato criativo.

SARAIVA   *Esse desejo de fazer a música sem o violão na mão tem um pouco a ver com a tradição da canção.*
Você chegou a conviver com Cartola, com Nelson Cavaquinho...[66]

GUINGA   *Com vários compositores, sendo que uns faziam com instrumento e outros sem.*
Mauro Duarte, que foi muito meu amigo, não tocava nenhum instrumento, fazia tudo na cabeça[67].
João Nogueira mal tocava dois acordes no violão, compunha tudo na cabeça.
Vi isso durante minha vida inteira.

SARAIVA   *Então a coisa tem que acontecer de uma forma tal que encaixe depois quando a melodia chega para o violonista, para o cara do cavaco*
acompanhar dentro daquele modo de ser do regional.
O Cartola e o Nelson Cavaquinho, por exemplo, que tocavam violão,
chegavam a modulações e relações entre tonalidades que já eram diferentes.
Porque me parece que é diferente em alguma medida.
Como é que você sente isso?

GUINGA   *Você está citando dois caras que, dentro do universo deles, tinham uma formação muito sólida: violonística e harmônica.*

---

65 É possível se aprofundar nesse tema pela leitura da importante produção acadêmica de Tatit dedicada à canção brasileira, exposta na ficha técnica do entrevistado (p. 234).

66 ↩ Guinga a respeito da música "Morro Dois Irmãos", de Chico Buarque, à p. 114.

67 ↩ A segunda categoria da esquematização apresentada no início do capítulo: Melodias compostas com a voz, contando com apoio rítmico-harmônico de instrumento, à p. 67.

*O Nelson Cavaquinho era um grande instrumentista.
Ele está para o violão dele como o Louis Armstrong está para
    aquele trompete.
Quem é o outro trompetista norte-americano que toca
    daquele jeito?
Parece fácil, mas é impossível.
O violão do Nelson Cavaquinho parece fácil e é impossível.
Ninguém toca violão daquele jeito.*

*Eu fui muito amigo dele e lembro
que ele tocava com o mindinho da mão direita apoiado
    no tampo
e com estes dedos [indicador e médio] como pinça.
Ainda prendia a mão no tampo do violão, contrariando
    a técnica.
[Guinga demonstra posição da mão direita de
    Nelson Cavaquinho.]*

A não utilização do dedo anular e o apoio do dedo mínimo da mão direita no tampo do violão contraria a técnica do violão moderno utilizada atualmente e reproduz o referencial técnico anterior à era Francisco Tárrega Eixia (1852-1909), cujas "contribuições para o desenvolvimento técnico e musical do instrumento são muitas e de importância fundamental para o que foi chamado por muitos como o 'renascimento do violão'"[68]. Como enfatiza Norton Dudeque:

Foi Tárrega quem definiu as bases da técnica moderna do violão. Entre seus méritos está a racionalização da digitação de obras para violão, antes raramente indicada nas partituras. O uso do toque de apoio, em que o dedo da mão direita que pulsa a corda é apoiado na corda imediatamente superior, também foi sistematizado por ele [...]. Esta maneira de pulsar as cordas acarretou mudanças na posição da mão direita. O dedo mínimo deixou de ser apoiado no tampo, como era de costume, e a mão direita passou a ser posicionada de forma livre e perpendicular às cordas[69].

Essa informação se faz presente nos métodos práticos de violão popular editados e vendidos no Brasil até hoje, tais como o *Método prático para violão*, de Paraguassu, no qual se lê: "A fim de obter o equilíbrio da mão direita, será preciso que o dedo mínimo esteja em contato com a tábua harmônica, a pouca distância do cavalete (isso ao menos até o aluno adquirir o necessário costume de equilibrar a mão)"[70].

---

68 Norton Dudeque, *História do violão*, Curitiba: Editora UFPR, 1994, p. 80.

69 *Ibidem*, p. 80.

70 Paraguassu, *Método prático para violão*, São Paulo: Irmãos Vitale, [s. d.].

No método de Américo Jacomino, o Canhoto, primeiro solista brasileiro de violão, também encontramos a informação que parece ter sido consensual na prática do violão popular brasileiro das primeiras décadas do século XX: "O dedo mínimo pousa levemente sobre a tábua de harmonia, junto à prima e a pouca distância do cavalete"[71].

Nelson Cavaquinho alcança uma sonoridade única que ganha expressão percussiva por meio de um tipo de ataque que os postulados técnico-mecânicos atuais relacionariam com "*pizzicatos à Bartok*", adotados como norma, e não exceção, e efetivados a seu próprio modo na medida em que os dedos p, i e m são alavancados pelo apoio do dedo a no tampo, aqui salientado por Guinga.

Cruzamentos como esse – entre a técnica utilizada antes da contribuição fundamental de Tárrega[72], os recursos da chamada "técnica estendida" do violão contemporâneo de concerto[73] e a técnica pessoal com que Nelson Cavaquinho empunhava o instrumento, ao executar seu jeito único de acompanhamento de samba – apenas estimulam o desejo de aproximar os universos, a fim de salientar os mais variados trânsitos de informações entre suas práticas musicais. Nesse caso, de ordem técnico-mecânica, sejam elas conscientes ou não.

GUINGA *Como é que você explica um fenômeno desse?*

Mas aí você cai na armadilha.
Como é que você vai explicar o Montgomery, que só tocava
    com o polegar[74]
e foi o maior da guitarra jazzística?
E o Django Reinhardt,
que tocava com o cotoco[75]*?*

Aí não pode mais falar de técnica,
porque o cara arruma uma maneira de se expressar.
O verdadeiro artista vai arrumar sempre uma maneira
    de se expressar.
Eu estudei com um rapaz que escrevia com o pescoço,
porque não tinha os dois braços.

Guinga transporta a pergunta formulada a respeito de implicações harmônicas para as técnico-mecânicas, deixando transparecer como, na prática, não enxerga

---

71 Américo Jacomino, *Método de violão*, São Paulo: Irmãos Vitale, [s. d.].

72 ↻ Observação minha à p. 136: "O violão erudito atravessou um processo de revitalização, iniciado por Francisco Tárrega e consumado por Andrés Segovia, que estabeleceu parâmetros para a era 'moderna' do violão".

73 ↻ Consideração minha a partir da transcrição da execução de João Bosco, à p. 149: "A sofisticada digitação de mão direita estabelece a trama estrutural da canção, e sua representação se vale de signos utilizados para notação em partitura de efeitos próprios à técnica estendida de violão".

74 ↻ Lembrança de Wes Montgomery que ocorre também a João Bosco, à p. 27.

75 Isso que "parece fácil, mas é impossível" é frequente na música brasileira, tanto urbana quanto rural, como nos conta Ivan Vilela (*Cantando a própria história*, São Paulo: Edusp, 2013, p. 49): "O som rústico, raspado, estridente, grosseiro, imperfeito – adjetivos comumente atribuídos à música caipira, nada mais são que recursos sonoros diferenciados. Trata-se de timbres e texturas que a música clássica e popular são, na maioria das vezes, incapazes de produzir".

barreiras entre o *tocar* e o *compor*. Dessa forma, o compositor valoriza a originalidadade técnico-mecânica de forma análoga à composicional.

O violão do próprio Luiz Tatit, também inimitável, é um ótimo exemplo dessa condição de originalidade[76]. No trecho a seguir, o cancionista continua com a "entoação" em primeiro plano, mesmo quando comenta sobre os recursos que emprega em seu gesto instrumental que, em interação com o vocal, constitui uma entre tantas compreensões que podemos ter do que seria um *gesto musical*.

SARAIVA *Você usa o violão como ponto de partida
ou em terminações, não?*

TATIT *É, mas eu nunca cheguei a fazer uma melodia inteira no
  violão para depois letrar.
Isso eu nunca fiz.*

*Ele vai acompanhando em inflexões entoativas,
mas não termina a frase. Eu termino na voz.*

SARAIVA *Claro!*

TATIT *Então ele fica sugerindo algumas inflexões entoativas
e fica meio "soladinho" ao lado,
fica meio correndo com solo próprio ao lado da melodia.*

SARAIVA *Um contraponto, não?*

TATIT *Ele fica como se fosse um pequeno contraponto.
E, às vezes, até dando uma levada rítmica.
Algumas canções são assim, não todas.*

*Mas parto muito de acorde também.
Isso para mim é muito normal,
só que nunca um acordão parado.
É sempre um acorde fazendo alguma coisa.*

SARAIVA *É, você tem um modo muito original de fazer isso.*

TATIT *É, um pouco por causa dessa busca entoativa.
Foi um pouco por causa dela que eu acabei buscando isso.
Não foi algo que saiu de desenvolvimento instrumental.
Apenas fui buscando isso no instrumento.*

[76] Na entrevista inaugural, sem o violão em mãos, Tatit não se aprofunda em sua relação com o instrumento. Ele deu uma segunda entrevista, em que toca violão e aprofunda os assuntos aqui trabalhados, disponível no site: www.violao-cancao.com/entrevistas-complementares.

SARAIVA   *Combinava com a busca que ocorria na voz.*

TATIT   *Isso, exatamente.*
Era quase como uma coisa ir ao encontro da outra.

O COMPOSER, O SONGWRITER E THE GRAYS IN BETWEEN

Em entrevista ao jornalista estrangeiro Doug Young, Sérgio Assad apresenta ideias que acabaram por constituir outro ponto de apoio para este livro, agora no campo do violão solístico ligado à tradição escrita. A resposta, obtida no *site* oficial do Duo Assad[77] e apresentada a seguir, atendia a aspectos da "pergunta de Tatit" e apontava para a fertilidade dos "tons de cinza" existentes entre os universos do *composer* e do *songwriter*.

DOUG YOUNG   *Há alguma qualidade que faz de alguém um grande compositor [composer]?*

ASSAD   *Eu acho que existem dois universos diferentes.*
Meu professor no Brasil costumava dizer: "Um composer é um composer, um songwriter é um songwriter".
Você não precisa ser um bom autor de melodias, por exemplo, para ser um bom composer.
Você pode aprender as ferramentas, e entender de cores e orquestração a ponto de compor
peças muito fortes sem ter talento para escrever melodias.
E há vários exemplos de grandes songwriters que não sabiam muito a respeito de música.

Mas isso não é preto e branco. Há tons de cinza no meio.[78]

Os termos em inglês foram espontaneamente utilizados em vários momentos das conversas, como neste diálogo com Marco Pereira:

SARAIVA   *O contato do cancionista com o repertório erudito enriquece o repertório dessa figura que vem ficando mais nítida no Brasil com o trabalho de Tatit.*

---

77 Link para a entrevista em: www.violao-cancao.com/referencias.

78 Tradução minha.

MARCO PEREIRA   É ótimo, pois daí você não atrapalha a função de ninguém.
Se você coloca no mesmo pacote o composer e o songwriter –
vamos falar logo em inglês, assim a gente entende –,
pode ficar ruim para o songwriter.
Afinal de contas, esse papel de composer
exige um domínio de orquestração, forma musical, enfim,
um conhecimento muito mais profundo do ponto de
    vista técnico.

SARAIVA   De estudo de música.

MARCO PEREIRA   Já para o songwriter,
basta ele ter a intuição, ter criatividade,
que com dois acordes no violão ele pode fazer
    um negócio genial.

Acho equivocado, por exemplo,
as pessoas misturarem Jobim com Villa-Lobos,
porque o Villa-Lobos, no meu entender, era um composer
e o Jobim era um songwriter.

SARAIVA   O Wisnik tem uma frase linda sobre isso, que diz:
"O Villa-Lobos é a sinfonia que queria ser canção
e o Jobim era a canção que queria ser sinfonia".

MARCO PEREIRA   Tem uma poesia aí,
mas, apesar de todo o percurso de Jobim como arranjador
e de todo o potencial sinfônico de suas obras,
sinto-o como canção, dentro dessa estética simples,
que se traduz com uma voz e um violão,
sem perder sua beleza e integridade[79].

SARAIVA   Essa distinção que Tatit fez trouxe um alívio para mim.

Partilhei essa sensação com o próprio Tatit, em nossa
entrevista inaugural:

TATIT   Essa distinção entre "canção" e "música"
não é para deixar os universos separados. Não é essa
    a questão.
É para que entendam o que é uma vocação para canção,
que é diferente da vocação musical.

---

[79] A mesma fala à p. 34.

SARAIVA *Acho essa uma grande contribuição.*

TATIT *São coisas diferentes.*

SARAIVA *O que facilita tudo.*
Estamos aqui falando do trânsito entre duas coisas,
já que, como lhe disse, estou perseguindo esse jogo,
essa contaminação.

O VIOLÃO ÀS VEZES TRAZ A MELODIA

Em pergunta a João Bosco, persigo uma questão cerne deste livro:

SARAIVA *Tenho uma pergunta a respeito da mão direita do piano de Jobim.*
A gente nunca vai saber, nem vale a pena tentar precisamente descobrir,
se as melodias vinham da voz, do dedo,
ou qual era a presença do ouvido interno para que elas chegassem à partitura.

Jobim era mais pianista do que cantor,
e era habitual para ele tocar as melodias no instrumento apoiando sua interpretação vocal, o que gera quase uma peça de piano solo.

Gostaria, então, de perguntar como você sente esse processo criativo,
que conta com o instrumento na busca da melodia.
Como lida com essa forma de trabalhar,
que é diferente da outra maneira, mais habitual para você,
quando o violão atua destacado da melodia[80].
Como enxerga essas duas maneiras?

JOÃO BOSCO *Eu acho que essas maneiras de perceber a canção e a forma como se lida com elas*
vêm muito da sua experiência com canções de outros compositores.

A pergunta leva João Bosco à formulação que inicia o segundo capítulo ("A procura do outro"), sendo, por fim, respondida por Guinga, um compositor que utiliza o

---

[80] A primeira categoria da esquematização apresentada no início do capítulo: Melodias compostas com a voz (ou "na cabeça"), à p. 67.

violão de forma ativa na execução da melodia. O trecho de partitura a seguir[81] reapresenta a frase inicial de "Pra quem quiser me visitar", presente na faixa 6.

Pra quem quiser me visitar

Guinga/Aldir Blanc

SARAIVA[82]   *Então o F#m é uma coisa que a gente conhece nas mais variadas situações*
[toco algumas cadências tradicionais da tonalidade ao modo de acompanhamento de canção]
e você está conseguindo nos trazer outra informação quando agrega a ele notas como [toco acordes referentes ao primeiro e segundo compassos da música em questão e canto salientando o mi sustenido].

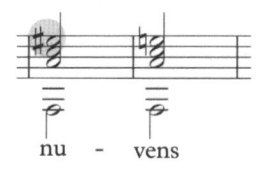

SARAIVA   *Esse tom menor ganhou uma cor, que é a mesma que*
[toco o acorde a seguir e canto o mesmo mi sustenido no novo momento harmônico].

---

81   Os algarismos colocados acima de cada nota da voz, na pauta superior, indicam sua relação intervalar com o baixo (fundamental) dos acordes.

82   🔊 Faixa 10, disponível em www.violao-cancao.com/faixas-do-livro.

GUINGA *É, essa nota ficou na memória.*

SARAIVA *Eu vejo que você vai conseguindo construir essa assimilação.*

GUINGA *Mas acho que é inconsciente mesmo,*
eu não encontro explicação para isso.

Embora Guinga acompanhe com toda a facilidade o esboço de análise que tracei sobre a sua construção de relações dissonantes – como a nota mi sustenido aplicada ao acorde de Bm –, ele não continua a desenvolver essa linha de raciocínio, que nos abriria a possibilidade de uma análise mais detalhada feita ao lado do autor.

Assim, a relação direta entre o ponto de vista do compositor e o ponto de vista do pesquisador surge como uma das contribuições trazidas pelo modelo de estudo aqui apresentado[83]. Nesse modelo, cada entrevistado oferece referências, reveladas já no momento das entrevistas, que nos ajudam a optar por um formato condizente com as especificidades dos múltiplos olhares com os quais estabelecemos contato. A esse respeito, John Blacking menciona a possibilidade de uma análise que considera também aspectos expressivos, além dos formais, e aponta para a manifestação do inconsciente como um fator a ser considerado, sobretudo no estudo do processo criativo:

> *As relações entre análise musical formal e "expressiva" podem ser estabelecidas mesmo em uma questão como a qualidade da criatividade, à qual musicólogos e críticos se dedicam constantemente. Nos últimos anos, a capacidade de criar foi avaliada de acordo com a habilidade do compositor em produzir unidade temática com contraste expressivo, e os impressionantes estudos de Heinrich Schenker, Rudolph Reti, Hans Keller, Alan Walker, entre outros, tendem a salientar que muitas vezes esse poderia ser um processo inconsciente*[84].

O recurso de conduzir o mi sustenido para o mi bequadro [7M-7m], recorrentemente empregado por Guinga, o fez lembrar-se de outra canção sua nessa mesma tonalidade, levando-o a apresentar um olhar que não deixa de ser analítico e com o qual já estava mais habituado.

---

83 Citação de John Blacking à p. 19: "Os experimentos podem ser combinados com o diálogo a fim de testar cada conclusão" e Luiz Tatit à p. 91: "O que vale para o próprio Cartola é a música como um todo".

84 John Blacking, *How Musical is Man?*, Seattle: University of Washington Press, 1973, p. 105 (tradução minha).

GUINGA *É um tom pouco usado.*

*Mas às vezes você descobre, por exemplo:
[toca a introdução de "Noturna"[85]]*

Noturna

Guinga/Paulo César Pinheiro

[partitura para violão - Lento, ad. lib.]

Comparando a partitura, que apresenta uma das várias soluções possíveis, com a gravação, podemos perceber a dificuldade de algumas decisões, sobretudo rítmicas, para que a peça chegue ao papel. De caráter seresteiro, a peça faz referência ao estilo interpretativo de Dilermando Reis, em sua recorrente antecipação do baixo com relação à melodia[86], que é levada por Guinga às últimas consequências.

GUINGA *Está, então, em fá sustenido menor.*

---

[85] Guinga e Paulo César Pinheiro, "Noturna". Link para a música em: www.violao-cancao.com/referencias. A partitura apresentada aqui foi transcrita da gravação realizada em nossa entrevista, já que o livro no qual se encontra a transcrição da música não inclui essa introdução.

[86] ↻ Fabio Zanon considera que Dilermando Reis estabelecia um "modelo de fraseado intuitivo", à p. 28.

SARAIVA *E daqui a pouco...*
[toco o oitavo compasso, que fecha a quadratura[87]].

GUINGA *Deixa soando aí essa coisa que não está resolvida.*
[Começa a tocar do mesmo ponto e vai comentando.]

GUINGA *Que continua sem resolver.*

GUINGA *Resolve quando começa a canção.*

GUINGA *É engraçado, mas isso é inconsciente mesmo.*
Você, que é compositor, sabe disso.

SARAIVA *É, a gente vai fazendo.*
Por exemplo, aqui quando...
[toco e canto frisando trecho de "Pra quem quiser me visitar"].

---

[87] Neste momento, o baixo resolve na tônica e a melodia fica suspensa. A nota ré, da quarta corda solta, enfatiza esse caráter suspensivo através de sua relação de trítono com o sol sustenido presente na melodia.

Depois canto apenas a mesma passagem, salientando o intervalo da mudança de compasso entre a nota mi (quinta do acorde de A(add9)/C#) e ré sustenido (terça do acorde de B7/F#), que formam entre si um intervalo de nona menor[88] de difícil entoação vocal.

SARAIVA   *Me dá a impressão de que, se não estivesse com o dedo 1 aqui, não ia ser essa a nota da melodia.*

GUINGA   *Ah, não ia.*
O violão às vezes traz a melodia.
Se bem que, no fundo, é você buscando já inconscientemente no violão.

Mas, às vezes, você erra para melhor, e aí aproveita aquele erro.
Isso acontece muito com o compositor.

---

[88] O que seria um cromatismo descendente, de fácil entoação, com a quebra de oitava – possivelmente sugerida pelo registro da quarta corda do violão – torna-se um intervalo de nona menor, de difícil entoação.

VIOLÃO: O ERUDITO-POPULAR E O TOCAR-COMPOR

O campo que se estende entre o tocar e o compor, e entre a canção popular e o violão solo ligado à tradição escrita, é atravessado por linhas determinadas pela atuação artística de nossos entrevistados. Todos eles movimentam informações musicais por meio de vias de mão dupla, que se desenvolvem sobre a figura apresentada a seguir:

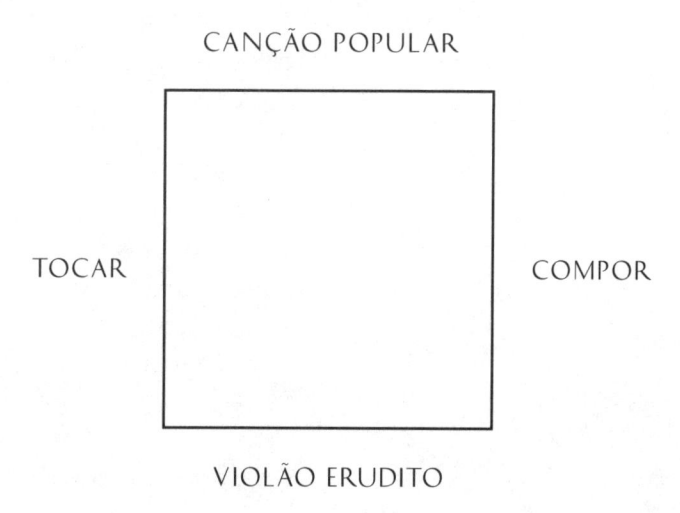

```
              CANÇÃO POPULAR
        ┌─────────────────────┐
        │                     │
        │                     │
TOCAR   │                     │   COMPOR
        │                     │
        │                     │
        └─────────────────────┘
              VIOLÃO ERUDITO
```

VIOLÃO-PIANO

SARAIVA — *Parece haver uma tradição na canção brasileira de voz e violão integrados, resultando em uma parte de violão que seria quase uma peça de acompanhamento.*

MARCO PEREIRA — *Sim. Isso me remete, inclusive, ao método de orquestração do grande compositor francês Hector Berlioz, que tocava violão, e o elege como instrumento perfeito para acompanhar a voz humana. Diz ele:*

1 O violão é um instrumento próprio para acompanhar a voz humana e para figurar em composições instrumentais de baixa densidade sonora, assim como para executar solo peças mais ou menos complicadas e a várias vozes. O seu charme torna-se incrivelmente real quando está em mãos de verdadeiros virtuoses... É praticamente impossível escrever bem para o violão sem conhecer o instrumento na prática[1]. [...] seu charme é real e não é impossível escrever para ele de maneira que isso aflore[2].

1 Lindembergue Cardoso mencionado por Elomar à p. 212: "O violão quem vai escrever é você, não sou besta de eu escrever esse violão. Não vou conseguir".

2 Hector Berlioz *apud* Marco Pereira, *Heitor Villa-Lobos*, Brasília: Musimed, 1984, p. 107.

MARCO PEREIRA

Também, de certa forma, desaconselha compositores
  que queiram escrever para violão sem conhecer
  o instrumento, dada a complexidade de sua digitação.
E resume tudo dizendo que o violão é uma
  "pequena orquestra",
o que, para mim, é a chave da história.

A maneira de acontecer essa combinação da voz e do violão
  no Brasil é especial.
Compositores populares como Gilberto Gil, Djavan
  e João Bosco
se servem muito bem do violão para se acompanhar, sendo
  mestres dessa matéria.
Eu aprendi muito ouvindo esses caras,
tanto [em termos de] técnica de violão
quanto [de] soluções de acompanhamento para uma melodia,
de uma forma quase orquestral.

É como se fosse a banda inteira.
Quando um cara como João Bosco
faz uma apresentação só de voz e violão,
o violão dele soa a banda, já tem tudo ali[3]:
os elementos rítmicos,
as passagens melódicas,
a pontuação harmônica,
está tudo presente.

O violão de acompanhamento de canção, tal como é tocado por compositores populares, pode então ser enxergado de forma quase orquestral, mesmo se tratando de uma linguagem que prescinde, na maior parte dos casos, de notação em partitura. No repertório escrito para violão solo, por outro lado, o aspecto orquestral se torna um fator evidente, como podemos acompanhar no depoimento de Sérgio Assad, a seguir. No caso dele, os recursos de escrita formal, próprios de quem "estudou em escola de música", se equilibram com a prática de longa data em composição de canções populares[4].

ASSAD[5] *Quando escrevo uma canção, a parte melódica*
  realmente é muito importante,

---

3 A ideia de "soar a banda" equivale ao violão solo que preenche os espaços, conforme João Bosco à p. 124, e ao que Sérgio Assad descreve como "soar como um grupo", à p. 123.

4 A dissertação de Thiago Chaves de Andrade Oliveira apresenta uma primeira parte intitulada "Hibridismos de música culta com a música popular no âmbito do repertório para violão solo", que traz exemplos interessantes de peças basilares do repertório de violão culto que, já no período renascentista, nasciam a partir de elementos musicais oriundos de práticas eminentemente populares. Essas informações contextualizam a produção do compositor-violonista estudado. Ver *Sérgio Assad*, 276 f., dissertação (mestrado em música), Universidade de São Paulo, São Paulo, 2009.

5 Faixa 11, disponível em www.violao-cancao.com/faixas-do-livro.

mas eu tenho mania de fazer uma harmonia meio contrapontística,
que é resultado do fato de eu ter ido para uma escola de música.
Então, vou inserindo aqueles recursos nas minhas canções.

Se eu tocar essa melodia que escrevi há anos e que tem muita gente que toca...
[Toca a melodia.]

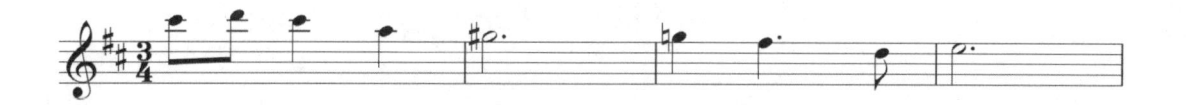

ASSAD   Eu vou inserir, por exemplo, a harmonia.
              [Toca a melodia harmonizada.]

ASSAD   Agora eu posso tocar.
              [Toca a melodia com harmonização e segunda voz.]

ASSAD   Então você vai fazendo aquela segunda layer [camada] ali e o negócio vai ficando mais interessante, sem tirar o foco da linha melódica.
              As coisas que eu faço são todas assim.
              Essa mesma peça segue desta forma.
              [Toca.]

As diferenças percebidas entre a execução no momento da entrevista e a partitura editada da peça podem ser visualizadas na disposição acima. Na pauta de cima, está a partitura editada[6]; na de baixo, uma transcrição de como a peça foi executada no momento da entrevista. A partir dessa disposição, é possível salientar de que formas – mesmo no universo de tradição escrita totalmente vinculado à música de concerto, meio pelo qual a peça em questão se propaga – as decisões composicionais[7] que constituíram a partitura editada podem apresentar algum grau de mobilidade, ao menos quando nas mãos do violonista-compositor da peça. Essa mobilidade muito possivelmente remonta às etapas percorridas pela composição ao longo do processo autoral[8].

ASSAD *Você pode ver que há a preocupação com o destaque da melodia*
e também com o que vai acontecer por trás.
É aquela harmonia que você imaginou que tem que soar, não importando o esforço[9]. *Então tem acordes que ficam um pouco desconfortáveis tecnicamente.*

6 Ver Sérgio Assad, *Aquarelle*, Paris: Henry Lemoine, 1992, p. 12.

7 ⏏ Sérgio Assad à p. 195: "A partir do momento em que você coloca no papel, passa a ser sua intenção".

8 Dessa maneira, apontamos, na composição da peça, um processo de sedimentação que pode até mesmo legitimar uma consequente desconstrução (ou "desleitura" – conforme o título da tese de Sidney Molina) que alcance esse grau de flexibilidade nas mãos do violonista-intérprete que, indo contra os postulados da tradição escrita, se arrisque a uma interpretação que dialogue com a partitura a partir das intenções musicais compreendidas por ele.

9 ⏏ Referência a Elomar, à p. 209, que considera "fantástica" a invenção do capotraste porque deixa livre a mão esquerda.

SARAIVA E o que está regendo é
[canto a melodia da canção apresentada]
sempre em primeiro plano.
Em uma posição que carrega, não é?

ASSAD Exatamente, aí isso volta. [Toca.]

SARAIVA Você domina a quarta corda como poucos,
para explorá-la assim.

ASSAD Aí o músico apresenta a melodia na quarta corda
e começa a usar variações como se estivesse orquestrando
para o instrumento.

O violão, de certa forma, carrega em si essas possibilidades.
Você pode fazer tantos timbres diferentes...
Essa coisa de ser um instrumento meio orquestral
tem muitas possibilidades, embora seja limitadíssimo.
A briga constante com o violão é esta:
é um instrumento que não pode fazer o que o piano faz,
mas tem uma beleza muito particular, que faz a cabeça
de muita gente.

Essa questão do "limite" do instrumento diante das possibilidades do piano (ou da orquestra) determina outra polaridade a ser trabalhada, que surge também no diálogo com Paulo Bellinati. O violonista valoriza em seu processo de arranjo – realizado inclusive a partir de suas próprias composições[10] – as opções de digitação que "estejam na mão" do violonista, diminuindo o esforço técnico para a obtenção de uma execução fluente. Ainda

10 Ver "O 'Jongo' de Bellinati e o jongo do Tamandaré", à p. 183.

assim, ele não deixa de ser um dos principais violonistas brasileiros com uma abordagem mais elaborada, que amplia as funções exercidas pelo violão no contexto de acompanhamento de canção.

BELLINATI A esse violão mais elaborado eu chamo de violão-piano.
O piano é um instrumento que, por tradição, faz a redução orquestral,
com oitenta e não sei quantas teclas e dez dedos para tocar um monte de notas.
Então você consegue reduzir uma orquestra.
O violão já [faz isso] menos,
é um instrumento muito mais intimista, mais essencial, num certo sentido.
Faz o fundamental para aquela música acontecer[11].

Sérgio Assad aprofunda a questão do limite do violão no trabalho de arranjo para peças do repertório de concerto caracterizadas por uma "forte natureza melódica".

ASSAD O repertório produzido para o violão de concerto vem muito da música de piano.
Às vezes, tem-se que reduzir muito o piano para transpor para o violão.
Não obstante, há coisas de [Isaac] Albéniz, por exemplo, que arranjadas para violão soam melhor que no próprio piano.
A questão é quanto você pode tirar sem diminuir.
Numa música com forte natureza melódica,
se você tocar a melodia já é o suficiente[12].
Então você incorpora a essência do que está por trás, podendo, inclusive, tirar muitas notas da harmonia.

Às vezes, aparece alguém fazendo com um violão o que eu achava difícil fazer com dois. Então eu continuo me perguntando qual é o limite disso.

O IDIOMA DO VIOLÃO

SARAIVA A figura do compositor-violonista perpassa a história da música europeia de concerto
e se articula com a música popular,

---

11 Marco Pereira à p. 34: "Sinto Jobim como canção, dentro dessa estética simples, que se traduz com uma voz e um violão sem perder sua beleza e integridade".

12 Turibio Santos à p. 82: "Para Baden o que interessa é a melodia; a harmonia depende do que ele está pretendendo".

chegando a diferentes resultantes e a todo um leque
   de soluções.

De um modo geral, só dá à luz a uma composição fluente para
   violão quem toca o instrumento.
Dentro da tradição da canção brasileira, a figura
   do "cantautor"
também integra o ato de compor ao de tocar.

Ou seja, em ambos os casos quem compõe é quem toca.
Como você enxerga essa coexistência entre o compor
   e o tocar?

ASSAD   *Concordo parcialmente com o que você diz.*
Essa é uma discussão que tenho constantemente com os meus
   colegas lá em São Francisco (EUA),
onde já leciono há cinco anos.
São pessoas que acham que você não precisa tocar um instru-
   mento para escrever para ele,
o que tem um certo fundamento, pois grandes obras para
   violão do século xx
foram escritas por pessoas que não tocam o instrumento.
A começar pelo "Noturno" ["Nocturne after John
   Dowland", 1963], de Benjamin Britten, que provavel-
   mente nunca encostou no instrumento e deixou-nos essa
   maravilha escrita para violão.
Pense em Joaquín Rodrigo, que escreveu coisas fantásticas
   para o instrumento, ou
em Castelnuovo-Tedesco, que escrevia mais notas do que o
   violão podia fazer –
o que não impede que a gente adapte, mantendo as inversões
   de acordes que ele quer e acabando
por fazer a nossa versão da música.
Quando a pessoa não toca violão, é capaz de imaginar coisas
   que o violonista não teria imaginado[13]*. Isso é possível!*
Mas é possível também que a pessoa imagine coisas porque
   toca o instrumento,
como no caso de Villa-Lobos,
que mudou a história de como escrever para o violão usando
   suas relações naturais[14]*.*

SARAIVA   *Idiomáticas.*

---

13   Paulo César Pinheiro à p. 168: "Em algumas das minhas parcerias com Baden, eu ajudei a compor trechos das melodias".

14   Observação minha à p. 219: "O paradigma de uma atuação baseada em soluções pessoais para uma 'invenção' do que viria a ser o Brasil é Heitor Villa-Lobos."

ASSAD *Exatamente.*
É maravilhoso,
sobretudo quando você pensa que ele escreveu aquilo em 1929.
Revolucionário!
[Toca o trecho transcrito a seguir.]

A digitação apresentada explicita o padrão estabelecido pela combinação dos dedos 4 e 1 da mão direita, adaptados para os dedos 3 e 1 no último momento do trecho, em jogo com a corda solta (o). Esse gesto percorre todas as cordas do instrumento antes de ser transposto para uma nova posição do braço do violão.

A Andrés Segovia
Etude 12
Heitor Villa-Lobos
(Paris, 1929)

Na obra *Villa-Lobos: processos composicionais*, Paulo de Tarso Salles salienta de que maneira os *gestos musicais* decorrentes da constituição física do violão geram um tipo de material que se distancia da ideia de "vocalidade", sem que com isso a natureza melódica vocal deixe de ser uma das características mais marcantes da música de Villa-Lobos. O mesmo gesto no trecho de obra executado por Sérgio Assad em nossa entrevista, é assim descrito pelo autor:

> *Da escrita violonística de Villa-Lobos emergem aplicações interessantes da técnica de gerar material a partir de digitação, como se observa no "Estudo 12" (1929), no qual se combina a ação dos dedos 1 e 4 intercalados com cordas soltas, gerando dois registros independentes na mesma linha instrumental*[15].

15 Paulo de Tarso Salles, *Villa-Lobos*, Campinas: Editora Unicamp, 2009, p. 48.

Os processos migram para a orquestra e para outros meios de expressão, como, por exemplo, o da canção popular brasileira, para a qual Villa-Lobos representa uma referência fundamental.

Marco Pereira, por ocasião de seu mestrado realizado na França, se debruça sobre a obra para violão de Villa-Lobos e corrobora essa percepção na conclusão de seu livro:

> Os compositores que o antecederam, e mesmo seus contemporâneos, serviram-se do violão para exprimir uma linguagem musical mais geral, quer dizer, comum aos outros instrumentos. Villa-Lobos foi, seguramente, o primeiro a utilizar aquilo que lhe era exclusivo, a essência do instrumento, como material temático. Ele se serviu, frequentemente, de evidências digitais para construir sua matéria musical, partindo de uma digitação prefixada para obter certos resultados sonoros[16].

Estabelece-se, então, um jogo entre os recursos que são próprios do idioma do instrumento, comumente chamados de "idiomáticos" ou "violonísticos", e aquilo que um compositor, quando não toca violão, é capaz de imaginar e que o violonista não teria imaginado, como disse Sérgio Assad.

Na dissertação de mestrado *Um violonista-compositor brasileiro: Guinga. A presença do idiomatismo em sua música*, Thomas Saboga Cardoso salienta um importante aspecto da música desse compositor: o "uso idiomático do violão, onde as cordas soltas e as formas características de mão esquerda são frequentemente usadas como elementos estruturais das composições musicais". Enfocando o aspecto estritamente instrumental da obra de Guinga, o autor enfatiza a relação entre a melodia cantada e o acompanhamento violonístico:

> Outra evidência que demonstra a presença dos "violonismos" na música de Guinga é a frequente construção de melodia das canções a partir do violão. Em diversas canções analisadas percebemos a íntima relação entre melodia cantada e o acompanhamento violonístico, sugerindo que a melodia da voz foi inspirada pelos arpejos criados por Guinga e desenvolvida a partir destes[17].

O exemplo musical executado na sequência por Guinga apresenta a abrangência do seu pensamento musical[18], já que ele faz questão de relativizar essa que é uma de suas mais evidentes características autorais, em função do que ele mesmo estabelece como

---

16 Marco Pereira, *Heitor Villa-Lobos*, op. cit., p. 109.

17 Thomas Fontes Saboga Cardoso, *Um violonista-compositor brasileiro*, 148 f., dissertação (mestrado em música), Universidade Federal do Estado do Rio de Janeiro, Rio de Janeiro, 2006, p. 90.

18 ↩ Paulo César Pinheiro à p. 220: "Isso gira de tantas maneiras diferentes na cabeça de alguém que é muito difícil de explicar".

19 🔊 Faixa 12, disponível em www.violao-cancao.com/faixas-do-livro.

20 Aqui Guinga, a meu ver, finalmente responde à minha pergunta, dirigida a ele no momento imediatamente anterior no transcorrer de sua entrevista (ver "Parece fácil, mas é impossível", à p. 92): "O Cartola e o Nelson Cavaquinho, por exemplo, que tocavam violão, chegavam a modulações e relações entre tonalidades que já eram diferentes. [...] Como é que você sente isso?".

21 🔗 Observação minha à p. 194: "Compatibilidade que orienta a linha de atuação desta obra".

22 Chico Buarque, "Morro Dois Irmãos". Link para a música em: www.violao-cancao.com/referencias.

o oposto a um desenvolvimento baseado na geografia do violão. Guinga explora, no âmbito da canção, o jogo de impulsos de mão dupla próprios à polaridade entre o que é "violonístico" e o que é "maravilhoso por não ser violonístico".

GUINGA[19] *Mas há um engano nisso*[20]*:*
o Chico Buarque, além de grande letrista, é um grande violonista[21]*.*

Toca um violão, do jeito dele, que ninguém consegue imitar.
Eu nunca vi na música popular usarem inversões de acordes como ele usa.
É maravilhoso, é uma perfeição!... A música dele tem uma arquitetura inigualável,
por exemplo: "Morro Dois Irmãos" [22]*.*
[*Toca e canta a música do início ao fim.*]

Morro Dois Irmãos

Chico Buarque

GUINGA *E como você vai explicar isso?*
Eu nunca vi ninguém compor uma música no violão dessa maneira.

SARAIVA *Não teria esse efeito se não chegasse num mi (E) no fim.*

GUINGA *E ele dribla, ele prepara para sol maior e vai para mi* [*frisa o desfecho*].

SARAIVA O mi grave da sexta corda mesmo, nesse tom, como é que a gente vai transpor um efeito desse, me responde?[23]

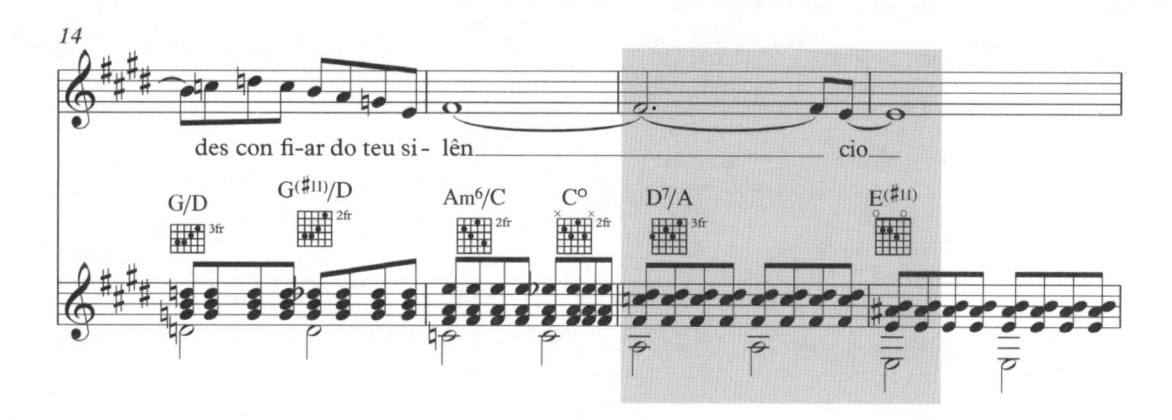

GUINGA Eu acho impossível.
Pode ser que chegue um gênio que consiga fazer isso em outro tom.
É muito violonística essa solução.
O resto não é violonístico, é maravilhoso por não ser violonístico.
[Toca apenas o acompanhamento da canção, dando ênfase à coerência motívica dos momentos "não violonísticos", como o transcrito a seguir, que levam ao mi final.]

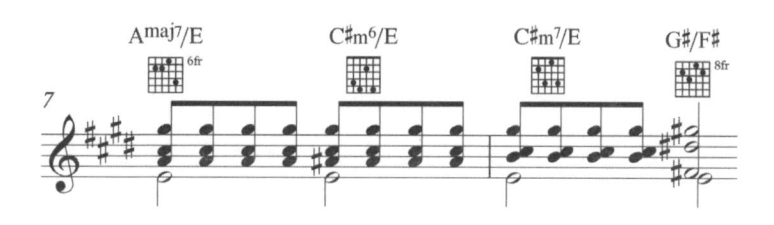

GUINGA E aí?!
Chega um cara que nunca se considerou violonista e monta uma música dessas.
Qual é o violonista que compôs algo assim?
Eu não conheço.

Em um movimento cruzado, que atravessa o quadrado apresentado na abertura deste capítulo, Chico Buarque,

---

23 Essa questão se articula com a resposta de João Bosco – transcrita apenas nesta nota – sobre como ele conduz a "transposição" de modo a manter os efeitos instrumentais no tom adequado a seu canto. "Eu não sou a pessoa mais indicada para comentar isso, apenas atendo às exigências dos dois lados. Do violão e da voz."

songwriter que nunca se considerou violonista, se serve dos anos passados ao pé do piano de Jobim para desenvolver uma estrutura dificilmente imaginável por um estudioso do violão. E Sérgio Assad, violonista-compositor de sólida educação musical formal, mantém em pauta o que sente como essencial à comunicabilidade de canção, sem deixar de ter como prioridade musical o que está "passando por trás da melodia".

ASSAD   *Para que se possa entender a mensagem das palavras,*
eu acho que, numa boa canção, quanto menos notas melhor[24].

SARAIVA   *Dessa forma terá mais chances de dizer.*
Por outro lado, existe essa sensação do músico diante
da canção...

ASSAD   *É, a gente fica preocupado com os outros elementos, como,*
por exemplo, a harmonia.
A primeira coisa que eu vou ouvir é o que está "passando por
trás da melodia"[25].
Eu quero ouvir o arranjo que foi feito,
quem está tocando, os solos
e como foi elaborado o revestimento daquilo.

De volta ao universo do violão de concerto, apresentamos a continuidade do raciocínio de Sérgio Assad, que aprofunda sua visão da polaridade tocar-compor por meio da classificação do repertório em função da relação dos compositores com o violão.

ASSAD   *Então, há os dois lados.*
A grande maioria do repertório do violão foi escrita
por violonistas.

No século XIX, todo mundo tocava violão e escrevia,
deixando-nos um legado.
A música de [Mauro] Giuliani, [Fernando] Sor, [Luigi]
Legnani... Cada país tinha dois ou três compositores
nesse período.

No século XX, isso mudou um pouco,
e começou a existir a história de que quem toca violão
só consegue escrever coisas muito limitadas
ao instrumento.

---

24   Sérgio Assad à p. 74: "As melhores canções, na realidade, têm poucas notas e mais respiração" e Luiz Tatit à p. 193, sobre a "canção dinâmica".

25   Comentário sobre a maneira de tocar de Elomar à p. 208: "A nota da melodia está sempre presente no acorde".

Essa limitação constatada por *composers* ligados à área de composição acadêmica e ao universo da música erudita de concerto, dependendo de como for enxergada, se assemelhará à preocupação do cancionista popular em se desvencilhar do instrumento quando em ato criativo de canção[26], como vimos em vários trechos das entrevistas aqui apresentadas.

ASSAD
: *Com isso, veio a figura do compositor separado do instrumento.*
Compositores que contribuíram com obras significativas, mas que não representam a maior parte do repertório.
A outra vertente é feita pelos próprios violonistas que fazem arranjos pegando todo o repertório desde a época barroca até a época atual.

Então tem três coisas:
1. *músicas escritas pelos violonistas;*
2. *músicas arranjadas pelos violonistas;*
3. *músicas escritas pelos compositores, que cada vez mais vêm destrinchando o instrumento.*

A SALA, O BANHEIRO E A PRAÇA

SARAIVA
: *Que diferença você sente entre tocar dentro de uma sala de concerto, com boa acústica, e tocar, por exemplo, numa praça?*

MARCO PEREIRA
: *Bom, o violão é um instrumento muito complexo nesse aspecto, porque tem um problema sério de volume sonoro.*

O Segovia nunca amplificou o violão dele[27], mas hoje em dia é difícil você tocar sem dar um conforto à plateia.
O mundo é tão barulhento que esse baixo potencial sonoro do violão às vezes causa até desconforto.
A pessoa não pode se virar na cadeira, não pode tossir, para não incomodar quem está querendo ouvir.
Aquelas coisas de sala de concerto.

---

26 Paulo César Pinheiro à p. 83: "Às vezes faz batucando numa mesa, e vai passar para o violão depois".

27 Citação de Andrés Segovia à p. 137: "Os *luthiers* mais notáveis da Espanha tiveram que ser encorajados a procurar meios de aumentar o volume do violão sem dispositivos elétricos ou artificiais".

> *Um dos grandes problemas é como tornar seu*
>   *instrumento versátil*
> *para que ele possa ser ouvido nas diferentes situações.*

SARAIVA   *Amplificar, não é?*

MARCO PEREIRA   *Sim, amplificar.*
Ter um captador, um microfone especial.
Você vê que, a cada ano que passa, vão surgindo novos
      equipamentos.
Isso é [uma coisa] sem fim,
porque se trata de um instrumento muito difícil de amplificar,
já que o violão tem problemas com frequências que são
      complicados.
Como ele tem baixo potencial sonoro, dentro de um ambiente
      acústico essas frequências não incomodam,
mas quando você amplifica elas começam a aparecer
      e a atrapalhar.
A tecnologia se desenvolveu a um ponto que hoje torna
      possível resolver isso com um
bom sistema de sonorização.

Diferentemente de formações instrumentais que se equilibram em um patamar de volume atingido por meio de uma projeção sonora maior, como o "piano trio" (piano, baixo e bateria) ou o "regional" (bandolim, flauta, pandeiro, violão de sete cordas com dedeira), o violão é efetivo em um volume mais baixo. Ao menos se considerarmos o violão que se alimenta de sua característica orquestral, atingida por meio das variações de timbres só obtidas ao se assumir o volume de uma atuação de concerto[28].

O violão elétrico, que utiliza um captador instalado normalmente sob o rastilho, é, desde os anos 1960[29], o instrumento padrão usado em canção popular, muito em função de se equiparar em volume aos demais instrumentos habitualmente presentes no acompanhamento da música popular. Entre as propriedades sonoras do violão acústico (de concerto) e do violão elétrico estabelece-se uma polaridade, que é enfrentada cotidianamente pelo instrumentista atuante no campo de interseção aqui estudado: muitas vezes o

---

28 Sérgio Assad à p. 109: "Você pode fazer tantos timbres diferentes... Essa coisa de ser um instrumento meio orquestral tem muitas possibilidades, embora seja limitadíssimo".

29 Reflexão minha à p. 35: "Para levar adiante esse projeto, o cantor-violonista baiano [João Gilberto] trilhou um caminho ímpar de atuação como *performer*, já que a partir da década de 1960 o instrumento padrão do violonista profissional de canção popular, ao menos no palco, passa a ser o violão elétrico".

instrumentista se sente impelido a procurar outra forma de chegar ao público que não dependa da pureza do som.

MARCO PEREIRA *Mas, sem dúvida, bom mesmo é quando você pode ouvir o violão numa sala pequena, com boa reverberação natural e as pessoas relativamente próximas, ouvindo o som natural do instrumento.*

Quando você vai para a praça, a comunicação musical tem que ser feita em outro nível e não pode se ater a esse aspecto da pureza do som.

Você tem que chegar ao público e passar sua mensagem musical de outra forma.

A associação dessas nuances do fazer violonístico com distintos espaços de experimentação, como uma praça, uma sala ou mesmo o fundamental banheiro da tia de João Gilberto, surge de modo espontâneo ao longo da entrevista realizada com João Bosco.

SARAIVA *Recentemente, fui assistir a um show seu numa praça.*

JOÃO BOSCO *É outro tipo de som. É outra música que você procura, porque essa música é compartilhada com os outros músicos.*

Então tem o baterista, que tem uma função; o baixista, que faz interferências; o outro guitarrista, que toca com você. Compartilhar a música com outros músicos é muito diferente de tocar sozinho.

SARAIVA *Essa é uma questão típica do violão, porque ele tem um determinado volume. A gente está aqui nessa sala e ele preenche tudo nela.*

Quando chega numa situação dessas, muda tudo. Tanto que a gente tem o trabalho extra de se equipar. Eu vejo você como um cara desde sempre atento a isso. Lá você estava com um violão especial.

JOÃO BOSCO Exatamente. É outro instrumento, porque você
está numa praça.
Você tem um público ao ar livre, você já conhece, já viveu
aquela experiência,
e sabe que as pessoas estão ali esperando um determinado
resultado sonoro.
Então você procura atingir essa expectativa.

Compartilhar música é muito diferente de estar na sua sala,
de noite,
pensando na música com o seu instrumento.

SARAIVA É uma dimensão muito própria do compositor, essa da sala.

O tocar e o compor se misturam.
Quer dizer, um cara insere a voz num contexto de violão
elaborado,
que veste aquele arranjo específico naquele tom, com aquela
corda solta,
com aquela inflexão.
Sem isso tudo não é aquela música.
E assim a sala,
lugar da composição, da imersão, da intimidade,
acolhe muito bem o volume do violão.
A gente tem a chance de um fazer muito prazeroso
nesse sentido.

JOÃO BOSCO É, o ideal seria você poder levar a sua sala para o
mundo afora.
O seu sofá, a sua mesinha, com os enfeites que ela tem,
enfim, levar o seu ambiente para todo lugar.
Eu aposto que o João Gilberto já deve ter pensado em levar
aquele sofá para o estúdio, aquele armário que ele tem
no quarto.

SARAIVA Dizem que ele encontrou sua linguagem no banheiro da
irmã ou da tia.
Como você disse, ele toca baixinho, se aproveitando das resso-
nâncias mais sutis.

A dimensão sonora em que João Gilberto atua, baseada
no volume do violão[30], colocou-o, ao longo da carreira, na
condição de figura excêntrica para o mundo da canção

---

30 João Bosco à p. 34: "[João Gilberto faz] uma voz suave e um violão muito *soft* também".

popular. Esse fato se dá, em grande medida, por nunca ter aberto mão da sonoridade natural do instrumento em apresentações ao vivo, posicionamento que o irmana aos violonistas eruditos em geral.

> *Um concerto de João Gilberto [...], mesmo num estádio, mantém algo de uma reunião de apartamento, em que se pede ao convidado uma canção (com o risco inclusive de que ele não cante). [...] A utopia de João Gilberto é oposta[31]. Quando, segundo anedotas muitas vezes narradas, experimenta por dias seguidos a reverberação dos azulejos do banheiro da casa de uma tia em Diamantina; quando obriga os amigos a se colocarem em pontos estratégicos de um corredor, para avaliar até que ponto ele pode cantar baixo; quando leva ao estúdio de gravação um tapete persa, porque soa melhor que o carpete; em todos esses casos, o que João defende é a qualidade do som, não mensurável nem funcional, aquela que faz que cantemos de preferência no banheiro, sem saber que é por causa das reverberações dos azulejos, ou que nos faz saborear a vibração que um som produz na garganta antes mesmo de ser emitido[32].*

JOÃO BOSCO *Falo de levar isso para o trabalho, para o palco, isso é que seria o ideal.*
Mas, na realidade, quando você sai de casa, tem que se programar para fazer outra coisa.
Quando você vai para uma praça tocar com sua banda, sua música tem que soar diferente.

SARAIVA *Quando o som passa pelo cabo, ele é outro.*

JOÃO BOSCO *E a gente também, quando está na praça, não quer ouvir o som da sala,*
a gente quer ouvir esse som aí, que está na praça![33]

SARAIVA *É outra busca.*

JOÃO BOSCO *Porque a gente fica também tomado por esse ambiente,*
por essa energia e tudo o mais.

Diante dos diferentes contextos musicais investigados aqui, cabe ressaltar que, de um modo geral, o tipo de música que se faz em uma "praça" é mais facilmente transposto às exigências de uma "sala" do que a

---

[31] O estilo de concerto "utópico" de João Gilberto opõe-se, segundo o autor, ao padrão *showbizz* americano em que "a vida particular é sempre uma forma de treino para a vida pública".

[32] Lorenzo Mammì, "João Gilberto e o projeto utópico da bossa nova", em: Walter Garcia (org.), *João Gilberto*, São Paulo: Cosac Naify, 2012, pp. 164-5.

[33] 🔗 "Não era à toa que a casa 'matricial' (no sentido de 'útero', lugar de gestação) da Tia Ciata se situava na comunidade da Praça Onze, a única que escapou do bota-abaixo reformista do prefeito Pereira Passos. [...] Saltam aos olhos as semelhanças com a Congo Square, de New Orleans. Por que uma praça? Bem, as esquinas, as praças constituem interseções, suportes relacionais que concorrem para a singularização do território e de suas forças. Na praça, lugar de encontro e comunicação entre indivíduos diferentes, torna-se visível uma das dimensões do território, que é a flexibilidade de suas marcas (em oposição ao rígido sistema diferencial de posições característico do 'espaço' europeu)" (Muniz Sodré, *Samba, o dono do corpo*, Rio de Janeiro: Mauad, 1998, pp. 16-7). Foi nos pagodes da casa "matricial" da Tia Ciata que Donga desenvolveu o primeiro samba gravado, "Pelo telefone", conforme nota à p. 191.

adequação realizada no sentido inverso. Esse fato é demonstrado pela tão alardeada dificuldade de João Gilberto em executar sua música em palcos que não apresentam uma solução acústica mínima, em contraste com a naturalidade com que o próprio João Bosco executa sua música na forma em que nasceu, em voz e violão, dispensando ou atenuando a presença sonora da banda nas apresentações realizadas em salas de concerto.

O VIGOR E A SUTILEZA

SARAIVA — *Um músico central para nossa pesquisa é Baden Powell, pois sua pegada trouxe uma coisa nova para o violão solístico, supostamente muito impulsionado por sua vivência no meio de instrumentos de percussão, o que contribui para aquela outra "comunicação" à qual você acaba de se referir*[34].

MARCO PEREIRA — *É interessante você falar isso do Baden, com o que concordo. O Baden tinha essa pegada vigorosa, tocava sempre no meio das percussões, a ligação dele com a questão rítmica era muito forte.*

Agora, quando eu estava começando a tocar, eram dois os violonistas que se destacavam no Brasil: Baden Powell e Paulinho Nogueira[35].
E Paulinho é o oposto, um violonista que também tinha uma comunicação muito grande com o público em geral.
Eram dois grandes nomes.

É claro que o Baden tinha o negócio do vigor, da exuberância técnica, e isso sempre atraiu mais.
Atrai mais a pessoa que cospe fogo e faz malabarismo do que a pessoa que entra e faz uma poesia.
Eu digo isso de uma maneira ampla, em geral, me referindo ao grande público.
Mas o Paulinho era muito mais poético, muito mais sutil e delicado.

Paulinho Nogueira surge de forma semelhante, na posição de oposto complementar a Baden Powell, também na conversa com Sérgio Assad[36].

---

34   Marco Pereira à p. 119: "Quando você vai para a praça, a comunicação musical tem que ser feita em outro nível e não pode se ater a esse aspecto da pureza do som. Você tem que chegar ao público e passar sua mensagem musical de outra forma".

35   Paulo Artur Mendes Pupo Nogueira (1929-2003).

36   Um ponto que os aproxima é o fato de Paulinho Nogueira – pelo que indica o caráter de suas canções – ser outro exemplo de solista que, assim como Baden, compunha canções populares se "desvencilhando do instrumento". Ver também Paulo César Pinheiro à p. 169: "Baden vinha fazendo a melodia e, num determinado momento, o violão o empacava".

ASSAD *Na realidade, o bom intérprete de violão é aquele que sabe*
fazer uma mixagem no que está tocando.
A melodia está lá no primeiro plano,
a parte harmônica pelo meio, com menos presença,
e o baixo ali para dar um suporte[37].

É mais ou menos isso, e tem pouca gente que faz bem.

O Paulinho Nogueira, que foi um mestre para mim,
independentemente de suas limitações técnicas,
sabia fazer seu violão soar como um grupo,
com esses diferentes planos.

Podemos presumir que o violão solo de Paulinho Nogueira "soa como um grupo" para Sérgio Assad por se relacionar com uma escuta polifônica em suas direcionalidades horizontais. Já a expressão "soar a banda"[38], de Marco Pereira, referente ao "voz e violão" habitual em canção popular, reverencia a capacidade de reproduzir no violão a função que a seção rítmica (baixo, bateria, percussão) de uma banda costuma exercer.

A distinção entre os universos do violão solístico e do violão de acompanhamento de canção popular se dá através da transferência da melodia, sustentada em primeiro plano no violão solo, para a voz na canção popular. O canto se completa com o violão de acompanhamento realizando as duas outras camadas: a do recheio harmônico e a da linha de baixo.

No livro com seu método, *Improvisation and Performance Techniques for Classical and Acoustic Guitar*, o violonista americano Ralph Towner apresenta-nos, de uma forma muito semelhante à de Sérgio Assad, as três camadas mobilizadas pelo solista, enfatizando também o papel do músico que exerce a função de acompanhamento para voz ou instrumento melódico:

Como solista, você é responsável por todas as três funções conceituais ao mesmo tempo: a voz da melodia, os acordes e suas variações, e a voz do baixo[39]. *O papel do acompanhante de um instrumento de melodia não é tanto um problema de conciliação, uma vez que você pode desempenhar, sobretudo, as duas últimas funções*[40].

---

37 Trecho presente na faixa 14, concluindo a "aula de som" de Sérgio Assad ("Som polido", à p. 139).

38 Marco Pereira à p. 106.

39 Observação minha à p. 208: "O violonista-compositor [...] muitas vezes não se desvencilha deliberadamente do tratamento usual dado ao violão solístico".

40 Ralph Towner, *Improvisation and Performance Techniques for Classical and Acoustic Guitar*, Wayne: 21st Century Music Productions, 1985, p. 34 (tradução minha).

Paulinho Nogueira é apontado como um mestre que influencia a geração dos nossos entrevistados no manejo desses três diferentes planos, raramente alcançados por um violonista sem formação erudita. O êxito depende, em alguma medida, do reconhecimento da emissão natural, intimista e mais sutil do violão. Nogueira compôs, assim, peças para violão solo que chegam a ótimas soluções, em partituras que se impõem como parte do repertório de interseção erudito-popular estudado aqui[41].

TOCAR JUNTO

A conversa com João Bosco se desenvolve em torno de sua prática na adaptação do violão tocado "solo" – que, nesse caso, se refere à *performance* de violão e voz, com a melodia sendo entoada vocalmente – para um violão que favoreça o "compartilhamento"[42] da música com os demais músicos de sua banda e, em última instância, com o público. Observa-se aí a ideia de arranjo, que visa alcançar a expectativa do público da "praça", o qual espera um "determinado resultado sonoro".

SARAIVA[43] *Eu me impressiono com a flexibilidade das estruturas que você desenvolve ao violão. Percebo que, quando toca sozinho, você tem um arranjo e, quando toca com a banda, você consegue adaptar, às vezes tirando um pouco o grave do polegar.*

JOÃO BOSCO *É, é possível adaptar.*

SARAIVA *Essencialmente é o mesmo gesto*[44], *mas parece que você alivia um pouco, em uma forma de ataque que já se transforma. Como você comentaria isso?*

JOÃO BOSCO *Eu acho também que você economiza um pouco o que faz solo, para que as outras pessoas possam participar da sua música, porque, se fizer tudo o que faz no solo, não vai dar certo. Quando você está sozinho, o violão vai preenchendo os espaços, desde os graves até os agudos, como em uma orquestra*[45].

---

41 Turibio Santos à p. 83: "Por isso é muito difícil para outro violonista tocar as músicas de Baden, a não ser que seja uma 'música formal'".

42 João Bosco à p. 120: "Compartilhar música é muito diferente de [você] estar na sua sala".

43 Faixa 13, disponível em www.violao-cancao.com/faixas-do-livro.

44 O exemplo apresentado por João Bosco é o de um gesto totalmente "readaptado". Entretanto, podemos perceber que, em grande parte de suas músicas, as aberturas de acordes utilizadas na mão esquerda na versão "solo" (ou "completa") são repetidas na versão "em banda" (ou "adaptada"), cabendo, nesses casos, à mão direita não mais do que esse "aliviar" do gesto, que abre espaço aos demais instrumentistas. Ao que João Bosco se refere apenas através do "também" da primeira linha de sua resposta a seguir.

45 Marco Pereira à p. 106: "[Berlioz] resume tudo dizendo que o violão é uma 'pequena orquestra'".

46   Marco Pereira à p. 165: "Violonistas não gostam de fazer [groove]. [...] O cara fez isso em cinco compassos e já quer mudar, quer inventar".

47   Luiz Tatit à p. 178: "É difícil você expressar [um violão como o de João Bosco ou Gilberto Gil] só nas figuras".

Tem hora que você é baixista,
outra é violoncelista, violinista, saxofonista...
Assim você vai preenchendo.
Então, quando você toca solo, o violão vem cheio.
E, quando vai compartilhar, você tem que esvaziar um
    pouco esse violão,
para que as pessoas que estão com você possam participar
    da música.

SARAIVA   Você poderia demonstrar para a gente
    uma música completa e uma dessa outra maneira?

JOÃO BOSCO   Eu vou tocar "Agnus Sei",
que foi a primeira canção que eu gravei em 1972 de
    violão e voz.
A música tem esta levada
[toca apenas dois compassos da levada
    transcrita a seguir[46]].

Violão

↑ Executar toque "ragueado"

No terceiro compasso, demonstra a mencionada "flexibilidade"[47] da estrutura, que aceita também a seguinte variação:

× Executar "nota muda" encostando a unha do indicador

JOÃO BOSCO   *Quando eu vou tocar isso com a banda, o baixista faz*
[toca a linha que vinha tocando com seu polegar na levada "cheia", aqui escrita em clave de fá correspondente ao baixo].

JOÃO BOSCO   *E eu faço*
[toca o violão transcrito na partitura a seguir, enquanto canta a linha de baixo].

JOÃO BOSCO   *Aí o violão já cumpre outra função,*
diferente da que tem quando eu toco sozinho,
pois quando toco sozinho eu toco assim
[executa ainda de uma terceira maneira o que seria a mesma levada, agora se valendo de um ligado na quinta corda. E assim acompanha seu canto de acordo com as possibilidades acumuladas ao longo do manuseio de mais de quarenta anos dessa canção].

JOÃO BOSCO   Isso é um exemplo de como você compartilha a música.
Você deixa o baixista fazendo aquilo e vai fazer outra coisa.
Pode, por exemplo, fazer outra divisão
[desenvolve a informação da quiáltera, ou tercina, que,
   presente no canto, interroga o compasso proposto
   pelo violão. As quiálteras, alternando-se entre dois
   blocos de acorde, estabelecem um jogo polirrítmico
   de 3 contra 2, na interação entre dois fluxos
   independentes].

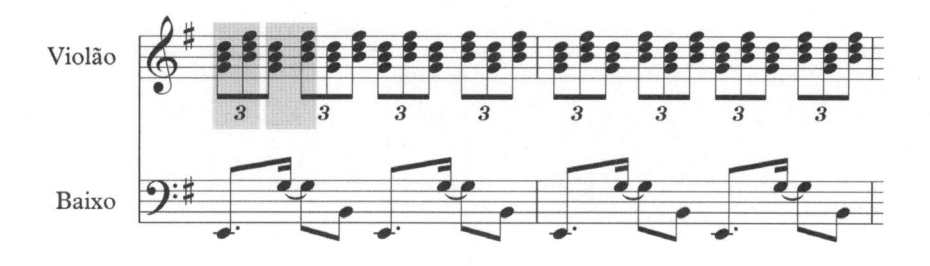

JOÃO BOSCO   Você vai adornando
e deixa a estrutura para o baixo, na levada dele com o batera
   [baterista].

Isso é compartilhar uma música.
Se eu fizer a mesma coisa que ele,
nós vamos fazer a mesma coisa juntos, e não precisa.
Então tocar junto, compartilhar música, tem muito isso de ir
   diminuindo a sua participação.
Você vai distribuindo aquilo que faz.

SARAIVA   *Ocupando outros espaços.*

JOÃO BOSCO   *Exatamente.*

A presença do contrabaixo na música nascida ao violão, ou através de violão e voz, é uma questão à parte, já que o instrumento tradicionalmente se encarrega da execução da linha de baixo. Como vemos nas transcrições acima, essa linha coincide com a função que o dedo polegar da mão direita exerce no gesto "original" do violão, que nasce solo no momento da composição. Se, em alguns casos, como no dessa música, o compositor-violonista adapta o violão para que o baixista desenvolva sua própria inflexão[48], é bastante comum, mesmo para ele, tocar com o baixista dobrando o desenho da linha executada pelo polegar do violão "cheio"[49], já que muitas vezes o gestual desse violão traz informações que se fundem com a voz como "partes inseparáveis da composição[50]", como ressaltou o próprio João Bosco.

SARAIVA   *Esse tipo de adaptação no arranjo é um processo*
que deve acontecer ao longo dos próprios ensaios
e shows, não?

JOÃO BOSCO   *Ele só funciona tocando mesmo junto,*
porque aí você vai distribuindo o som.
Você toca com a pessoa, que vai participando da sua música,
e aí você percebe:
"Então, se você faz isso, eu vou fazer aquilo".
É assim que muitas vezes a coisa funciona,
que se toca junto.

O processo descrito por João Bosco, no qual cada músico vai encontrando seu espaço organicamente ao longo dos ensaios, é comum no pacto de arranjo dos instrumentos de base, como o baixo, a bateria e o violão, quando atuam nesse contexto. Essa base estabelece a estrutura rítmico-harmônica para dar suporte à voz e aos instrumentos melódicos, como os de sopro, que mais habitualmente são escritos nota a nota em música popular.

É interessante notar de que forma, dentro da tradição de escrita de música popular, fundamentada em contextos rítmicos, as inflexões das frases contam mais com a vivência dos executantes nos gêneros interpretados do que com a notação detalhada de articulação[51]. Assim, o "tocar junto" é regido pela referência

---

48   Recurso que é corriqueiro e inerente à linguagem da guitarra jazzística, por exemplo.

49   Um exemplo é o violão de "Corsário" (João Bosco e Aldir Blanc), que em todas as gravações realizadas por João Bosco apresenta o arranjo "cheio" do violão. Isso ocorre tanto nas gravações e apresentações solo como nas que contam com o apoio da banda, conforme podemos verificar na gravação ao vivo, com participação de Nico Assumpção. O baixista executa, e desenvolve muito, a ideia nascida no polegar da mão direita de João Bosco sem, ao menos aí, que este mudasse o arranjo a fim de que cada um "fizesse uma coisa". Link para a música em: www.violao-cancao.com/referencias.

50   ↪ A mesma ideia, no depoimento de João Bosco, à p. 36.

51   ↪ A ideia de "escrita aproximada" à p. 57.

do desenho rítmico básico do gênero que se reflete naturalmente nas articulações de cada uma das notas atacadas nas subdivisões do tempo. Tais articulações vão se consagrando ao longo dos anos através das gravações do repertório.

Trata-se de um processo substancialmente diferente do que se dá na tradição escrita ligada ao repertório erudito, no qual a importância da pormenorização em partitura de aspectos como o da articulação cresce na medida em que a formação se adensa, conforme nos conta Sérgio Assad.

ASSAD *A maioria das partituras para violão que eu li através da*
vida tem pouquíssima informação.
E eu achava até que o intérprete tinha que saber e que não
precisava de tanta informação.
Mas, quando você vai tocar com outros músicos,
se não tiver, digamos, a articulação marcada,
indicando o que você quer, fica complicado,
porque não é você consigo mesmo resolvendo os problemas.
É você junto com outras pessoas.

Embora se trate de relatos específicos, é significativo o contraste entre o que se apresenta para João Bosco como um processo de distribuição do som, que "só funciona tocando junto", e o que surge para Sérgio Assad como uma situação musical difícil ou complicada, em ambiente de concerto, quando questões como a da articulação não estão devidamente assinaladas na partitura.

RESSURGIMENTOS: A ESCOLA DE MEIRA E O AR MAIOR

SARAIVA *Percebo que você homenageia o violão em muitas de*
suas letras.
Ele, que é uma figura essencial à canção, na sua obra se
torna tema

P.C. PINHEIRO *Bom, eu sou um violonista frustrado.*
E, sem conseguir tocar o violão, comecei a falar dele e a
homenageá-lo quanto pude.

Eu tenho uma música chamada "Violão", com a Suely Costa,
uma intitulada "Violão amigo", com a Joyce,
tenho a "Sete cordas", com o Raphael Rabello,

uma chamada "Pinho", com o Pedro Amorim,
e uma emblemática, que os violonistas adoram tocar,
que é "Violão vadio", com Baden.

O violão, para mim, é fascinante.
E eu convivi com diversos violonistas, de diferentes estilos.
João de Aquino, no início; Baden, em seguida, já que
    eles são primos.
E foi por aí:
Dori Caymmi, que tem um violão...

SARAIVA   *Muito diferente, não é?*

P.C. PINHEIRO   Um violão particular, que você ouve e diz: "Esse daí
    é o Dori que está tocando".
Edu Lobo, Hélio Delmiro, Raphael...
Muitos violões são meus parceiros e, por isso, eu tenho esse
    fascínio pelo instrumento.

Principalmente pela escola brasileira do violão, que
    é a escola do Meira,
um violonista do regional do Canhoto.
Dino, Meira e Canhoto:
todo mundo sabe esse trio o que era.
E o Meira foi professor do Baden, do Raphael, do João
    de Aquino,
da minha mulher, Luciana Rabello, do Maurício Carrilho
– só para você ter uma ideia da importância do Meira para
    o violão do Brasil.

Eu acho que a escola do Brasil de violão foi a que ele deixou.

Assim, a forma como Meira dava aulas é referência
natural para o ensino de música e violão no Brasil.
Elas aconteciam ao longo de uma manhã inteira,
dividindo-se em primeira parte, de uma hora, quando
se trabalhava "técnica, leitura e repertório de solos"
a partir de métodos ligados ao repertório de concerto;
e segunda parte, de três horas ou mais, que trabalhava
a prática do acompanhamento dentro de uma roda
de choro[52]. Essa presença do violão erudito, em uma
abordagem menos comprometida com os rigorosos
parâmetros do universo de concerto, servindo de base

---

52 Ver Iuri Lana Bittar, "A roda é uma aula: uma análise dos processos de ensino-aprendizagem do violão através da atividade didática do professor Jayme Florence (Meira)", em: I Simpósio Brasileiro de Pós-Graduandos em Música, XV Colóquio de Pós-Graduação em Música da Unirio, 2010, Rio de Janeiro, *Pesquisa em música*, Rio de Janeiro: Unirio, n. 1.

técnica para o ensino do violão popular no Brasil, é uma constante, tanto nessa quanto em outras "escolas", como a da bossa nova, por exemplo.

Maurício Carrilho, aluno de Meira, que assumiu a responsabilidade de propagar a informação herdada, desenvolve diversas iniciativas didáticas que reverberam os ensinamentos da escola fundadora dos princípios do violão brasileiro:

> MAURÍCIO CARRILHO *As aulas eram divididas em duas partes.*
> *Na primeira a gente usava um método escrito em espanhol: La escuela de la guitarra [...]. Nele a gente treinava leitura melódica, rítmica e algumas peças. De vez em quando o Meira apresentava alguma coisa de Bach, Tárrega, Sor. Quando chegavam nove horas, os livros eram fechados, as estantes guardadas e começava o treinamento mais importante que um músico pode ter na vida: ouvir e tocar. Ouvir e tocar várias músicas que você nunca tocou nem ouviu. Ouvir e tocar sem pensar. Tocar por reflexo.*
> *Os dedos tocando sem você saber por quê*[53].
> *Atingir um estado de concentração de tal profundidade que o faz ouvir, já harmonizada, a melodia desconhecida*[54].

O processo de percepção harmônica, que se desenvolve a partir dos estímulos cultivados nesse contexto didático-musical, representa um parâmetro fundamental para diversos aspectos abordados aqui. Esse processo determina a harmonia em função de uma melodia, mesmo desconhecida, a partir dos movimentos harmônicos utilizados com frequência, que vão se sedimentando no repertório com o passar dos anos. Nesse contexto, a "escola de Meira" representa tanto uma maneira de tocar violão como um modelo de harmonização, que é a principal referência para a música e a canção brasileiras[55]. Esse modelo tem por traço um desenvolvimento centralizado no Rio de Janeiro que a Era do Rádio disseminou nacionalmente, o que reproduz, em certa medida, um "olhar único, etnocêntrico"[56].

Na conversa com Paulo César Pinheiro, o assunto se direcionou para outro dos alunos de Meira: Raphael Rabello.

---

53 Paulo César Pinheiro à p. 147, ao falar do ato composicional: "Não discuto, me deixo levar".

54 Transcrição de trecho de uma das entrevistas presentes no DVD que acompanha o livro de Myriam Taubkin (org.), *Violões do Brasil*, São Paulo: Senac; Edições Sesc, 2007.

55 Referencial direto para a harmonização das canções compostas dentro da primeira categoria da esquematização apresentada no capítulo "Canção: graus de ação do instrumento no processo criativo" (p. 67). Ver também a pergunta feita a Guinga à p. 92: "Então a coisa tem que acontecer de uma forma tal que encaixe depois quando a melodia chega para o violonista, para o cara do cavaco acompanhar dentro daquele modo de ser do regional. [...] Como é que você sente isso?"

56 Ivan Vilela, *Cantando a própria história*, São Paulo: Edusp, 2013, p. 52.

SARAIVA Seu parceiro Raphael Rabello,
com quem você tem uma obra de canções que foram gravadas por Amélia Rabello,
foi uma figura importante para esse modo principal de tocar violão no Brasil.

P.C. PINHEIRO Conheci o Raphael muito novo, ele tinha uns 16 anos.
Todos viam nele um virtuose, mas eu sabia que tinha ali um compositor em potencial.

Eu dizia:
"Mas por que você não faz música?
Você pega uma canção pra tocar e faz duas em cima.
Seus contrapontos são melodias belíssimas". E ele:

RAPHAEL RABELLO Meu negócio não é compor, é tocar.

P.C. PINHEIRO Mas com o tempo ele foi me ouvindo,
até que começou a fazer e a me mostrar, e assim fizemos várias.
Sua irmã, Amélia Rabello, gravou um disco chamado Todas as canções.
Três das letras são de Aldir Blanc e todas as demais são minhas.

Ele foi embora no momento em que atingia seu maior entendimento da composição.

SARAIVA Assumindo essa frente.

P.C. PINHEIRO É, ele tinha uma facilidade incrível de compor.
As melodias sempre brotaram dele,
mas infelizmente ele nos deixou muito cedo.

E, como violonista, Raphael tem diversos seguidores.

SARAIVA Ele tem também o mérito de ter enfrentado um momento difícil,
de ressurgimento da linguagem do choro.

É notável como o curto período de vida e a intensa atividade musical de Raphael Rabello coincidem com significativa revitalização e fortalecimento da linguagem do choro. Fato que podemos comprovar comparando o cenário musical brasileiro que se configura no século XXI com o descrito nas considerações de Paulinho da Viola, em entrevista gravada em 6 de março de 1974 para o programa *MPB Especial* – com direção de Fernando Faro –, da TV Cultura de São Paulo.[57]

PAULINHO DA VIOLA   *Essa formação de bandolim e dois violões é uma formação clássica do choro e está praticamente desaparecendo. Para tocar choro é preciso que o sujeito seja bem treinado, tenha uma técnica já desenvolvida e conheça bem o braço do seu instrumento.*

Legítimo representante de uma linhagem de chorões, o músico conhecido no meio como Ministro do Samba[58] revela a intrínseca conexão entre o choro e o samba. Nessa entrevista, ele fala de como sentiu o impacto e a repercussão que a bossa nova surtiu no cenário musical brasileiro:

PAULINHO DA VIOLA   *Eu gosto muito de bossa nova. Na fase em que aconteceu, não acompanhei todo o movimento, que, apesar de já ter passado, marcou e definiu muita coisa na nossa música popular. Hoje em dia, praticamente todos os músicos que acompanham foram muito influenciados pela bossa nova, e ainda o são.*

Eu acho que, como todo movimento, [este] traz uma série de equívocos também. O grande equívoco da bossa nova foi dar uma excessiva importância ao elemento harmônico da música, como se aquilo fosse uma coisa absoluta. Chegou a um nível em que a harmonia era a coisa mais importante da música.

De fato, o compositor referencial da bossa nova, Tom Jobim, posiciona-se sobre esse assunto de uma forma que ilustra bem a fértil fricção existente entre as duas vertentes: "Minha música é essencialmente harmônica"[59]. Essa essência harmônica da música jobiniana, forjada ao piano e farta em referências da música de concerto europeia, transforma sensivelmente o tratamento harmônico que vinha sendo utilizado

---

57 Link para trecho do programa em: www.violao-cancao.com/referencias.

58 "Ministro do Samba" é o nome do samba do baiano Batatinha, que termina assim: "O samba bem merecia/ Ter ministério algum dia/ Então seria ministro Paulo César Batista Faria".

59 Ver *Cancioneiro Jobim*, Rio de Janeiro: Jobim Music, 2001, v. 5, p. 28.

antes da bossa nova[60]. Antes, de um modo geral, o tratamento se baseava na sonoridade do regional e se valia dos recursos característicos do samba e choro tradicionais, como, por exemplo, o da "baixaria" (frases na região grave) do violão de sete cordas.

A priorização da harmonia como elemento composicional, que é evidente em Jobim[61], encontra sua expressão violonística no principal intérprete da bossa nova, João Gilberto ratifica:

PAULINHO DA VIOLA   *A forma como se tocava violão antes de João Gilberto também é muito bonita.*
João é um gênio, um excelente músico mesmo, mas aquilo criou uma "escola" e depois não se tocou mais com baixaria, que eu acho uma coisa muito bonita.

Eu acho que esse tipo de equívoco implica um certo fechamento.
É a única coisa em que eu não concordo muito com a bossa nova.

Quarenta anos após a gravação dessa entrevista, o quadro descrito acima por Paulinho da Viola se inverteu. O choro, articulado com o samba, atravessa um período de clara revitalização, sendo amplamente praticado pelas novas gerações de músicos em todas as regiões do país e se fazendo cada vez mais presente também no resto do mundo. Esse processo deve muito à atuação de Raphael Rabello, personagem que nos leva de volta à entrevista com Paulo César Pinheiro.

P.C. PINHEIRO   *Raphael fez do violão de sete cordas um instrumento de concerto,*
pois até então era apenas de estúdio,
para gravar samba e choro como acompanhante, belissimamente, dentro do que é a escola do Dino.

Com o Raphael, ele tomou um "ar maior", de importância de concerto.

SARAIVA   *Violão solista.*

P.C. PINHEIRO   *Ele fez diversos concertos pelo mundo afora tocando sete cordas.*
Então, valorizou de tal forma o instrumento que o tirou de onde ele estava.

---

60   Com o prenúncio e a influência da obra de músicos como Garoto, Ari Barroso e Custódio Mesquita, entre outros.

61   Turibio Santos à p. 82: "[Baden] não é um compositor de harmonias feito Tom Jobim. Para Baden o que interessa é a melodia, a harmonia depende do que ele está pretendendo".

SARAIVA   *Dessa função primeira.*

P.C. PINHEIRO   *Para essa função maior
do solo, do violão de concerto.
Graças ao Raphael.*

Essa compreensão de um "violão de concerto" associada à ideia de um "ar maior", que não deixa de revelar alguma contrapartida de rebaixamento, surge até mesmo na escuta desse que é um dos artistas mais comprometidos com a música profunda e essencialmente popular praticada no Brasil. O desejo do músico popular de se fazer presente em ambientes tradicionalmente ligados à música erudita tanto clama pela legitimação de práticas populares, como costumam ser exercidas, quanto aponta para a atuação artística que se desenvolve no limiar dessas esferas, conforme observa José Miguel Wisnik:

> *Esse movimento cruzado de encontros entre o popular e o erudito sinaliza a permeabilidade constitutiva da música praticada no Brasil, ao mesmo tempo que denuncia o fato de que a tradição não escrita pode, muitas vezes, desdobrar-se nas franjas da tradição escrita, ou ter a escrita como instrumento de desenvolvimento[62].*

Márcia Taborda, apoiando-se nos escritos do historiador Peter Burke, também estimula a iniciativa de estudos dedicados à música brasileira que, "reconhecendo a dicotomia" cultural, concentrem-se na "interação" entre as esferas culta e popular.

> *É preciosa a contribuição do historiador Peter Burke, no estudo dedicado à cultura popular. Reconhecendo por um lado dicotomia cultural, por outro troca e reciprocidade, o historiador observa que a atenção dos estudiosos deveria concentrar-se na interação e não na divisão entre culturas. [...] É sobretudo enriquecedora, por abolir a construção em que processos de interação eram encarados pela ótica da deformação, da distorção, do rebaixamento (ou a contrapartida da ascensão), conceitos que permearam a grande maioria dos estudos dedicados à música brasileira[63,64].*

Apresentaremos, na sequência, um pequeno recorte histórico que revela de que forma foi enfrentada a

---

62 José Miguel Wisnik, "Encontros entre o popular e o erudito". Link para o artigo em: www.violao-cancao.com/referencias.

63 Márcia Ermelindo Taborda, *Violão e identidade nacional*, São Paulo: Civilização Brasileira, 2011, p. 13 (grifos meus).

64 Uma dinâmica semelhante ao processo de distorção e rebaixamento se apresenta – de maneira inversa – quando a intelectualidade brasileira elege o que lhes parecia ser mais "puro" na cultura negra: "Os antropólogos [...] classificaram os terreiros de suposta origem iorubá como sendo, de algum modo, mais 'puros' que os de origem banta [...]. Os que tinham absorvido práticas não-iorubás foram classificados como 'impuros ou deturpados'" ("Feijoada e 'soul food': 25 anos depois", em: Neide Esterci, Peter Fry e Mirian Goldenberg [org.], *Fazendo antropologia no Brasil*, Rio de Janeiro: DP&A, 2001, p. 39).

associação atávica do violão com a música popular, a qual acarretou uma significativa demora para que o instrumento ocupasse o seu devido lugar no ambiente de concerto. Essa história que parte do próprio desenvolvimento físico – muito recente – do instrumento.

Assim como hoje presenciamos o ressurgimento do choro no âmbito da música popular, o violão erudito atravessou um processo de revitalização, iniciado por Francisco Tárrega e consumado por Andrés Segovia, que estabeleceu parâmetros para a era "moderna" do violão. Chamamos atenção para o fato de Segovia surgir como o primeiro violonista não compositor de uma longa linhagem de violonistas-compositores, em que o olhar autoral estimulava o interesse pelo manancial musical presente nas práticas populares que historicamente abastecem o repertório de concerto por meio da atuação e do "filtro" do autor. Segovia inaugura a condição moderna de violonista-intérprete especialista, aprofundando-se nas múltiplas questões específicas do tocar, de tal maneira que alcança um reconhecimento único na história do instrumento[65].

O violonista e professor Edelton Gloeden nos ajuda a compreender o importante passo dado por Segovia em relação a seu antecessor imediato, o violonista-compositor catalão Miguel Llobet: "Não só Llobet, mas todo o círculo violonístico de Barcelona, que era na sua maioria partidário de Tárrega, não admitia a possibilidade de realizar um recital de violão em espaços (maiores) como o Palau de la Música". Isso porque, segundo o próprio Llobet, "as salas de concertos são muito grandes, e um violão não tem o poder de levar o som do palco para a sala inteira. O público tem que se esforçar para nos ouvir, os ouvintes ficam impacientes[66]. E também não temos obras de apelo universal suficientes para satisfazer o público de concerto e os críticos"[67]. Tais motivos impulsionaram Segovia a encontrar meios de dirimir as limitações do instrumento:

ANDRÉS SEGOVIA *Não foi fácil para mim aceitar aquela avaliação depreciativa do potencial do violão; mas, na verdade, essas palavras reforçaram minha determinação em buscar a cooperação dos compositores sérios e em ajudar a enriquecer o repertório do nosso lindo instrumento*

---

[65] Segovia atua, também de maneira intensa, tanto como arranjador de composições escritas para outros instrumentos como na articulação junto a diferentes autores aos quais encomendava peças inéditas originais para violão. A esse respeito, ver ainda as duas últimas categorias descritas por Assad à p. 117: "2. músicas arranjadas pelos violonistas; 3. músicas escritas pelos compositores, que cada vez mais vêm destrinchando o instrumento".

[66] Marco Pereira à p. 117: "O mundo é tão barulhento que esse baixo potencial sonoro do violão às vezes causa até desconforto".

[67] Edelton Gloeden, *O ressurgimento do violão no século xx*, 175 f., dissertação (mestrado em música), Universidade de São Paulo, São Paulo, 1996, p. 80 (tradução minha).

> tão negligenciado. Além disso, elas me convenceram
> finalmente de que os luthiers mais notáveis da Espanha
> tinham que ser encorajados
> a procurar meios de aumentar o volume do violão sem dispositivos elétricos ou artificiais[68].

Esse volume maior, decisivo para a carreira de Segovia, foi atingido pelo instrumento fabricado pelo *luthier* Manuel Ramirez, que, "impressionado com seu talento, presenteia-o com um de seus melhores instrumentos". Tratava-se de um violão que aprofundava as inovações apresentadas pelo *luthier* Antonio Torres, construtor de instrumentos que "se tornaram exemplos para quase todos os construtores do século xx"[69]. Dudeque ressalta um ponto de transformação fundamental nesse processo:

> A grande inovação destes instrumentos [fabricados por Antonio Torres] está no tampo harmônico. O uso do leque, um conjunto de tiras de madeira coladas na parte interior do tampo e que asseguram uma melhor distribuição dos harmônicos e um equilíbrio sonoro maior, tornou-se a grande inovação no desenvolvimento do instrumento[70].

A nova configuração física do instrumento potencializou a excepcional condição técnico-mecânica e musical de Segovia, contribuindo assim para a noite do concerto no Palau de la Música Catalana, que "aumentou ainda mais seu prestígio" e "o fez vislumbrar novas possibilidades para sua carreira, além de perceber que era possível apresentar-se em espaços maiores"[71].

O projeto musical do mestre espanhol partiu de uma conjuntura adversa, que demandava atuação direta, inclusive no desenvolvimento físico do instrumento. Além disso, a imagem do violão na virada do século xix para o xx, em sua profunda conexão com as práticas musicais "menores" da canção e da música popular, o distanciava do ambiente de concerto e do ensino exercido nas universidades.

Em um curto período de tempo, o quadro havia sido revertido e uma nova era do violão de concerto se iniciava a partir dos resultados alcançados: "O sucesso estrondoso de Segovia no pós-guerra e seus inúmeros LPs na década de 1950 fizeram surgir uma legião de admiradores e aficionados"[72]. Dessa forma, o virtuose se tornou um dos primeiros ícones mundiais propagados

---

68 Andrés Segovia *apud* Edelton Gloeden, *O ressurgimento do violão no século xx, op. cit.*, p. 80 (tradução minha).

69 *Ibidem*.

70 Norton Dudeque, *História do violão*, Curitiba: Editora UFPR, 1994, p. 78.

71 Edelton Gloeden, O ressurgimento do violão no século xx, *op. cit.*, p. 90. É oportuno salientar que Segovia chegou a se apresentar em espaços como o Royal Festival Hall, de Londres, que comporta pelo menos 2.500 espectadores.

72 Marcelo Kayath, "Violão: pequena orquestra ou grand piano?". Link para o artigo em: www.violao-cancao.com/referencias.

pelas incipientes mídias que nasciam e se desenvolviam em sua época. Isso o colocou, a "despeito de suas intenções", em situação análoga à de um intérprete da canção popular:

O fato de o ressurgimento do violão ter ocorrido já na Era do Disco permitiu um importante papel formador, a saber, o de um "cânone a partir do som". E - a despeito das intenções originais de Segovia e outros - esse cânone sonoro se aproximou, pelo menos durante um certo tempo, de características fundamentais de linguagens - também contemporâneas do disco e do rádio - tais como o jazz e a música popular: senão, o que é mais relevante, a autoria da canção Strange Fruit por Lewis Allen ou a performance dessa canção por Billie Holiday em 1939?[73]

Assim, as interpretações de Segovia "parecem ser o fundamento - e não uma consequência - das obras para violão de compositores como Ponce, Tansam ou Torroba"[74], o que é uma inversão do cânone fundamentado na figura do compositor, no qual se baseia a história da música ocidental. O êxito de Segovia era resultante de uma estratégia, cumprida com disciplina e trabalho diário, regida pelos princípios elencados a seguir:

ANDRÉS SEGOVIA

Desde a minha juventude, eu sonhava em tirar o violão do baixo nível artístico em que se encontrava.
No começo, minhas ideias eram vagas e imprecisas, mas quando cresci e ele se tornou o meu interesse mais intenso e veemente, minha decisão tornou-se mais firme e as intenções ganharam clareza.
Desde então, tenho dedicado minha vida a quatro tarefas essenciais:

1 Separar o violão do desleixado entretenimento popular.
2 Fornecer-lhe um repertório de qualidade com trabalhos de valor musical intrínseco, procedente da pena de compositores acostumados a escrever para orquestra, piano, violino etc.[75]
3 Propagar a beleza do violão entre o público de música seleta do mundo inteiro.
4 Influenciar as autoridades dos conservatórios, academias e universidades para incluírem o violão em seus currículos, junto com o violino, o violoncelo, o piano etc.[76]

Passado um século do ressurgimento do violão, a transformação do cenário é nítida. O ambiente acadêmico é hoje um importante meio de propagação do

---

73 Sidney Molina, *O violão na Era do Disco*, 351 f., tese (doutorado em comunicação e semiótica), Pontifícia Universidade Católica de São Paulo, São Paulo: 2006, p. 50.

74 Ibidem.

75 ↳ A terceira categoria apresentada por Sérgio Assad à p. 117: "3. músicas escritas pelos compositores, que cada vez mais vêm destrinchando o instrumento".

76 Andrés Segovia *apud* Edelton Gloeden, *O ressurgimento do violão no século XX*, op. cit., pp. 88-9 (tradução minha).

violão de concerto[77], no qual as gerações sucessoras de Segovia – a partir daquela representada por John Williams e Julian Bream – desdobram seu legado.

A tese *O violão na Era do Disco: interpretação e desleitura na arte de Julian Bream*, desenvolvida pelo violonista e pesquisador Sidney Molina, apresenta um recorte desse rico universo por meio das gravações fonográficas. Segundo Molina[78]: "Bream representou para o violão clássico uma possibilidade de conciliação entre a encarnação autocontraditória das escolhas segovianas e o espaço de clareza e solidão próprio das obras, no eterno duelo entre *sabedoria* e *conhecimento*"[79].

Esse duelo se ressignifica em cada contexto de atuação artística, tanto no plano interpretativo como no autoral, tanto no violão popular – seja ele ligado à bossa nova, seja ligado ao choro ou às demais correntes[80] – como no violão de concerto, em suas múltiplas expressões. Tais práticas mobilizam informações musicais que, em alguma instância, entrelaçam-se no desenrolar da espiral histórica da música praticada no Brasil, a qual muito raramente está distante da canção.

SOM POLIDO

A fronteira entre o universo musical erudito e o da música popular é determinada por uma linha que se constitui de vários pontos. Alguns deles se revelam nitidamente a uma escuta que priorize o aspecto prático musical. O ritmo, por exemplo, representa toda uma frente de trabalho no limiar dessa fronteira, já que nesse ponto é nítida a diferença entre a formação musical que se dá por meio dos postulados da tradição escrita (ou erudita) e a formação através das condutas habituais à música popular[81].

Outro ponto em que se detecta com nitidez a diferença entre práticas eruditas e populares se revela na medida em que aprofundamos a escuta na percepção tímbrica da sonoridade do violão. Assim como no caso da expressão rítmica, essa percepção sempre está condicionada à história e à vivência musical de cada executante e, em última instância, de cada ouvinte.

Sérgio Assad nos apresenta sua visão a respeito das diferenças – e possíveis pontos de equilíbrio – entre

---

77   Marco Pereira à p. 165: "Normalmente dentro da universidade se ensina violão clássico".

78   Sidney Molina, *O violão na Era do Disco*, op. cit., p. 247 (grifos meus).

79   Observação minha a partir do depoimento de Paulo César Pinheiro, à p. 169: "Aqui a sabedoria de Baden é apresentada ao se exemplificarem os recursos que se traduzem a partir da prática composicional própria do cancionista – atrelada ao referencial do sambista –, enquanto o conhecimento diz respeito aos recursos de quem estuda música de maneira formal – associada ao manuseio harmônico oferecido pelo instrumento".

80   Observação minha ao citar Mário de Andrade, à p. 204: "É o caso, por exemplo, da modinha, que transformou, já no século XIX, arte que se *aprende* em arte que se *apreende*".

81   As matrizes rítmicas da música brasileira se alimentam da estabilidade do tempo trabalhada na prática da música popular, em contraste com a abordagem sedimentada no âmbito da música erudita exercida por meio da "expressão", regida justamente por dispositivos de variação do tempo.

a forma como o violonista popular e o violonista erudito efetivam o trabalho de sonoridade.

SARAIVA[82] A gente vem percebendo uma presença cada vez maior de música até então tida como popular no repertório de violonistas de concerto,
que trazem outra beleza para essa música.
É diferente, por exemplo, de Baden, que tinha aquela coisa...
[Toco partindo de uma pegada ao estilo de Baden, em meio a uma instrumentação rítmica mais pesada, e concluindo em uma dimensão rítmica que se utiliza de recursos mais sutis, como notas mudas, pelo efeito do abafamento do dedo indicador da mão direita.]

Há dimensões variadas em que a rítmica pode se dar. Como você vê o diálogo entre as duas escolas mencionadas dentro do violão brasileiro?

ASSAD *Bom, a contribuição básica do Baden foi exatamente o punch, uma pegada impressionante.*
Quer dizer, o jeito como ele botou a mão no violão ali.

Para ser sincero, a primeira vez que eu ouvi, não gostei.

SARAIVA *Não era o que tocava você.*

ASSAD *Não, não era.*
Eu só fui entender a importância daquilo mais tarde.

E a importância de alguém é determinada pelas pessoas que ele consegue influenciar.
O Baden foi influente a ponto de criar uma geração de músicos violonistas que não teriam existido se não fosse a presença dele:
Raphael Rabello, Yamandu Costa são exemplos que vieram daquela linha,
com a pegada firme, o suingue impressionante
e sem muita preocupação em fazer o mais limpo possível.

Isso é discutível.
Quando você começa a limpar muito,

---

[82] 🔊 Faixa 14, disponível em www.violao-cancao.com/faixas-do-livro.

*e a sua preocupação é unicamente a limpeza do som, você
    começa a pasteurizar.*
Se você pasteuriza tudo, fica leite desnatado.
*Mas, por outro lado, se não trabalhar o seu som também,
o leite fica com gordura em excesso.*

Então acho que [a questão] é conseguir algo intermediário.
*Aparentemente, os artistas que chegam a esse ponto em
    qualquer instrumento*
têm um pouco dos dois lados.
Têm a gordura,
*mas têm a preocupação também de tocar da melhor
    maneira possível,*
da forma mais limpa possível
*[dá uma pequena "aula de som", demonstrando
    brevemente ao violão a relação entre o gestual de
    execução e a sonoridade resultante]*[83].

Nessa balança, a escola erudita é a que cultiva a expressividade inerente ao timbre limpo, cristalino, que se obtém através do trabalho de um som polido. Trata-se de uma dimensão penetrável tradicionalmente pela via da música escrita, da orientação de um mestre que, ao longo dos anos de formação, transmita a técnica que opera conscientemente e de maneira metodificada na constituição do som do aluno. A qualidade desse som se coloca como fator determinante na busca da personalidade do violonista de concerto[84].

ASSAD   *Compare com a voz.*
*Os cantores ou cantoras que mais sobressaem são os que
    têm voz diferente,*
*porque chega um momento em que essas vozes começam
    a se confundir, parecidas. Quando você educa muito
    a sua voz...*

SARAIVA   *Padroniza?*

ASSAD   *Isso. E a gente precisa distinguir.*
*Agora, existem as duas coisas. Você pega cantoras líricas, por
    exemplo, que impostam a voz.*
*Teoricamente, são todas parecidas, mas vai ter uma que é
    diferente, que tem um timbre diferente.*
Isso é que é difícil de conseguir.

---

83   O próprio Assad no momento imediatamente posterior deste mesmo depoimento, apresentado em "O vigor e a sutileza", à p. 123: "Na realidade, o bom intérprete de violão é aquele que sabe fazer uma mixagem no que está tocando".

84   Citação de Sidney Molina à p. 138, que fala do violão como um "cânone a partir do som".

O trabalho do som, que foi metodificado ao longo dos séculos de sedimentação do violão erudito, é um aspecto pouco desenvolvido no âmbito do violão popular. Em geral, o violonista popular não lhe dá prioridade, efetivando-o intuitivamente e a partir de seu próprio senso de sonoridade para atender às múltiplas situações profissionais com as quais se depara[85]. Esse processo se baseia mais na imitação de referências musicais do que no trabalho consciente e metodificado, o que gera, por um lado, uma rica pluralidade de soluções técnicas[86] e, por outro, uma lacuna em termos de orientação pedagógica.

Embora muitas vezes os recursos metodificados pela escola erudita não proporcionem soluções eficazes às *performances* enfrentadas pelo violonista popular, a presença de métodos de violão de concerto como referência, ao menos complementar, para o trabalho técnico-mecânico do violão popular é uma realidade[87] e uma iniciativa consistente de ensino musical[88].

Nesse sentido, o Brasil surge como o ambiente natural para o desenvolvimento de trabalhos que articulam com sabedoria esses dois conhecimentos, uma vez que, no cenário mundial, é um dos países que apresentam maior fertilidade de soluções musicais híbridas entre os universos erudito e popular, seja no âmbito da canção, seja no da música instrumental.

ASSAD *Aqui no Brasil eu tenho a impressão de que as pessoas são parecidas comigo.*

Vemos uma figura como Paulo Bellinati ou Marco Pereira, que têm essa experiência profunda com o violão clássico, que estudaram realmente o som polido, o som bonito.

São pessoas com um pé nos dois mundos, [que] trafegam pela música popular tranquilamente e, nos parâmetros em que estabelecemos nossa conversa, são compositores de canção também.

Acho que é difícil você dissociar essas coisas aqui no Brasil.

85 Marco Pereira à p. 119: "Quando você vai para a praça, a comunicação musical tem que ser feita em outro nível e não pode se ater a esse aspecto da pureza do som".

86 "A mesma técnica pode migrar e ser utilizada em diversos estilos musicais." Ver Daniel Murray Santana Vasconcellos, *Técnicas estendidas para violão*, 197 f., dissertação (mestrado em música), Universidade Estadual de Campinas, Campinas, 2012, p. 165.

87 Observação minha à p. 180: "A relação entre contração e descontração se apresenta também como questão técnico-mecânica central para o violão de concerto".

88 Maurício Carrilho à p. 131: "As aulas eram divididas em duas partes".

SANGUE MESTIÇO: CINCO SOLOS

*E assim vai se encerrar o conto de um cantor
com voz de pelourinho e ares de senhor,
cantor atormentado
herdeiro sarará
do nome do renome
de um feroz senhor de engenho
e das mandingas de um escravo
que no engenho enfeitiçou sinhá.*[1]

Chico Buarque[2]

Como acontece em letra de canção, os depoimentos por vezes atingem uma expressão musical no jogo de eco, continuidade e ruptura que se estabelece entre seus elementos. Encontramos Paulo César Pinheiro, letrista há mais de cinquenta anos, em estado criativo no momento em que descreve seus ancestrais – e assim o músico, habituado a trabalhar em parceria com letristas, enxerga o trecho do depoimento a seguir como letra de uma canção, das que já nascem com título:

Sangue mestiço
Eu sou índio.
Eu sou direto.
Minha vó, mãe de minha mãe, era uma índia guarani,
aqui do litoral de Angra dos Reis.
Ali em Bracuí,
onde tem as usinas nucleares,
tem uma tribo no mato,
é a tribo dela.

Eu cresci na casa dela.
Ela era pequenininha,
cabelo que vinha quase até a perna,
enrolado,
fumava um cachimbo de barro,
com um bambu,
que ela própria fazia.

Conhecia tudo de mato:
raiz, folha, fruto, flor,
tudo.

---

[1] O caso narrado nesta letra, de um africano escravizado que concebe um filho com uma sinhá branca, é estatisticamente insignificante em nossa história; serve aqui ao propósito de estimular a reflexão acerca dos "ideais de mistura e de não racialismo", "tão concretos quanto os desejos pela pureza e pelo racismo". Por um lado, "a conversão de símbolos étnicos em símbolos nacionais não apenas oculta uma situação de dominação racial mas torna muito mais difícil a tarefa de denunciá-la"; por outro, "os ideais de não racialismo e da libertação do indivíduo de qualquer determinação 'racial', que no Brasil se tornaram a ideologia oficial por muitos anos e que formam a visão de mundo de muitos brasileiros até hoje, são valores cada vez mais raros no mundo contemporâneo"; "vale a pena levar esses ideais a sério", diz Peter Fry ("Feijoada e 'soul food': 25 anos depois", em: Neide Esterci, Peter Fry e Mirian Goldenberg [org.], *Fazendo antropologia no Brasil*, Rio de Janeiro: DP&A, 2001, pp. 43, 52 e 53).

[2] Trecho final da letra de "Sinhá", escrita por Chico Buarque para a melodia composta por João Bosco. Link para a música em: www.violao-cancao.com/referencias.

Era meio feiticeira,
andava resmungando pelos cantos.

Eu cresci na casa dela,
então eu tenho essa
raiz indígena muito forte.

E tenho negros
por parte de meu pai, que era caboclo,
paraibano, cafuzo,
mistura de negro com índio,
por isso que eu tenho isso forte em mim.

SARAIVA   *É de sangue mesmo.*

P.C. PINHEIRO   *Meu sangue mestiço é poderoso!*
É significativo.

Essas palavras, que seriam um relato biográfico, apresentam temas e expressões presentes em diversas letras de músicas já escritas pelo poeta[3]. Revela-se um entrelaçamento entre a vida e a obra de Paulo César Pinheiro que legitima[4] sua posição diante dos signos mobilizados em sua produção autoral. Essa legitimidade proporciona uma relação empírica com o processo criativo que se desenvolve com base no "não saber" ou em um "saber se deixar levar" pela oferta de cada momento. Assim, o poeta descreve uma conduta segundo a qual mais se aceita e confia do que se constrói conscientemente uma solução poético-musical.

As considerações a seguir, se não contribuem no sentido de desvelar o processo criativo, abordam uma dimensão fundamental que, por intangível que seja, representa um objetivo a ser atingido, em alguma medida, por todo artista a cada gesto criativo. Tal dimensão ganha contornos através da expressão legítima de um poeta que apurou sua sensibilidade, desenvolvendo-a como instrumento de trabalho cotidiano ao longo de toda a carreira, e que tem no próprio processo criativo um de seus mais caros temas[5].

P.C. PINHEIRO   *A música me vem dessa forma.*
Às vezes, eu não sei sobre o que estou falando,

---

3   Embora a ideia de "sangue mestiço" tenha surgido espontaneamente durante a entrevista, é curioso observar que Paulo César Pinheiro já havia composto com Breno Ruiz uma música com esse mesmo título, interpretada por Tino de Lucca.

4   Paulo César Pinheiro – pelo teor e pela relevância de sua produção artística – é entrevistado-chave para nosso debate sobre o entrelaçamento da musicalidade de herança branca, índia e negra no Brasil. É notável, no entanto, que a voz de artistas profundamente ligados à cultura negra, mas de pele relativamente clara, como ele, venham tendo sua legitimidade interrogada pelo movimento negro, no âmbito de importantes conquistas nos debates sobre a representatividade racial. Vale mencionar que Milton Nascimento e Gilberto Gil – grandes artistas que são – foram cogitados para entrevistas neste livro, o que acabou não acontecendo devido a problemas de agenda.

5   Trecho de letra de "O poder da criação" à p. 221.

só descubro depois.
É uma coisa inexplicável,
uso termos que eu não sei o que significam.
Faço assim mesmo, depois vou procurar em livros e nunca deixei de achar[6].
Quando vou ver, a palavra que usei tem exatamente aquele significado,
sem que eu nunca a tenha ouvido.

Eu não sei de onde vem isso.
Não faço a menor ideia e também não quero saber, desde que venha.
Por que vou querer saber de onde vem?
Não discuto, me deixo levar[7].

A seguir, temos "cinco solos" nos quais certos episódios ocorridos ao longo dos diálogos com cinco dos entrevistados são aprofundados, com menor grau de interferência de nossa *montagem* do que nos textos anteriores. Neste capítulo, os diálogos são articulados em períodos maiores, a fim de apresentarmos uma dimensão mais íntegra de cada um dos discursos. Os "solos" não deixam de se complementar com intervenções excepcionais de outros entrevistados – justificadas pela pertinência – ou mesmo de absorver em seus próprios discursos as questões que levanto na condição de músico-entrevistador.

"GAGABIRÔ" – COM JOÃO BOSCO

JOÃO BOSCO[8] *É aquela noção de tribo.*
Eu fui tocar em Cuba em 1980
e lá ouvi uma canção afro cubana de um tempo muito distante[9].

Essa canção não vinha da música dançante cubana,
como a salsa e o merengue[10].
Ela era inspirada naquilo que chamam de santería,
que equivale à nossa religiosidade africana[11],
e era um canto a um determinado santo desse mundo,
do ioruba[12], *que era o Wemba.*

6   Paulo César Pinheiro à p. 169: "Isso é a sabedoria de um criador: saber até que ponto o conhecimento não atrapalha".

7   Maurício Carrilho à p. 131: "Os dedos tocando sem você saber por quê".

8   Faixa 15, disponível em www.violao-cancao.com/faixas-do-livro.

9   Esse "tempo distante" remete a uma ancestralidade que, no Brasil, é costumeiramente designada como "música das culturas tradicionais" ou "folclórica" – e que aparece em outros países americanos: "Uma música com feições africanas era tocada na Jamaica e, sem dúvida, em outros lugares, já modificada para atender à nova demanda da comunidade de escravos multiétnica" (John Thornton, *A África e os africanos na formação do mundo Atlântico: 1400-1800*, Rio de Janeiro: Elsevier, 2004, p. 302).

10   Sérgio Assad à p. 156: "Os intérpretes eruditos em geral não têm relação nenhuma com a música cubana. Talvez nunca tenham ouvido, apesar da propagação mundial que a salsa teve".

11   "Numa definição curta [...], as religiões afro-brasileiras são basicamente religiões do transe, do sacrifício animal, e do contato direto com os deuses como meio de comungar valores e estabelecer sociabilidades em comunidades relativamente pequenas" (Vagner Gonçalves da Silva, "Religião e identidade cultural negra", *Cadernos de Campo*, São Paulo: 2011, v. 20, n. 20, p. 295).

12   Pronunciada como paroxítona, em contraste com a habitual pronúncia como oxítona. Ver Kubik, 1979: "A música afro-baiana, ligada ao candomblé e descendente direta da nação Yorubá e Ewe (Gêge)" ("Matrizes rítmicas", p. 38).

Então vinha aquele canto,
que não tinha andamento determinado.
Era uma coisa em ioruba mesmo.
Quando o sujeito fazia
[canta a pergunta do cantor solo],
as pessoas todas faziam
[canta a resposta do coro,
aludindo a um grupo da comunidade tradicional de onde
  a canção é oriunda].

Havia uma repetição, um eco,
que era uma espécie de oração,
de canto que se faz religiosamente profundo.
Eu fiquei maravilhado ouvindo aquilo.

Então compus uma canção chamada "Gagabirô"
já com o jeito dos atabaques,
que vinha desse canto, e que dizia assim...

[Executa a composição.[13]]

O violão sustenta, ao longo de toda a canção, um efeito de *ostinato* resultante de uma sofisticada digitação de mão direita que explora as cordas soltas do violão no jogo com os harmônicos da décima segunda casa – de forma análoga ao "abafar" de pele do atabaque, recurso técnico básico do instrumento que aqui inspira o violão de João Bosco. A função do violão aqui se restringe à rítmica[14] e potencializa a expressão da trama habitualmente tecida pelos atabaques, que conduz ao transe e que aponta para o encantamento e o mistério da música no âmbito do culto e, assim, para o "se deixar levar" mencionado anteriormente por Paulo César Pinheiro.

Cuba e sua forte presença negra aparecem espontaneamente nesse diálogo. O compositor cubano Leo Brouwer já afirmava, nos anos 1970, "que todo o aparato sonoro em Cuba é uma ampliação ou transformação da percussão e do violão"[15]. Essa ideia remonta a práticas africanas que se aplicam perfeitamente à maneira como o toque percussivo do violão brasileiro se desenvolveu[16].

---

13 João Bosco, "Gagabirô". Na gravação do disco *Gagabirô* (Rio de Janeiro, Barclay, 1984) ainda não havia a letra que apresentaremos na partitura da canção, mais adiante. Link para a música em: www.violao-cancao.com/referencias.

14 Embora pertença à primeira das categorias do capítulo "Canção: graus de ação do instrumento no processo criativo de canção" (p. 67), a conduta original desse violão interroga nosso esquema de categorização na medida em que o arranjo do instrumento, mesmo sem conter harmonia, apresenta-se como estrutural para a composição.

15 Leo Brouwer *apud* Teresinha Prada, *Violão*, São Paulo: Terceira Margem, 2008, p. 95.

16 Guinga à p. 158: "É o violão, que é também um instrumento percussivo, tentando imitar um instrumento que é só percussivo".

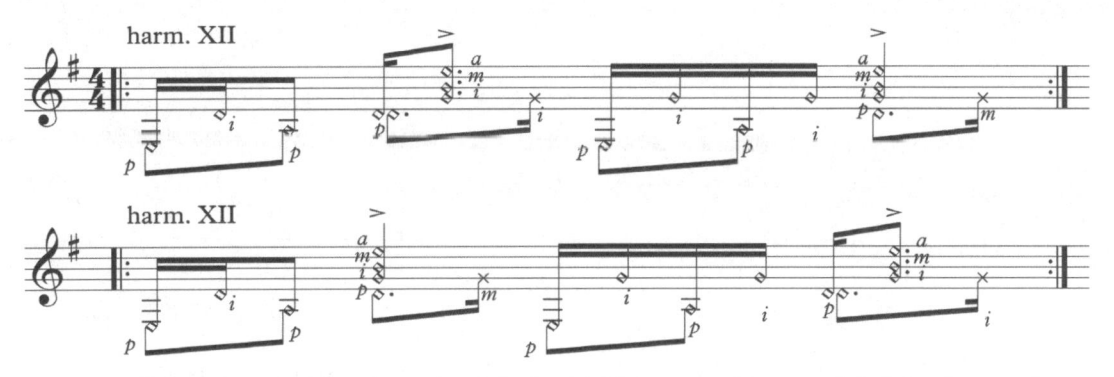

× Executar a nota sol (terceira corda solta) e "secá-la" logo em seguida com o dedo 4 da mão esquerda (na posição XII), ao preparar a mão para a execução do próximo harmônico (na sexta corda).

A sofisticada digitação de mão direita estabelece a trama estrutural da canção, e sua representação se vale de signos utilizados para notação em partitura de efeitos próprios à técnica estendida de violão[17]. Entretanto, a natureza não escrita do material reserva sua plena expressão ao jeito pessoal de João Bosco tocar[18], resultado de uma síntese própria que reprocessa um vasto número de informações, as quais dificilmente se sustentariam em uma "leitura" baseada nos valores cultivados pela tradição escrita. Assim, o efeito geral da execução não é efetivamente transmissível por meio de uma partitura, mas somente quando o espectador vê ou escuta a execução, que, em última instância, depende dos recursos performativos do próprio autor[19]. Logo após a execução, o músico salienta aspectos melódico--harmônicos por ele explorados:

JOÃO BOSCO *Você tem uma base rítmica onde cabe inclusive a dodecafonia.*
Então você faz a melodia [canta trecho inicial] *como se fosse uma banda, quase carnavalesco* [canta o mesmo trecho aludindo a uma seção de sopros], *aí quebra o tom com uma melodia completamente atonal, fora* [canta frase com contorno cromático descendente].

17 "Gagabirô" é citada como uma das referências para o trabalho desenvolvido pelo violonista Daniel Murray Santana Vasconcellos, que deu origem à sua dissertação de mestrado. Ver *Técnicas estendidas para violão*, 197 f., dissertação (mestrado em música), Universidade Estadual de Campinas, Campinas, 2012, p. 43.

18 ⏲ João Bosco à p. 36: "Acho que Dorival não está aí para ser decifrado [...], mas sim para sabermos que, de fato, aquele é um violão muito característico daquela voz e daquele autor".

19 ⏲ Luiz Tatit à p. 178: "Um violão como o de João Bosco ou Gilberto Gil você precisa ver fazer. [...] É aquela rítmica, aquela pegada".

JOÃO BOSCO *Miles Davis já usou muito esse tipo de solução no jazz. E a gente vai juntando uma coisa com a outra.*

Quando escutamos as duas frases salientadas pelo compositor na faixa 15, com o objetivo de determinar exatamente cada uma de suas notas, percebemos os momentos de início e fim das frases com clareza, definindo sua direcionalidade cromática descendente de sabor *outside*[20]. No meio de cada frase, o canto não chega a definir algumas de suas notas, apresentando gestos vocais carregados de uma expressividade que explora essa indeterminação[21]. O não temperamento – ou o não uso do temperamento igual – é recorrente em inúmeras linguagens das mais diversas regiões do mundo, bem como na música de tradição francamente oral praticada pelas culturas tradicionais brasileiras[22].

Chamamos atenção para a maneira como esse recurso aflora em Clementina de Jesus, citada na letra com o apelido de Quelé, e para a forma como sua influência se sedimenta no modo de João Bosco cantar[23]. Vale ressaltar que essas notas indefinidas, indicadas na transcrição acima, não chegam à partitura sem algum arbítrio por parte de quem as estiver escrevendo.

---

20 O termo "*outside*", explicitado quando João Bosco diz a palavra "fora", é consagrado no universo do *jazz*, que surge como referencial para as relações melódico-harmônicas utilizadas na passagem.

21 ⌕ Luiz Tatit à p. 193: "[A canção dinâmica] se baseia na instabilidade da fala".

22 Em alguns casos, com intenção de atingir pontos específicos de frações do semitom para sua expressão.

23 ⌕ João Bosco à p. 182: "Este aqui é o da Serrinha, que Clementina cantava. 'Carreiro Bebe', 'Tarantá'".

O cunho oral do material melódico, apresentado no "cantar", espelha-se na naturalidade em sentir o ritmo[24] ao "tocar" a estrutura apresentada no violão, compondo um *gesto musical* que obedece à dinâmica daquilo que, dados os depoimentos transcritos neste capítulo, podemos chamar de imponderável. João Bosco conclui sua exposição dessa música trazendo à tona um plano imanente tão vago quanto decisivo para uma *performance* musical íntegra.

JOÃO BOSCO
*Eu fui fazer um show solo em 1983 na Suíça,
logo depois de minha ida a Cuba,
em um lugar muito grande,
onde uma série de jazzistas iam tocando seus concertos.*

*Na minha hora, me deu um branco,
o público era muito numeroso
e eu, apavorado, dizia:
"Eu não devia estar aqui,
 esse não é um lugar adequado para tocar solo".*

*E foi chegando meu banco,
sentei e não sabia o que fazer.
Aí, de repente, eu botei a mão no violão
e não sei por que pintou um sol.
Entendeu?*

*E eu comecei
[canta, novamente, a pergunta do cantor solo],
e todas as pessoas, sem combinar, começaram a responder
[canta, novamente, a resposta do coro, que agora é
 composto pelo público do concerto] e aí eu comecei a
 tocar isso. Eu mesmo não entendia o que estava acontecendo. [risos]
Fiquei muito impressionado com a força
que ali o imponderável me deu.
Como era um canto oriundo da santería,
é possível que aquele santo tivesse vindo em meu socorro.*

*Há uma coisa que o músico,
fragilizado e inseguro,
tem que saber:
alguns sempre virão em seu socorro.*

---

24 João Bosco à p. 54: "Em ritmo, tudo depende de como você o deixa entrar e sair naturalmente".

*Fui adquirindo essa sensação
nas noites em minha casa,
tocando e sentindo a presença desses "alguns".*

*Eu não posso levar meu sofá[25],
mas eu os levo comigo e eles são muito mais poderosos.
Pode acreditar.*

*Então, quando você não sabe o que fazer,
deixe que a música sabe.
Deixe que ela faça[26].*

SARAIVA *Deixe acontecer.*

JOÃO BOSCO *Você pode sofrer, mas vai sobreviver.*

Diante dos universos abordados aqui, vale ressaltar que essa circunstância de não saber direito o que fazer, tão bem ilustrada no relato de João Bosco, é um traço mais valorizado no universo popular, não tão estabelecido através da escrita musical, do que no erudito, mais determinado pelas decisões que a partitura transporta. O próprio João Bosco complementa a ideia de que o músico, por não saber quando nem como o inesperado pode se apresentar, tem por dever o constante aperfeiçoamento, de modo a estar sempre pronto tecnicamente[27]. E o intérprete de educação formal dentro da música erudita deve se valer, a partir de um panorama já mais definido, de sua intuição, como no caso descrito a seguir por Sérgio Assad diante de uma composição de Radamés Gnattali.

ASSAD *Tem partituras que vêm sem indicação nenhuma,
como, por exemplo, a "Brasiliana nº 8",
        de Radamés Gnattali[28],
compositor que escrevia muito rapidamente
e entregava as partituras sem a preocupação de apontar
        as variações de dinâmica,
o tempo certo etc.*

*Ele costumava tocar essa música com a irmã,
a quatro mãos no piano,
e a partir disso ele fez o arranjo para dois violões.*

---

25 João Bosco à p. 120, em momento imediatamente anterior da entrevista, que também cita o sofá.

26 Observação minha em conversa com Paulo César Pinheiro sobre o processo criativo de Baden Powel, à p. 169: "Deixar a canção correr".

27 A mesma ideia no depoimento de João Bosco, à p. 218.

28 O próprio Sérgio Assad à p. 129: "A maioria das partituras para violão que eu li através da vida tem pouquíssima informação. E eu achava até que o intérprete tinha que saber"; observação minha à p. 199: "As partituras editadas do compositor [Guinga] não apresentam um detalhamento no plano das entidades expressivas da música, a saber, *fermatas, rallentandos* ou *accelerandos*".

UMA PERGUNTA PARA BROUWER – COM SÉRGIO ASSAD

*Quando eu e Odair tocamos para ele,
me lembro de ouvi-lo dizer:
"Nossa, como vocês adivinham os rubatos e tudo o mais?
Vocês estão tocando como toco com a minha irmã".*

SARAIVA[29] *Em 2011, vi Leo Brouwer ministrar master classes de interpretação
no Festival Internacional de Violão Leo Brouwer (FLB), que vem acontecendo em São Paulo, promovido pela USP.
Nessa ocasião, percebi uma coisa sobre a qual gostaria de conversar com você.*

*A música de Brouwer tem um forte vínculo com a música popular tradicional cubana,
na qual o aspecto rítmico é protagonista[30].
Entretanto, vi o mestre trabalhar uma de suas composições com alunos diferentes
e em nenhum momento o trabalho contemplou, por exemplo, a "estabilidade do tempo"[31].*

A composição em questão é "Balada de la doncella enamorada", último movimento de El Decamerón negro[32], peça inspirada no livro homônimo do antropólogo alemão Leo Frobenius, que apresenta uma coleção de histórias recolhidas junto aos griôs, indivíduos detentores do conhecimento da cultura africana tradicional que tinham o compromisso de preservá-lo e de transmiti-lo. Essa transmissão era feita oralmente tanto pelos griôs músicos como pelos griôs contadores de histórias.

SARAIVA *A peça já inicia com uma estrutura que pode ser sentida como um jogo de pulsações*
    [apresento ao violão o trecho mencionado].

---

29 Faixa 16, disponível em www.violao-cancao.com/faixas-do-livro.

30 Guinga à p. 157: "Aí gostei daquela coisa rítmica do Brouwer".

31 Marco Pereira à p. 51: "Só quando fica clara a pulsação você entende a síncope".

32 Leo Brouwer, "El Decamerón negro: III – Balada de la doncella enamorada". Link para a música em: www.violao-cancao.com/referencias.

El Decamerón negro
III - la balada de la doncella enamorada

Leo Browuer

⑥ = Ré
Moderato
sempre lírico
harm.   harm.

Na sequência, apenas marco a pulsação, enquanto articulo vocalmente as inflexões rítmicas dos compassos 3 e 4.

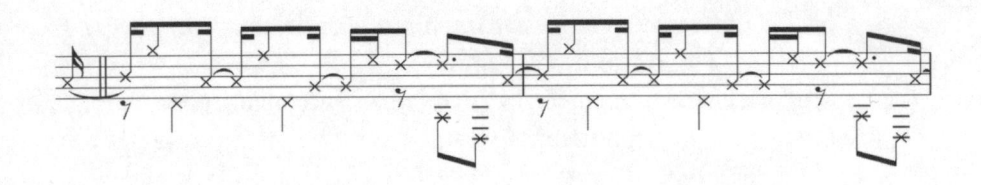

ASSAD É porque a gente tende sempre a ouvir a nota mais grave como down beat.
Tem alunos meus que tocam isso sentindo o down beat não como você fez, mas ao contrário.
E, quando você quer fazê-los entender isso e bater o pé, eles não conseguem.

SARAIVA Assistir repetidas vezes ao mestre cubano foi uma das coisas que me trouxeram de volta à universidade.
Porém, daquelas master classes me ficou uma dúvida: por que em nenhum momento Leo Brouwer simplesmente bateu o pé?

Tive o prazer de ver você fazer isso recentemente em sua master class na USP, debruçando-se com os alunos no trabalho de aquisição de aspectos fundamentais
para a música, que mobiliza elementos de natureza rítmica[33].

---

33 Roland Dyens, professor do Conservatório Nacional Superior de Música e Dança de Paris, atua dessa mesma maneira, como consta no vídeo de uma de suas *master classes* (especialmente em 7min15s). Link para o vídeo em: www.violao-cancao.com/referencias.

ASSAD   *É, nesse caso o surdo é para cima.*

SARAIVA *Isso mexe com o corpo de uma maneira...*

ASSAD   *... diferente.*

SARAIVA *E essencial para a composição.*

Por outro lado, essa música também apresenta o seguinte jogo de alturas, polifônico
[toco os mesmos compassos 3 e 4 com outro enfoque].

sempre lírico

Essa representação apresenta a voz superior da partitura original desmembrada em duas vozes, explicitando assim a polifonia inerente à passagem. Um instrumentista de técnica apurada dentro dos padrões do violão erudito atinge essa polifonia através de uma interpretação que se apoia mais no sentido de *legato* do que na intenção rítmica existente entre vozes, o que se justifica pela indicação "sempre lírico", utilizada pelo compositor no trecho.

SARAIVA *Uma polifonia perfeita, em graus conjuntos,*
que faz essa música se sustentar em qualquer uma das duas abordagens[34],
o que é, a meu ver, um êxito incrível do compositor.

Talvez pelo ambiente estritamente erudito dessas master classes,
o enfoque do trabalho foi o aspecto polifônico, e não o da polirritmia ali latente.
Então, no fim do último dia de trabalho [do FLB de 2011],
tive a chance de fazer uma única pergunta ao mestre cubano, no fim do workshop:

"De que maneira você lida com essa ancestralidade rítmica, que é evidente em sua música?"
E ele respondeu algo como:

---

34 A ideia central de "Uma coisa poética dentro de uma música com suingue", à p. 198: integrar os estímulos rítmicos aos estímulos melódico-harmônicos.

LEO BROUWER Tanto Brasil quanto Cuba têm uma música popular tradicional muito forte.
Temos que tomar cuidado para não ficar aprisionados dentro dos limites dela.
É preciso decantar a essência do material musical e procurar fazer que ela seja grafada.

SARAIVA Isso é muito difícil de assimilar.
A música que lhe trago ilustra a questão que gostaria que você comentasse.

ASSAD Esse é um bom exemplo de por que a maioria das pessoas que toca a peça não entende essa relação rítmica.
Elas leem e memorizam o mais rápido possível
e, como já estão acostumadas a sentir a nota grave como primeiro tempo, ignoram o papel sem tentar entender a rítmica que há ali por detrás.

Trata-se de uma música escrita por um cubano
que baseou a maioria de suas composições na rítmica cubana.
Os intérpretes eruditos em geral não têm relação nenhuma com a música cubana.
Talvez nunca tenham ouvido, apesar da propagação mundial que a salsa teve[35].
São pessoas que vêm do ambiente acadêmico, que saíram de conservatórios, em que ouviram música barroca, música clássica a vida inteira, e de repente começam a se interessar por tocar música latino-americana.

Então, isso não acontece apenas com Brouwer, mas também com música brasileira.
Os intérpretes não conhecem o que deu origem àquele tipo de música.
Brouwer se baseia em toda a música cubana que ouviu a vida inteira, assim como eu escrevo baseado na música brasileira.

Você vai misturando elementos, mas a rítmica dentro da minha música é brasileira. Mesmo quando eu faço coisas que estão tentando fugir um pouco desse universo,
vão estar [presentes] o "ritmo de clave" e essas coisas que são brasileiras também[36].

---

[35] João Bosco à p. 147: "Essa canção não vinha da música dançante cubana, como a salsa e o merengue".

[36] Observação minha à p. 48: "Diante de outras culturas derivadas da diáspora africana, como é o caso da cubana, que tem sua música organizada, ao menos de um modo geral, nas *time-lines* [...], a música brasileira parece se revelar, também nesse sentido, marcada pela diversidade".

Um intérprete de fora, que não tem ligação com a
música daqui, vai realmente passar um pouco ao largo,
porque faltaria essa vivência para sustentar o que ele
está fazendo.
Então, ritmicamente, é sempre esquisito, embora haja
surpresas em gravações de coisas que estão benfeitas.
Mas isso acontece na proporção de um para dez.
Então tem muita gente que toca o que eu fiz, mas não dá nem
vontade de ouvir.

SARAIVA É uma frente de trabalho importante.

ASSAD Mas eu tenho a impressão de que com o tempo vai
melhorando.
Antigamente, a gente dizia assim:
"Ah, o cara não pode tocar isso porque não é brasileiro".
Hoje em dia, com os meios de comunicação de massa, os
computadores, o YouTube, acho que essas barreiras e
essa dificuldade vão minimizando.

É TEU?
– COM GUINGA

A conversa que começa logo após uma execução de Guinga do
"Estudo nº 1 para violão" de Heitor Villa-Lobos segue em direção
ao violão nordestino.

SARAIVA[37] Como esse repertório chegou até você?

GUINGA Se for para falar de violão erudito,
foi com o Jodacil Damasceno, assessorado pelo João
Pedro Borges, com quem tive um contato formal para
tentar colocar isso no meu caminho.

SARAIVA E você acha que isso o influenciou muito no plano
da composição?

GUINGA Influencia. Eu não faria isto, por exemplo
[toca "Nítido e obscuro" [38]],
se não fosse Leo Brouwer.
Na época, eles me mostraram e eu não sabia quem era.
Aí gostei daquela coisa rítmica do Brouwer[39]
e pensei: "Eu posso aplicar isso do meu jeito no baião".

[37] 🔊 Faixa 17, disponível em www.violao-cancao.com/faixas-do-livro.

[38] 🎼 Partitura do trecho inicial da composição, que é abordada em dois momentos, às pp. 69-70 e 76-7.

[39] 🎼 Observação minha em conversa com Sérgio Assad à p. 153: "A música de Brouwer tem um forte vínculo com a música popular tradicional cubana, na qual o aspecto rítmico é protagonista".

SARAIVA *Essa sua música vem muito de...*
[toco livremente uma levada rítmica na tonalidade da composição recém-apresentada por Guinga].

GUINGA *O violão nordestino...*
Os violonistas nordestinos arrasam com o violão "ponteado" assim.

Pergunto, através de minha execução, de que maneira Guinga chega à *essência* de uma composição[40] que se entrelaça a uma levada de mão direita, e que sempre aceitará alguma variação natural à rítmica do gênero, nesse caso, o baião.

SARAIVA *E isso o levou a esta essência*
[toco o trecho inicial da composição de maneira desacelerada, frisando vocalmente a inflexão resultante das escolhas composicionais].

GUINGA *Isso é bem brasileiro.*
É o violão, que é também um instrumento percussivo, tentando imitar um instrumento que é só percussivo[41].

Roberto Mendes me explicou isso uma vez,
dizendo que a chula lá do Recôncavo Baiano é que deu aquela argamassa para a introdução do "Expresso 2222", do Gilberto Gil [toca].

A partir dessa lembrança, toco um "ponteado" baseado na chula.

SARAIVA *É uma coisa muito popular que vem do...*
[canto uma toada tradicional].

---

40 🔗 Leo Brouwer à p. 156: "É preciso decantar a essência do material musical e procurar fazer que ela seja grafada".

41 🔗 Leo Brouwer à p. 148: "Todo o aparato sonoro em Cuba é uma ampliação ou transformação da percussão e do violão".

> *"A Bahia pegou fogo.*
> *Me chamaram pra apagar.*
> *Eu não vou apagar fogo que eu não tenho parente lá.*
> *Eu não tenho parente lá.*
> *Eu não tenho parente lá.*
> *Eu não vou apagar fogo que eu não tenho parente lá."*

GUINGA   *Isso é teu?*

SARAIVA   *Não, é uma toada qualquer.*
Uma toada qualquer, não, uma toada de lá.

Trata-se de uma toada tradicional do repertório de samba de roda da Bahia. O pensamento vertical, que leva a imaginarmos uma determinada harmonia para essa música, faria utilizar apenas dois acordes, de cifra C e G7. Eles não representam a essência desse discurso musical, baseado no jogo que se estabelece em sentido horizontal entre a melodia cantada e o "ponteado", de teor rítmico-melódico, do acompanhamento[42]. O discurso ganha significado na medida em que é coletivizado através da dança e da interação entre os participantes da roda, fazendo que o espectador seja agregado à realização, que, assim, transcende a esfera estritamente musical[43].

Interpreto, não sem algum risco, que quando Guinga questiona a autoria da música executada, interroga, em verdade, se eu agora vinha compondo esse tipo de música em vez da música que ele já conhecia de outros encontros musicais ocorridos entre nós, nos quais sempre senti reproduzirmos uma situação de transmissão no formato mestre-discípulo.

A pergunta "Isso é teu?" é aqui salientada a fim de abordarmos outra questão central para este estudo, que se revela na polaridade entre a música "de autor" e a música que trabalha no sentido de ser "alçada ao anonimato", condição que favorece um consequente sucesso popular[44].

O próprio conceito de "autoralidade", que na música das culturas tradicionais é, de fato, bastante diluído, apresenta-se historicamente como relativo, mesmo no berço da tradição escrita europeia, como salientam Donald J. Grout e Claude Palisca:

---

42   A primeira categoria da esquematização apresentada no terceiro capítulo: Melodias compostas com a voz (ou "na cabeça"), à p. 67.

43   Citação de John Blacking à p. 163: "[A criatividade humana] é, de fato, um esforço coletivo que se expressa no comportamento dos indivíduos".

44   Observação minha à p. 187, sobre Totonho: "O autor de diversos pontos entoados por sua comunidade parte do fundamento do repertório remanescente do tempo da escravidão para inserir traços diferentes na melodia".

Os primeiros compositores cujos nomes conhecemos foram o poeta e músico Léonin (c.1159-c.1201), que era cônego da catedral de Paris, Notre Dame, e Péroin (c.1170-c.1236), que trabalhou na mesma igreja. As composições destes dois autores, juntamente com as de seus anônimos contemporâneos, são globalmente conhecidas como a música da escola de Notre Dame[45].

A seguir, um novo momento da conversa com Guinga nos levará ao outro extremo dessa dicotomia entre o anônimo e o autoral, que perpassa a história da música ocidental. A conversa parte de observações de Guinga acerca da relação entre o *tocar* e o *compor* no processo criativo de Baden Powell:

SARAIVA Com relação a como Baden compõe canção.
Um cara que tem muita técnica de violão...

GUINGA Um monstro como violonista.

SARAIVA E na hora de ele compor canção...

GUINGA É outra coisa.

SARAIVA Já não vai pelo caminho...

GUINGA Do solista.

SARAIVA Do violão.

GUINGA O violão está na mão, mas a cabeça é de compositor popular.
É o sentimento, as tristezas e as alegrias dele.

Um compositor de samba monstruoso, que jogou o barroco dentro do samba.
O "Última forma"[46] talvez seja ainda o samba brasileiro mais moderno.

Existem três compositores que não são citados
    como sambistas, mas são os sambistas mais modernos
    do Brasil,
que pegaram o samba e jogaram numa linguagem
    moderna – e o samba deve isso a eles: João Bosco,
    Chico Buarque e Baden Powell.
Eles levaram o samba brasileiro para a modernidade.

---

45 Donald J. Groudt e Claude V. Palisca, *História da música ocidental*, Lisboa: Gradiva, 1988, pp. 114-5.

46 Link para a música em: www.violao-cancao.com/referencias. Ao mencionar essa canção, Guinga valoriza aspectos do processo criativo de Baden Powell que nos levam ao conceito de "moderno". Ver também: "Algumas vinham já com o violão, outras vinham vindo na cabeça", na descrição do processo criativo de Baden Powell por Paulo César Pinheiro ("A canção sem violão", p. 81).

SARAIVA   *E o que você entende por modernidade?*

GUINGA   *É um perigo essa palavra!*
Drummond já disse:
"Cansei de ser moderno, agora quero ser eterno".
O que interessa é a eternidade.

Modernidade é uma coisa inconsciente,
é o cara não ficar satisfeito em reproduzir o que foi feito
e tentar fazer daquilo alguma outra coisa.
Tentar mexer na receita daquele bolo.

É difícil, mas esses gênios conseguem mover isso,
e vida é movimento.
Tem que haver esses gênios que mexem na receita
    e põem um ingrediente.
A receita passa a ser possível também agora de
    outra maneira.

Essa observação se aproxima do modo como Schoenberg enxerga a evolução da música[47]:

O que hoje é distante amanhã pode ser próximo; é apenas uma questão de capacidade de aproximar-se. A evolução da música tem seguido esse curso incluindo, no domínio dos recursos artísticos, um número cada vez maior de possibilidades de complexos já existentes na constituição do som[48].

GUINGA   *Vocês comeram esse bolo assim a vida inteira,*
mas eu não quis comer o bolo assim.
Eu quis comer o meu bolo,
e eu gosto do bolo assim.
E aí todo mundo passa a comer o bolo também assim.
Tem aquele lá e tem este agora.
E vai surgir outro cara para fazer outro bolo.

Essa "receita" prima pela abrangência e se aplica às mais diversas linhas de atuação artística da atualidade. Suas composições nos revelam um autor que assume determinada compreensão desse conceito na medida em que busca um afastamento do sistema tonal, o que pode ser tomado como a principal característica da música moderna. Essa postura corrobora a compreensão – corrente também no universo da música erudita – que

---

47 Ivan Vilela nos diz: "A orientação antropológica nos recomenda tomar cuidado com os três 'ismos': o evolucionismo, o etnocentrismo e o determinismo" (comunicação pessoal, 23 maio 2018).

48 Arnold Schoenberg, *Harmonia*, São Paulo: Editora Unesp, 2001, p. 59.

o maestro Gil Jardim nos apresenta ao trabalhar as tendências musicais do início do século XX que influenciaram Villa-Lobos:

É embaraçoso viver no início do século XXI e tratar do que se chama de "modernidade" em música, pois ela se refere ao século XX. [...] a expressão moderno remete à estética e à técnica composicional e não a uma cronologia. Entende-se por modernidade tanto a proximidade dos dias de hoje quanto o conceito de ruptura. Tomando o afastamento do sistema tonal como a principal característica da música moderna, Debussy é, incontestavelmente, o seu grande protagonista. Não fez música atonal, mas se libertou das raízes da tonalidade diatônica (maior-menor), evitando o caráter imperativo das velhas relações harmônicas[49].

Uma vez apresentadas minimamente as possíveis entrelinhas – não mais do que insinuadas – dessa questão, retomo o momento da conversa com Guinga que dá título ao capítulo:

GUINGA   *Isso é teu?*

SARAIVA   *Não, é uma toada qualquer.*
Uma toada qualquer, não, uma toada de lá.
Um samba de roda[50].

GUINGA   *Você tem parente lá?*[51]

SARAIVA   *Não, como diz a letra.*
Mas eu viajei muito com meu grupo A Barca.

GUINGA   *É brasileiro.*
Eu tenho vontade de saber tocar essas coisas, mas não consigo.

SARAIVA   *Você faz um "giro" dessas coisas que é sensacional.*

GUINGA   *Eu tento imitar*
e sai um negócio que eu gostaria que fosse isso, mas não é.

Assim, o compositor nos apresenta o cultivo de traços estilísticos da música praticada em determinados contextos socioculturais, como os que se apresentam no samba de roda ou no baião, em processo que se alimenta dos hábitos musicais acumulados em cada um desses contextos. A busca do autor, que não é nascido no ambiente de origem dessas tradições, ou dos estilos

---

49 Gil Jardim, *O estilo antropofágico de Heitor Villa-Lobos*, São Paulo: Philarmonia Brasileira, 2005, p. 36.

50 ☞ O exemplo de samba de roda apresentado por Marco Pereira à p. 164.

51 ☞ Marco Pereira à p. 164: "O puro mesmo está lá. Uma tribo isolada tinha seus conhecimentos passados de geração em geração".

musicais que se estruturam a partir delas, pode ganhar esse sentido de "imitação"[52]. Trata-se de uma relação que, por um lado, exige que ele identifique aspectos essenciais ao gênero que dialoguem com os seus próprios recursos composicionais – e, nesse caso, violonísticos –, e por outro lado oferece maior liberdade para o "giro" das informações musicais presentes na síntese do autor.

John Blacking assim nos descreve a relação entre o individual e o coletivo, permeada pelo comportamento exploratório que resulta na originalidade:

Há evidências que sugerem que, embora a criatividade humana possa parecer o resultado de esforços individuais, ela é, de fato, um esforço coletivo que se expressa no comportamento dos indivíduos. A originalidade pode ser uma expressão de comportamento exploratório inato com os materiais acumulados de uma tradição cultural; e a capacidade de sintetizar, usada para distinguir inteligência de talento, pode expressar a organização cognitiva abrangente gerada pela experiência das relações que existem entre os grupos sociais que usam e desenvolvem as técnicas da tradição[53].

GUINGA   *Quando eu faço*
[toca de um só fôlego duas de suas músicas inspiradas no baião, "Coco do coco" e "Geraldo no Leme"[54]],
esse violão, para mim, é muito difícil de tocar.
Mas você tem que tentar dar à luz esse tipo de coisa que mora na sua ancestralidade
e que é da terra brasileira.
É uma maravilha o violão nordestino desse tipo.
E, por outro lado, tem aquele violão do Dori Caymmi, que é um Nordeste impressionista; o violão do Dorival, que é outro discurso, mais contemplativo.

SARAIVA   *Um negócio que vem mais do mar, não é?*

GUINGA   *Mas é maravilhosamente rítmico do jeito dele*[55].
O violão brasileiro é de uma riqueza monstruosa.

---

[52] Vale lembrar que a "imitação" acontece também com relação à obra de um determinado autor referencial. Muitas vezes uma solução nova surge a partir da escuta de um autor que, ao procurar "imitar", acaba por "girar" a obra de "outro", que o primeiro elege como referencial.

[53] John Blacking, *How Musical is Man?* Seattle: University of Washington Press, 1973, p. 106.

[54] Guinga e Aldir Blanc, "Coco do coco". Guinga, "Geraldo no Leme". Link para as músicas em: www.violao-cancao.com/referencias.

[55] ↩ Guinga à p. 198: "Uma coisa poética dentro de uma música com suingue".

RÍTMICA BRASILEIRA
– COM MARCO PEREIRA

SARAIVA[56]   *Faço parte do grupo A Barca e fomos muito para um Brasil que toca assim*
[toco uma levada que transita entre diferentes divisões correntes na rítmica brasileira]. *Então, às vezes, não sei onde começa ou termina, por exemplo, o samba*[57].

MARCO PEREIRA   *Você tocou uma mistura de várias coisas.*
Começou tocando um pouco como moda de viola[58].
Já essa coisa do "rebatimento" [entre os dedos p e i] *é típica da chula do Recôncavo Baiano.*

[Prossigo a execução, assumindo divisão do ritmo/gênero mencionado.]

SARAIVA   *Pra mim, vem tudo isso misturado.*

MARCO PEREIRA   *Isso é totalmente baiano.*

Marco Pereira discorre sobre as origens do samba de roda, na fusão da rítmica africana com o "ponteado", oriundo da viola braguesa (de Portugal) e da *vihuela* (da Espanha), que se ressignificam por meio da viola machete, típica do samba de roda baiano.

SARAIVA   *Queria perguntar como você lidou com a natureza flexível desse material.*
E de que maneira você chegou às sínteses apresentadas em seu livro Ritmos brasileiros.

MARCO PEREIRA   *O puro mesmo está lá.*[59]
Uma tribo isolada tinha seus conhecimentos passados de geração em geração, e as coisas se perpetuavam porque não surgia informação de fora.
Essa dinâmica se transformou bastante, mas, de certa forma, ainda acontece isso,
porque o que é mais forte na cultura individual do sujeito é o que ele viveu na infância, o que ele herdou.

Mas fiz o Ritmos brasileiros porque percebi uma dificuldade nos violonistas que frequentam minhas aulas de harmonia na universidade.

---

56   Faixa 18, disponível em www.violao-cancao.com/faixas-do-livro.

57   Observação minha à p. 179: "Existe uma polaridade que se dá entre o lado da afirmação do gênero [...] e o [...] da hibridização".

58   Segundo Ivan Vilela, "A música caipira é o maior guarda-chuva de ritmos existentes na música brasileira". Ver *Cantando a própria história*, São Paulo: Edusp, 2013, p. 46.

59   Citação de Hermano Viana à p. 172: "O autêntico nasce do impuro".

Como normalmente dentro da universidade se ensina violão clássico, em um ou dois anos os mais dedicados e talentosos já têm um desenvolvimento técnico muito grande. Mas, quando você pede
para eles fazerem uma levada simples de bossa nova, eles têm muita dificuldade.
Isso foi me incomodando e me estimulando a escrever as levadas.
Até para trazer um pouco à tona a coisa do fazer groove, já que, em geral, violonistas não gostam de fazer.

SARAIVA Toca para a gente um dos exercícios do livro expondo isso?

Marco Pereira toca a síntese do jongo[60], que apresenta em seu livro[61].

Jongo

× Executou a "nota muda", abafada com a mão esquerda.

↑ Executou "rasgueado" com os dedos médio e anular, indo e vindo - no sentido indicado pelas setas - como uma palheta.

MARCO PEREIRA *A onda de jongo[62], por exemplo, o cara fez isso em cinco compassos e já quer mudar, quer inventar...[63]*

Eu falo até por experiência própria, pois já tive que fazer gravações com cantores em que eu queria fazer uma levada sofisticada, mas na gravação o produtor pedia para simplificar.
Acaba ficando a levada mais simples da bossa nova que eu, particularmente, nem gosto muito, aquela que tem só um elemento rítmico – este aqui:

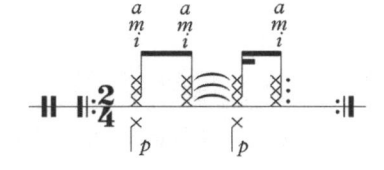

60 ◌ Partitura de violão de "Gagabiró", à p. 149.

61 Ver Marco Pereira, *Ritmos brasileiros*, Rio de Janeiro: Garbolights, 2007, p. 36. A legenda e a digitação foram feitas a partir da gravação realizada para esta pesquisa.

62 ◌ O jeito de tocar jongo apresentado na p. 179, através da transcrição descritiva da execução de João Bosco; a partitura de "O 'Jongo' de Bellinati e o jongo do Tamandaré", à p. 183.

63 ◌ A flexibilidade da estrutura do violão de João Bosco, à p. 124.

MARCO PEREIRA *Por exemplo... [toca mantendo a mesma condução rítmica].*[64]

Corcovado

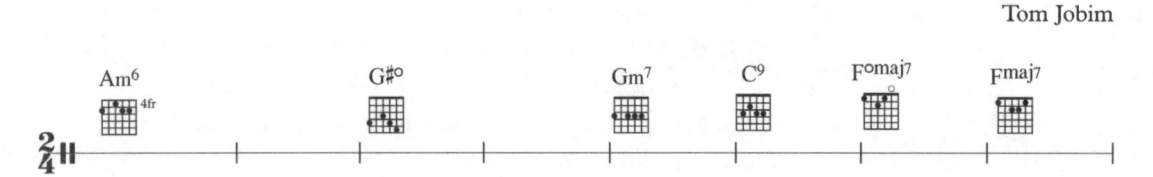

Tom Jobim

| Am6 | G#o | Gm7 | C9 | Fomaj7 | Fmaj7 |

$\frac{2}{4}$

MARCO PEREIRA *Quando chega no F7M eu já estou desesperado, querendo variar*
e fazer...[dá exemplos de variações na sequência da harmonia].

E, às vezes, não é da variação que se precisa, e sim daquela condução benfeita.
João Gilberto, de quem falamos muito aqui, é o rei disso.
Ele mexe com a divisão da letra na melodia,
mas a levada é quase mântrica,
é de uma precisão, uma constância, que praticamente não varia.
E isso dá uma onda, um conforto.

João Bosco, também com propriedade sobre o assunto, salienta esse "amparo" que o violão proporciona à voz de João Gilberto.

JOÃO BOSCO *O violão que João Gilberto toca instiga a canção que ele canta,*
proporcionando a liberdade de ir e vir,
na polirritmia que usa dentro do samba.
Os atrasos, os adiantos, os acentos,
tudo é muito bem amparado,
como se o violão dissesse a ele:
"Pode ir que eu fico aqui tomando conta".
Aí ele vai em frente.

SARAIVA *Um virtuosismo da estabilidade,*
uma âncora do tempo, do pulso rítmico.

---

64 Tom Jobim, "Corcovado". Link para a música em: www.violao-cancao.com/referencias.

A notação em partitura da rítmica utilizada pelo violão de acompanhamento de canção, e da música popular em geral, representa um desafio[65], já que para uma levada soar de forma orgânica o violonista precisa internalizar o repertório de possíveis variações rítmicas compatíveis com a estrutura básica[66]. Tanto essa estrutura, que muitas vezes é chamada de clave ou *time-line*, quanto as variações que se multiplicam nas menores figuras podem ser executadas – e grafadas – ou se apresentarem apenas como referência interna para o músico[67]. A complexa natureza do material abordado e o fato de a maioria dos violonistas de acompanhamento ligados à canção popular não utilizar a partitura – ao menos com relação à conduta da mão direita – fazem das sínteses concebidas por Marco Pereira, e apresentadas no livro *Ritmos brasileiros*, uma iniciativa pioneira e importante para o estudo da interação entre a *tradição escrita* e a *não escrita* no âmbito do violão brasileiro.

MARCO PEREIRA *Então eu resolvi fazer o livro,*
mas ele não representa nenhuma verdade absoluta.
O ritmo está em constante transformação.
Esse é apenas, digamos assim, o meu testemunho.

O músico teve um importante retorno da profundidade de seu trabalho como pesquisador e violonista quando a própria comunidade de tocadores de chula baiana se reconheceu em sua execução.

MARCO PEREIRA *Quem me ensinou a chula foi o Roberto*
Mendes, que foi muito generoso comigo[68].
Eu filmei a mão dele, que quase não se mexe.
Ele não articula e é difícil identificar o dedo que está tocando.
Depois passei seis meses assistindo àqueles vídeos;
tentava me aproximar também do som que saía do
violão dele.
Foi um trabalho duro.
Quando cheguei a um resultado razoável, mandei a gravação.
Roberto mostrou para chuleiros de lá,
que disseram: "Mas essa chula está muito boa".

SARAIVA *Você toca pra gente?*

---

65 Luiz Tatit à p. 178: "É difícil expressar [um violão como o de João Bosco ou Gilberto Gil] só nas figuras".

66 Segundo Sérgio Assad, em depoimento ao autor, é preciso "refazer com notas a rítmica. Pensar em uma batucada e redistribuir as notas em função daquele ritmo, para que soe como se fosse um ritmo".

67 Marco Pereira à p. 51: "A cabeça do músico popular sempre está na menor figura".

68 Roberto Mendes é um grande disseminador da linguagem: apresentou-a tanto a Guinga como a Marco Pereira.

Marco Pereira toca uma das sínteses de seu livro[69].

Chula
chula corrida 1

[notação musical]

"BOI DE MAMÃO" – COM PAULO CÉSAR PINHEIRO

Um argumento que se revelou dos mais convincentes para que Paulo César Pinheiro – que não costuma conceder entrevistas de caráter acadêmico – aceitasse este convite eu dizer que lhe mostraria uma nova melodia. Anunciei que se ele, com quem já compus algumas canções, gostasse da melodia e a sentisse como sua, eu deixaria uma gravação para que a melodia recebesse letra. Essa foi a maneira mais concreta de deixar claro ao poeta que minha intenção era falar sobre processo criativo da forma mais prática que nos fosse possível, apresentando, inclusive, como nascia uma canção. E assim foi.

Quando, já em nossa entrevista, antecipo o caráter da música, composta especialmente para a ocasião, ocorre ao poeta a lembrança de um recurso utilizado por Baden Powell, quando "empacava" ao compor uma canção.

SARAIVA[70] Por um lado, venho explorando a elaboração musical que o instrumento proporciona[71]; por outro lado, você me ensinou muito ao longo de nossas parcerias sobre se desvencilhar do instrumento, como você conta que Baden fazia. Então eu fiz uma música nova, mais batucando do que tocando violão, para lhe trazer nesta entrevista. É novinha e ficou deste jeito...

P.C. PINHEIRO [Antecipa-se à música prestes a ser tocada e diz:]
Você tocou num assunto que me fez lembrar de um fato. Em algumas das minhas parcerias com Baden, eu ajudei a compor trechos das melodias.

---

69 Marco Pereira, *Ritmos brasileiros*, op. cit., p. 43.

70 Faixa 19, disponível em www.violao-cancao.com/faixas-do-livro.

71 Eu para Paulo César Pinheiro à p. 81: "Queria lhe perguntar sobre os momentos em que você percebeu o violão agindo na melodia da canção".

[72] Sérgio Assad à p. 111: "Quando a pessoa não toca violão, é capaz de imaginar coisas que o violonista não teria imaginado".

[73] Paulo César Pinheiro à p. 147: "É uma coisa inexplicável, uso termos que eu não sei o que significam. Faço assim mesmo, depois vou procurar em livros e nunca deixei de achar".

[74] Paulo Bellinati à p. 185: "'Luiza', 'Choro bandido' e 'Beatriz' só existem porque alguém com muito estudo e muito conhecimento musical as criou".

Por quê? Pelo seguinte: às vezes, ele ficava empacado.
Baden vinha fazendo a melodia e, num determinado momento, o violão o empacava.
Ele vinha por um caminho harmônico e não sabia sair dali.
Tocava tentando fugir para cá e para lá, mas ficava preso.

Aí ele fazia o seguinte,
para você ver a sabedoria de um compositor e de um músico sério como ele.
Já que, de tanto ele cantar, eu decorava o trecho que estávamos trabalhando,
ele dizia assim para mim:

BADEN POWELL   *Vem cantando junto comigo que, quando chegar no ponto, eu vou parar*
e você continua.

P.C. PINHEIRO   *Aí ele vinha cantando junto comigo*
e, naquele momento do impasse, segurava o violão,
parava de cantar e eu continuava. Ele falava:

BADEN POWELL   *O violão não me deixou pensar nessa saída*
e era nesse caminho que eu queria ir[72].

P.C. PINHEIRO   *Daí ele pegava aquilo que eu tinha cantado e prosseguia.*

SARAIVA   *Deixar a canção correr...*

P.C. PINHEIRO   *Entendeu? Isso é a sabedoria de um criador:*
saber até que ponto o conhecimento não atrapalha.

Aqui a sabedoria de Baden é apresentada ao se exemplificarem os recursos que se traduzem a partir da prática composicional própria do cancionista, atrelada ao referencial do sambista[73], enquanto o conhecimento diz respeito aos recursos de quem estuda música de maneira formal[74], associada ao manuseio harmônico oferecido pelo instrumento. Este trabalho se desenvolve a partir da pergunta de como essas duas sabedorias ou conhecimentos se fundem nas práticas autorais correntes no Brasil.

SARAIVA   *Pois então, esta que eu fiz, eu fiz assim, só...*
[apresento a nova música, cuja partitura está reproduzida a seguir].

Boi de mamão

Chico Saraiva

Ê - na de ia du - má ca - can-ga coiéra tu-bo e pa tum be ra tum-bá ca can
Vi o ga-lo can tar...
Na car-rei-ra da em - bos ca - da oudi-an-te da me - sa ...

ga-ia tum-bó-ra dum-bo - ê a-ran-de-ra no má da pom - ba to-ió-ra dum-dê - iê

a-cun-go-ra tum - bá e a can - ga ta-ia ra tum bó hê hê

ô - a - ê i - a - da ó - ra - ê i - ê

Flor da in - ver - na - da ce - go ê a - iê má-

bô da can- guê ra-do boi de ma-mão

ce - go cam - pe ia-ou - á da-rum bô E-

iê i - a - dum - bó i - a re ia ê

iê i - a - dum - bó i - ê

Apresento a melodia cantada com palavras que esboçam a entoação por meio de uma sonoridade aproximada para cada frase, com um resultado semelhante ao que costumamos chamar de "boneco da letra". Dessa maneira, consegue-se sugerir uma sonoridade, que tanto pode ser seguida como subvertida pela letra, sem fechar o sentido.

A primeira exposição da frase que abre a canção se dá através do "ênadeiadumá" por mim entoado, que pode se tornar, por exemplo, "Vi o galo cantar", "Pela beira do mar" ou mesmo "Na carreira da emboscada ou diante da mesa", se emendarmos a primeira e a segunda unidades melódicas, em um recorte mais extenso do que Luiz Tatit chama de "unidades entoativas"[75]. A relação entre as unidades entoativas hipotéticas e as unidades melódicas consta na frase que abre a partitura apresentada[76]. Nesse caso, a melodia foi composta na terra em que cresci, Florianópolis, o que nos leva ao "Boi de mamão", expressão que foi – aí, sim, com uma intenção mais propositiva – se sedimentando em um trecho específico da melodia.

"Boi de mamão" é o nome do folguedo catarinense que, diante do ritmo do boi maranhense, no qual essa composição se baseia, e da distância física entre as regiões Sul e Norte do Brasil, oferece como tema natural para a letra da canção uma ideia que perpassa os escritos nacionalistas de Mário de Andrade. Em *Ensaio sobre a música brasileira*[77], Mário convoca o compositor brasileiro a conhecer o Brasil profundo e a perceber que, mesmo em lugar "que não tem gado, persiste a mesma obsessão nacional pelo boi, persiste o rito do gado fazendo do boi o bicho nacional por excelência"[78].

Paulo César Pinheiro é um artista declaradamente inspirado pelos signos presentes na música das culturas tradicionais do Brasil, o que contribuiu para que ele aceitasse o desafio e a proposta de mais esta parceria[79].

Voltamos, a partir de agora, à sequência da apresentação de minha composição a Paulo César Pinheiro, no momento em que foi realizada a entrevista.

SARAIVA *No caso desta música, não vem tanto pelo samba, já que minha vida não me levou tanto ao lugar do samba quanto a este outro que acabo de tocar.*

---

75 O olhar de Tatit acerca do assunto pode ser estudado de forma aprofundada na análise dos recortes da letra de "Feitiço da Vila", de Noel Rosa e Vadico. Ver Luiz Tatit, "Reciclagem de falas e musicalização", em: *Estimar canções*, Cotia: Ateliê, 2016.

76 ↩ Consideração minha à p. 84: "As unidades melódicas (aquelas que podem ser escritas em partitura) passam a conviver com as unidades entoativas subjacentes (aquelas nas quais reconhecemos alguém falando sua língua), e muitas vezes tais unidades não coincidem entre si".

77 ↩ Reflexão minha à p. 56: "Com seu *Ensaio sobre a música brasileira*, em 1928, o escritor 'dava cobertura teórico-ideológica aos compositores' e apresentava o que representaria as bases estéticas do programa nacional-modernista".

78 Mário de Andrade, *Ensaio sobre a música brasileira*, Belo Horizonte: Itatiaia, 2006, p. 30.

79 Até o fechamento desta edição não havia letra. Assim que ela existir, será gravada e estará disponível em: www.violao-cancao.com/5-5-boi-de-mamao-com-paulo-cesar-pinheiro.

P.C. PINHEIRO   *Mas, se você faz bem isso que você está fazendo,*
não precisa fazer samba.

Se sabe fazer samba, faça.
Se não sabe fazer e faz isso bem,
faça isso bem, não faça samba mal,
porque o samba tem um mistério[80].

Se você tem consciência disso e tem vontade de fazer
– do jeito que o samba é,
com o mistério que o samba tem,
com o lamento, principalmente, que ele significa –, faça.
Não faça só por fazer.
"Ah, não, eu nunca fiz, então vou fazer um samba."
Entendeu? Não é assim.

De fato, o "mistério do samba" não é algo que me sinto apto a explicar, sabendo apenas que o músico brasileiro das mais variadas vertentes deseja, legitimamente, vivê-lo à sua própria maneira. Exponho as questões que se apresentam em minha busca pessoal no manejo de tais elementos, a fim de contribuir para uma desmistificação desse saber e de salientar a importância de iniciativas didático-musicais que promovam o ensino dos pontos efetivamente determinantes dessa sabedoria, essencialmente negra, tão representativa de nós mesmos.

A menção a tal "mistério" nos coloca diante dos limites existentes entre os gêneros/ritmos, cabendo salientar quanto se faz presente na vida do músico brasileiro, tanto na teoria como na prática, o manejo do paradoxo apresentado em nosso processo de constituição, no qual o "autêntico nasce do impuro", conforme destaca Hermano Vianna: "A 'fixação' desses gêneros acontece ao redor do samba [...]. O interessante é que o 'autêntico' nasce do 'impuro', e não o contrário (mas em momento posterior o 'autêntico' passa a posar de primeiro e original, ou pelo menos de mais próximo das 'raízes')"[81].

SARAIVA   *Eu não consigo entender os limites entre essas coisas*[82].
Esta mesmo é um "boi".

P.C. PINHEIRO   *Isso aí é muito bom.*

---

80 Hermano Vianna, em *O mistério do samba*: "O mistério da mestiçagem (incluindo a valorização do samba como musica mestiça) tem, para estudos sobre o pensamento brasileiro, a mesma importância e a mesma obscuridade do mistério do samba para a musica popular no Brasil" (Rio de Janeiro: Zahar; UFRJ, 1995, p. 31).

81 Hermano Vianna, *O mistério do samba*, op. cit., p. 122 (grifo meu).

82 ↩ Comentário meu à p. 164: "Às vezes, não sei onde começa ou termina, por exemplo, o samba".

SARAIVA *Mas, se for para pensar em ritmo, na segunda parte muda [toco, salientando algumas das figuras rítmicas utilizadas].*

[partitura: Voz e Clave do maracatu, compasso 35, acordes A♭6 e E♭/G, com sílabas "t'-tá k-t'-ka k-t'-ka cum-tó-k-quê k t'-ka k-t'-ka-cum"]

A fim de demonstrar o mais plenamente possível o que estava latente na música, acabei por "cantar ritmicamente" uma melodia que, já não sendo mais apenas a melodia a ser letrada[83], visitava o desenho rítmico da referida clave e variações decorrentes desse desenho referencial básico. Assim, espontaneamente, de certa forma remontava a um meio de transmissão rítmica ancestral[84] que representa – ao menos para mim – um fértil exercício composicional do qual extraio, como diz Tatit, elementos com potencial entoativo.

O boi é um exemplo de gênero/ritmo que, originário do entorno amazônico, marcadamente indígena, não apresenta um desenho rítmico mais extenso que se configure como referência básica, nos moldes de uma *time-line* ou clave. Na parte contrastante da música, por sua vez, que se desenvolve sobre acentos típicos do maracatu, podemos perceber nitidamente essa referência da clave, conforme a partitura recém-apresentada[85].

SARAIVA *Eu já não sei o que é e, na verdade, nem quero saber o nome [do ritmo], porque é da minha natureza misturar. E eu posso ter essa escolha como músico*[86].

P.C. PINHEIRO *Claro, esse tipo de música é muito bom, bastante coisa do Villa-Lobos veio daí. Ele teve influências folclóricas muito fortes dos interiores do Brasil.*

83 Equivalente ao compasso 35 da partitura integral do tema, apresentada anteriormente.

84 ꜛ Citação de Gerhard Kubik à p. 55: "Os motivos rítmicos de referência são transmitidos do professor ao aluno através de sílabas ou frases mnemónicas".

85 ꜛ Citação de Gerhard Kubik à p. 48: "Em 'algumas regiões' existe outro 'conceito de tempo': as designadas frases rítmicas de referência (*time-line patterns*).

86 ꜛ Sérgio Assad à p. 198: "Pode virar qualquer outra coisa".

> Ele se fascinou por esse tipo de música, na época em que andou pela Amazônia, quando ouviu o uirapuru e ficou tomado. Ele escutou muito isso.
> Tem uma coisa indígena, não é muito negro.

Finalmente, por meio de minha própria nacionalidade, completa-se a tríade que forja a identidade brasileira. Assim, o índio surge como amálgama[87] que relativiza a polarização, assumida aqui, entre o *branco* (ou europeu), que associamos, de um modo geral, aos recursos melódico-harmônicos, e o *negro* (ou africano), que representa uma importante matriz da rítmica brasileira.

P.C. PINHEIRO *É mais indígena.*
Você faz sem saber nem por quê e faz bem.

SARAIVA *Agradeço.*
Vindo de ti é uma honra.

---

[87] Marlui Miranda em nota lateral à p. 46: "Nunca vi um índio com preconceito com relação a outros tipos de música; ele absorve aquilo que ouve" (comunicação pessoal).

O FIXO E O FLEXÍVEL

A polaridade que se estabelece entre o efêmero e o eternizado é um ponto-chave para este livro. De um lado, há o efêmero da espontaneidade inerente ao gesto musical, que se reinventa, obedecendo continuamente à dinâmica da transmissão oral, aqui representada pelo universo da canção popular. De outro, há o eternizado, gravado ou cristalizado, em cujo processo o gesto musical é acolhido pela tradição escrita, que pode acontecer por meio da escrita "aproximada", corrente na música popular, ou, no ponto extremo da polaridade aqui traçada, da escrita "formal" da música e do violão de concerto.

A relevância de investigar a tensão existente entre o "fixo" e o "flexível", que inspira nossos esforços, é apresentada da seguinte forma pelo mestre da matéria, Leo Brouwer:

> *Discute-se até a exaustão se a música mais transcendente é aquela detalhada até em seus menores elementos ou aquela outra que, fundamentada na força criadora do momento, chega com sua vitalidade à prática do mais autêntico. Nessa dicotomia reside precisamente a essência da obra criadora*[1,2].

Com o objetivo de tangenciar essa questão, propomo-nos aqui a introduzir minimamente a problemática da fixação em partitura de conteúdos musicais que possuem natureza flexível. Para abordá-la é preciso que se diga que a própria costura deste texto mantém-se em tensão, na medida em que trabalha precisamente nos pontos *entre* o que se fixa e o que se dobra. Comecemos pelos exemplos musicais registrados em nossas entrevistas, que revelam alguns dos limites existentes para a notação em partitura dos diferentes gestos musicais correntes nas práticas autorais e performativas de tradição não escrita. Esses limites reclamam uma investigação aprofundada: cada gesto espontâneo, a princípio desvinculado da partitura, carrega potencialmente incontáveis soluções de escrita que, em alguns casos, podem se traduzir em expressivo conteúdo musical, se bem atenderem às exigências da notação em partitura[3]. Tal percurso pode não representar um processo "formal" de escrita, mas não deixa de constituir os traços do que podemos enxergar como um processo de criação musical.[4]

1 Leo Brouwer, *Gajes del oficio*, Havana: Letras Cubanas, 2004, p. 57 (tradução minha).

2 ↪ Leo Brouwer à p. 156: "É preciso decantar a essência do material musical e procurar fazer que ela seja grafada".

3 ↪ Sérgio Assad à p. 195: "A partir do momento em que você coloca no papel, passa a ser sua intenção".

4 ↪ Observação minha à p. 15: "Meu doutorado, no qual ingressei em 2017, na mesma área de pesquisa (processos de criação musical)".

VER FAZER:
O "JIMBO NO JAZZ"

A conversa com Luiz Tatit parte dos recursos do violão que ele costuma utilizar no desenvolvimento de suas canções e chega à dicotomia entre gestos violonísticos representáveis por algum tipo de escrita ou somente por meio de gravação.

TATIT   *Do violão que toco eu posso tirar cifra[5],*
mas fica uma bobagem, ficam dois acordes.

SARAIVA   *Não vai ser isso que vai transmitir.*

TATIT   *Ele tem que fazer aquele solo ao lado da melodia da voz.*
Tem que ter essa articulação lá.

SARAIVA   *Uma partitura.*
Isso não deixa de ser uma partitura de violão, certo?

TATIT   *Mas normalmente a partitura não dá a inflexão,*
porque tem sempre um lado rítmico
que é difícil expressar só nas figuras[6].
Então o ideal, atualmente, é você ter a gravação, a filmagem.

Eu acho que isso é uma saída muito forte, no sentido de
    entender o que o instrumento está fazendo.
Um violão como o de João Bosco ou Gilberto Gil
você precisa ver fazer. Também não adianta ver a cifra.
É aquela rítmica, aquela pegada.

O "ver fazer" que surge nesse momento do diálogo com Luiz Tatit justificou a realização de um filme decorrente deste projeto, bem como nossos esforços no sentido de apresentar a próxima execução musical de João Bosco não apenas em áudio, mas também em vídeo.[7]
    A ligação do ritmo com o gênero é tão estreita que faz, por exemplo, um baião, tango, samba ou bolero serem popularmente chamados de ritmos. Diante da história brasileira, que é francamente mestiça[8], mesmo os gêneros/ritmos que tomamos como fixos são constantemente relativizados, seja pelo autor, seja pelo intérprete – atrelado ao papel do arranjador –, nas releituras tão próprias à dinâmica da canção popular.

---

5   Citação de Marco Pereira à p. 61: "A notoriedade da cifragem alfanumérica se deu, dentro da linguagem jazzística, devido a seu aspecto aberto, com várias possibilidades de montagem, visando à prática harmônica improvisada".

6   Comentário meu à p. 167: "A notação em partitura da rítmica utilizada pelo violão de acompanhamento de canção, e da música popular em geral, representa um desafio". Observação minha à p. 214: "[No cantochão] a notação se restringe à determinação das alturas."

7   No momento de defesa da dissertação, esse foi o único vídeo editado e apresentado, junto com as demais "faixas do livro", da maneira como se encontra em www.violao-cancao.com/faixas-do-livro. Para o lançamento do videosite do projeto, foi editada em vídeo a grande maioria do material presente neste livro, assim como muitas outras passagens de entrevista (material extra).

8   Citação de Hermano Vianna à p. 172: "O autêntico nasce do impuro".

9 🔊 Faixa 20, disponível em www.violao-cancao.com/faixas-do-livro.

10 💬 Comentário meu à p. 164: "Às vezes, não sei onde começa ou termina, por exemplo, o samba".

11 João Bosco e Nei Lopes, "Jimbo no jazz". Link para a música em: www.violao-cancao.com/referencias.

12 💬 Observação minha à p. 150: "Chamamos atenção para a maneira como esse recurso aflora em Clementina de Jesus [...] e para a forma como sua influência se sedimenta no modo de João Bosco cantar" ("Gagabirô", p. 145).

13 💬 Sérgio Assad à p. 196: "Como eu escrevo isso?".

A conversa que segue com João Bosco parte dessa polaridade:

SARAIVA[9] *Existe uma polaridade que se dá entre o lado da afirmação do gênero,*
quando se faz algo de que podemos dizer "Isto é um bolero", assim, de boca cheia;
e o outro lado, que é quando se tem a tentação da mistura, da hibridização[10].

JOÃO BOSCO *Isso.*

SARAIVA *Você é um compositor muito consistente no trabalho dessa polaridade.*
Lembro de uma música do seu último disco, a "Jimbo no jazz"[11]*, que é um jongo...*

JOÃO BOSCO *É, porque na segunda parte...*
[*toca a harmonia da primeira parte da música até chegar à segunda*].
Isto é um jongo
[*canta "Tarantá", toada conhecida através da interpretação de Clementina de Jesus*[12] *sobre a levada rítmica transcrita a seguir*].

× Percutir sobre as cordas com a mão direita, que assim já fica preparada para o ataque seguinte.

↑ Executar abrindo - e relaxando - a mão direita.

Os limites entre o universo escrito e o não escrito transparecem na complexidade dessa pretensa transcrição[13]. Ver João Bosco "fazer" permite-nos acompanhar a relação entre a fluência rítmica e o gesto instrumental: tanto a mão direita quanto a mão esquerda "respiram" com a alternância entre momentos de descontração e contração. Esses momentos de descontração ou respiros acontecem para a mão esquerda nos pontos indicados pelos "ligados" que se revelam na quinta e na terceira cordas, mas que indicam o momento em que, na verdade, todos os dedos da mão levantam da escala do instrumento. Esse gesto faz do sol natural, que se dá na sequência, resultante desse

14 🔗 Consideração minha à p. 142: "O trabalho do som, que foi metodificado ao longo dos séculos de sedimentação do violão erudito, é um ponto pouco desenvolvido no âmbito do violão popular".

15 Leo Brouwer e Paolo Paolini, *Scales for Guitar*, San Giuliano Milanese: Ricordi, 1979, p. 10 (tradução minha).

16 🔗 O mesmo Nei Lopes que, em nota a p. 50, afirma a criação do samba pelos bantos.

17 Ver *Sobre palavras*, CD gravado em parceria com a cantora Verônica Ferriani, com repertório integralmente composto a partir das letras de Mauro Aguiar (São Paulo, Borandá, 2009).

levantar ou soltar da mão esquerda, uma nota importante para o discurso da levada. Para a mão direita, a descontração/respiro acontece de uma forma especial no gesto em que a mão toca abrindo, em um rasgueado à brasileira.

A relação entre contração e descontração se apresenta também como questão técnico-mecânica central para o violão de concerto, fazendo-se presente em diversos métodos que a trabalham de maneira consciente[14]. Citamos Leo Brouwer e seu colaborador Paolo Paolini, que escreveram juntos o método *Scales for Guitar*:

> O homem é um ser naturalmente "preênsil"; consequentemente, a ação de pegar vem mais naturalmente do que a de soltar. No que diz respeito à mão direita, este conceito aplica-se à oposição entre o polegar, de um lado, e o indicador, o dedo médio e o anular, de outro. Alternando continuamente os dois movimentos, os músicos populares alcançam (de forma completamente empírica) a fase de relaxamento que deve necessariamente acompanhar cada batida (tensão)[15].

JOÃO BOSCO   O "Jimbo" foi uma letra do Nei Lopes[16] que eu musiquei.

SARAIVA   *Foi assim?*

A polaridade que se estabelece entre processos composicionais em que a música nasce antes da letra e processos nos quais a música é composta a reboque da letra é um dos pontos a serem aprofundados futuramente no plano reflexivo-teórico[17].

JOÃO BOSCO   *Foi assim. É a história de um jazzista que é jongueiro.*
Então eu musiquei um jazzista tocando jongo.
Mas a segunda parte é completamente no espírito do jongo.
A primeira parte faz...
[toca].

18   Citação de Marco Pereira à p. 61: "A notoriedade da cifragem alfanumérica se deu, dentro da linguagem jazzística, devido a seu aspecto aberto, com várias possibilidades de montagem, visando à prática harmônica improvisada".

19   Observação minha à p. 62, na nota 59: "A questão da enarmonia é um dos pontos-chave para o estudo do conflito entre a tradição escrita e a não escrita".

JOÃO BOSCO   *Tem uma harmonia jazzística que parece Thelonious Monk, mas está tudo dentro da melodia.*

A fim de dialogar também com os numerosos e significativos violonistas que não leem partitura, transcrevemos os acordes salientados pelo compositor tanto através da cifra alfanumérica como – experimentalmente – da tablatura, uma vez que a abertura de cada acorde é o fator que dá expressão à passagem.

Se, por um lado, a flexível cifra alfanumérica[18] perde a determinação da abertura dos acordes, por outro, ela faz que cada acorde ganhe uma dimensão de maior autonomia com relação ao centro tonal, que neste caso é um *G blues*. Trata-se de uma tonalidade que apresenta mais um impasse de escrita, também muito africano, mas agora para a escolha da armadura de clave mais adequada. Fatores como esse permitem que o cancionista que não escreve partitura – e que, portanto, não tem de lidar com questões técnicas e teóricas envolvidas na escrita formal – alcance, em alguns casos, maior liberdade harmônica[19].

Com base na cifra e no funcionamento "escala-acorde", esquematizado pela escola jazzística, o músico que teve sua formação nessa escola aplica as escalas correspondentes a cada acorde, alcançando, assim, uma significativa expansão do material melódico-harmônico apresentado pelo compositor.

JOÃO BOSCO   *Daí, na segunda parte vem...*
[toca a ponte que leva novamente à rítmica de jongo].

A mesma rítmica do jongo é agora executada na intrincada digitação que, também na mão esquerda, o compositor desenvolveu a partir da que procuramos transcrever anteriormente, baseada apenas no acorde de C7(9).

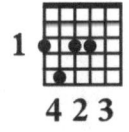

O acorde do *G Blues*, com o dedo 3 salientando a nota si bemol na terceira corda (a *blue note* do tom), que alterna com o sol da mesma corda solta, implica um posicionamento que exige grande flexibilidade mecânica da mão esquerda, muito difícil de ser atingido de maneira relaxada.

Diante da quantidade de elementos envolvidos, a passagem parece impossível de ser transcrita em partitura. No entanto, de alguma maneira inexplicável, torna-se ainda mais fluente através do gestual das mãos e do corpo de João Bosco, que agora revela mais claramente o seu "pulso interno" ou "tempo". Isso me ajuda a assimilar ao menos as linhas gerais do desenho rítmico proposto e condensá-las num gesto vocal (mnemônico), geralmente utilizado como recurso para a incorporação rítmica.

A partir daí a conversa se desenvolve em torno do jongo.

SARAIVA *Esse jongo de vocês*
é aquele que eu conheci ao vivo com o falecido Mestre Darcy aqui no Rio,
que tem a toada da barata: "Eu nunca vi tanta barata/
Eu nunca vi tanta barata/
Senhora dona, pega no chinelo e mata"?

JOÃO BOSCO *Este aqui é o da Serrinha, que Clementina cantava.*
"Carreiro Bebe", "Tarantá", baseado nos atabaques.

SARAIVA *Você parte daquela referência e chega a uma síntese de violão, pois não é um gênero consagrado ou assimilado dentro do cancioneiro brasileiro.*
É experimental, certo?

JOÃO BOSCO *Mas, às vezes, ele invade e as pessoas nem percebem*
– já estão fazendo uma coisa que tem jongo no meio,
e elas nem sabem.

Chamamos atenção para o contraste entre o jongo apresentado por João Bosco, que nos transmite a sensação de compasso quaternário ($4/4$), e o compasso binário composto ($6/8$), a respeito do qual Marco Pereira desenvolveu sua síntese de jongo, apresentada em "Rítmica brasileira" (capítulo anterior), e Paulo Bellinati desenvolverá sua peça no próximo capítulo.

SARAIVA *Eu viajei por aí com meu grupo A Barca e, em Guaratinguetá (SP),*
tem um toque assim
[canto a estrutura básica do toque do jongo do Tamandaré, mais próxima do que sentimos como um compasso $6/8$],
que acontece também em andamento mais lento.

JOÃO BOSCO *É, tem vários sentimentos de jongo.*

O "JONGO" DE BELLINATI E O JONGO DO TAMANDARÉ

O violonista Paulo Bellinati é o compositor de "Jongo", uma das peças de violão mais executadas no campo que se estende entre o violão popular e o de concerto.

Jongo
solo guitar

Paulo Bellinati
(Genebra, 1978)
(São Paulo, 1982)

Apresentamos acima quatro compassos da versão solo e, a seguir, o mesmo trecho na versão para duo:

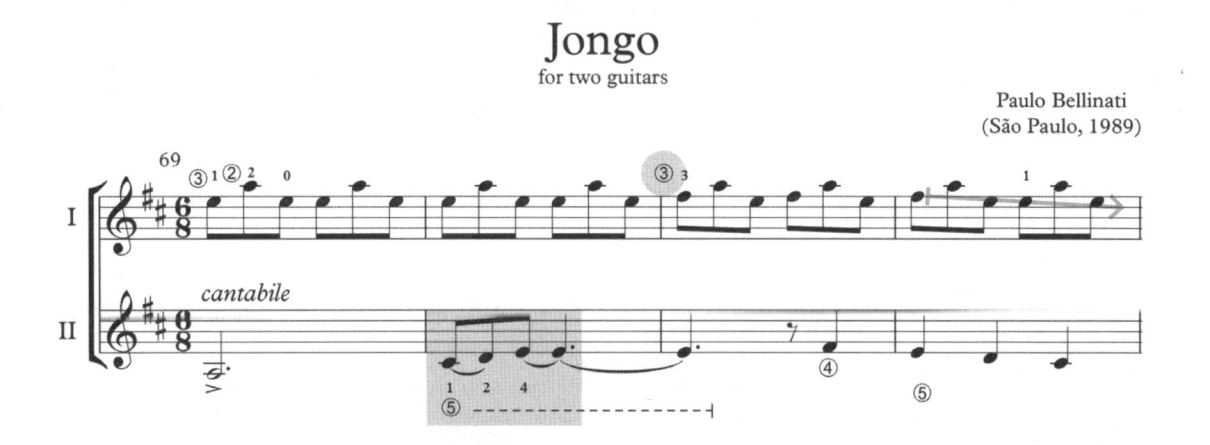

Jongo
for two guitars

Paulo Bellinati
(São Paulo, 1989)

É notável como a versão em duo se vale da maior liberdade mecânica para enfatizar o sentido cantábile do trecho, o que permite a inserção de uma nota explicitada pelo "ligado" que acontece na quinta corda do segundo violão da versão em duo. Trata-se de uma nota que, mesmo fazendo parte da melodia principal do trecho – que possivelmente seria letrada em uma eventual "versão canção" da obra –, na versão solo é omitida devido ao limite de digitação do instrumento, que sustenta simultaneamente o dedilhado de acompanhamento que acontece nas cordas primas. Tal "liberdade"[20], gerada pelo desmembramento da peça solo[21], possibilita maior expressividade da parte realizada também pelo primeiro violão, que, assim, ganha uma direcionalidade descendente (indicada pela seta), a partir da inserção do fá sustenido executado pelo dedo 3 na terceira corda (que segue para a nota ré no compasso 73 da partitura original).

A peça foi gravada, na versão para duo, até mesmo por John Williams[22], um dos ícones mundiais do violão de concerto de todos os tempos[23]. Esse fato sinaliza a histórica reverberação que os materiais musicais oriundos das práticas de tradição não escrita encontram no ambiente de concerto por meio do reprocessamento feito pela intervenção autoral que se vale da escrita[24].

SARAIVA   Admiro como você consegue escrever a mesma música para diferentes formações.
"Jongo", sua peça mais conhecida, existe para violão solo, duo e também para outras formações.
Ela nasceu como um solo?

BELLINATI   Na verdade, não. Foi para um grupo instrumental.

SARAIVA   Com saxofone, nos moldes do Pau Brasil?
Então era como que uma canção, um tema?

BELLINATI   O "Jongo" começou a ser gestado para esse grupo instrumental,
quando eu estava morando na Suíça.
Era uma peça que eu vinha compondo, na qual o violão tinha um papel importante.
Esse grupo, aliás, nunca conseguiu tocá-la.

A versão solo nasceu quando eu já estava de volta ao Brasil,
na época em que fazia as transcrições do Garoto,
talvez por isso tenha até alguma influência.
Foi só aí que eu elaborei a versão solo[25],
e o Pau Brasil gravou a versão em grupo.

---

20   ↳ Sérgio Assad à p. 108: "É aquela harmonia que você imaginou que tem que soar, não importando o esforço. Então tem acordes que ficam um pouco desconfortáveis tecnicamente".

21   ↳ João Bosco à p. 127: "Você vai distribuindo aquilo que faz".

22   Ver Paulo Bellinati, "Jongo". Link para a música em: www.violao-cancao.com/referencias.

23   ↳ Comentário meu à p. 139: "As gerações sucessoras de Segovia – a partir daquela representada por John Williams e Julian Bream – desdobram seu legado".

24   ↳ Reflexão minha à p. 56: "O escritor [Mário de Andrade] 'dava cobertura teórico-ideológica aos compositores' e apresentava o que representaria as bases estéticas do programa nacional-modernista".

25   ↳ A ideia central de "O momento da escrita", à p. 194.

> São músicas que demoraram anos para ficar prontas.
> Uma música desse porte e com essa quantidade
> de informação
> leva anos para ficar do jeito que está.

SARAIVA   Foi um processo.

BELLINATI   *É um processo. Um processo de evolução das músicas.*
> *Eu mesmo fui me entendendo no mundo como violonista*
> *brasileiro.*
> *Esse processo longo, de vida, de aprendizado, que vai*
> *forjando o compositor.*
> *Você se transforma num compositor quando armazena um*
> *material interno grande*
> *e, a partir dele, consegue dizer algo original.*
> *Eu demorei muito para ser um compositor.*

Para Bellinati, o processo de evolução das músicas se entrelaça então com o "forjar" do compositor, a partir do material interno acumulado como violonista. Nesse percurso, o tempo de maturação é respeitado como fator que determina o desenvolvimento tanto do compositor como de sua obra.

    Tom Jobim surge novamente como referência, agora ligado ao tempo dedicado à contínua formação do autor e à composição de suas canções mais elaboradas.

BELLINATI   *Eu acho que a obra de Jobim jamais existiria sem todo o*
> *estudo que teve como arranjador*[26].
> *No piano dele havia os prelúdios de Chopin, que todo dia ele*
> *se dedicava a ler.*
> *Assim, manuseava a riqueza que os impressionistas*
> *deixaram no final do romantismo. Não dá para*
> *imaginar uma composição como "Luiza" como uma*
> *canção simplesmente intuitiva.*
> *Eu acho que "Luiza", "Choro Bandido"*[27] *e "Beatriz"*
> *só existem porque alguém com muito estudo e muito conhe-*
> *cimento*[28] *musical as criou, pois é impossível aparecer*
> *esse tipo de densidade harmônico-melódica instanta-*
> *neamente. No caso de "Luiza", especialmente, Jobim*
> *demorou muito tempo para compor.*

SARAIVA   *Elaborar...*

---

26   João Bosco à p. 41: "No fundo, essa é uma forma de se enriquecer, que deve ter sido muito significativa para ele [Jobim]".

27   Edu Lobo à p. 68, sobre "compor no piano", e o meu conceito de "instrumento ativo na busca melódica" (p. 67).

28   Paulo César Pinheiro à p. 169: "Isso é a sabedoria de um criador: saber até que ponto o conhecimento não atrapalha".

BELLINATI *Ele ficou muitos meses elaborando, procurando as linhas melódicas, soluções.*
Uma música muito rica, uma obra-prima, que não sai de um dia para o outro.

Parecem surgir dois tempos a serem considerados: o tempo que um compositor leva para se constituir, diante do(s) universo(s) no(s) qual(is) atua; e o que ele leva para compor uma nova obra. Ambos os períodos são relativos e dependem de um grande número de variáveis. Ainda assim, propomos, uma vez mais, o trabalho da polaridade determinada pela diferença entre as habilidades do *composer* e do *songwriter*.

Espera-se que o *composer* tenha uma educação formal, durante a qual aprenda técnicas de composição correntes na história do repertório de concerto, o que, com a prática, fará que ele escreva uma obra sem empregar um período muito grande de tempo. No entanto, essa dinâmica, como nos demonstra Bellinati, não corresponde à realidade da prática autoral, ao menos do universo do violão[29]. Também não diz respeito ao processo de formação do autor nem à prontidão com que compõe, pois o depoimento explicita quanto uma boa peça demanda o emprego de um bom tempo de trabalho.

Já o *songwriter*, que se encarna na figura do sambista no Brasil, orgulha-se de uma certa "malandragem", até por conhecer o poder de persuasão da dimensão intraduzível daquilo que, não por acaso, vem sendo chamado de "mistério do samba"[30]. Para que a canção se molde ao ritmo, e mesmo aos instrumentos que farão o acompanhamento harmônico, faz-se fundamental uma sabedoria do compositor que "deixe a canção correr", sem amarrá-la com uma elaboração musical que possa se tornar excessiva. Tal sabedoria é assimilada através de um longo processo de formação junto aos compositores das gerações anteriores. Porém, na hora de compor, o *songwriter* é fulminante, podendo instantaneamente dar à luz uma canção duradoura, que, muitas vezes, já embala a madrugada da noite em que foi composta, conforme salienta Tatit: "A canção sai na hora, é isso o que importa. A naturalidade, a espontaneidade e a instantaneidade são valores preciosos ao cancionista. A rapidez e a eficácia do resgate da experiência provocam o efeito de *inspiração*"[31].

Uma exceção que ajuda a confirmar essa regra é a de Dorival Caymmi. Nas palavras de Sérgio Cabral:

29 Sérgio Assad à p. 219: "Ninguém ensina uma pessoa a compor, isso não existe".

30 A mesma ideia no depoimento de Paulo César Pinheiro e na citação de Hermano Vianna, à p. 172.

31 Luiz Tatit, *O cancionista*, São Paulo: Edusp, 1996, p. 20.

"Caymmi demora muito para compor uma música, dizem alguns dos seus amigos, [...] mas quando conclui uma obra a música brasileira fica mais rica"[32]. Afinal, se Caymmi demorava, era em relação ao curto tempo que o *songwriter* costuma levar para compor uma canção no Brasil.

O mesmo Caymmi é um dos autores que inauguram uma conexão natural entre o universo da canção popular urbana[33] – que se alimenta diretamente da música mundial, inclusive erudita – e a música folclórica brasileira. Essa conexão se deu ao largo de diretrizes como as que regiam a atuação dos compositores eruditos vinculados ao programa nacional-modernista[34].

O poeta Paulo César Pinheiro traduz da seguinte maneira o que vulgarmente é chamado de "música folclórica" no Brasil:

P.C. PINHEIRO *Você já viu isso de perto*
porque A Barca viajou a cada lugar buscando essas coisas.[35]

Aí você tem tudo,
tem a dança,
tem o sentimento,
tem a emoção, tem o susto,
o espanto da criação.
Tem tudo isso nessas músicas.

No trabalho da polaridade entre o "fixo" e o "flexível", a força criadora do momento[36] se apresenta como um dos vértices imprescindíveis. Para representá-la, convocamos o testemunho de Totonho, um dos jongueiros centrais do jongo do Tamandaré, manifestação que acontece em Guaratinguetá (SP). O autor de diversos pontos entoados por sua comunidade parte do fundamento do repertório remanescente do tempo da escravidão para inserir traços diferentes na melodia. Dessa maneira, fica clara a forma como soluções pessoais resultantes de um comprometimento com algum grau de ruptura, com aspectos do moderno e com a busca por originalidade[37] – visitados ao longo deste trabalho – se fazem presentes nos mais variados contextos de criação musical. Totonho, que entrou no jongo por volta de 1964, com 10 anos de idade, assim contou sua história aos pesquisadores do livro *O jongo do Tamandaré: Guaratinguetá – SP*:

---

32 Sérgio Cabral, "O ritmo de Caymmi", em: Dorival Caymmi, *Dorival Caymmi: Songbook*, Rio de Janeiro: Lumiar, 1994, p. 16.

33 ↪ João Bosco à p. 34: "Uma pessoa que mudou minha vida foi o Dorival Caymmi".

34 ↪ Citação de José Miguel Wisnik à p. 56: "Assim, tais diretrizes se atrasam 'de maneira básica, tentando reduzir o popular ao mito de origem (e da pureza das raízes, romanticamente)'".

35 ↪ Texto sobre o autor à p. 239: "Música das culturas tradicionais brasileiras, [...] que pesquisa desde 1998 como integrante do grupo A Barca".

36 ↪ Citação de Leo Brouwer à p. 177.

37 ↪ Citação de John Blacking à p. 163: "A originalidade pode ser uma expressão de comportamento exploratório inato com os materiais acumulados de uma tradição cultural".

TOTONHO *Desde quando entrei no jongo que venho escrevendo
 os pontos que faço.
 Porque é um trabalho.
 Eu tive essa ideia de que vou envelhecer
 e que tenho que guardar de lembrança para a comunidade
 e para a minha família.
 Vou deixar gravado e escrito.
 Num caderno estão mais de trezentos pontos de jongo.
 Eu sou um jongueiro com uma maneira um pouco
 "diferente" dos outros.
 Faço os pontos de um jongo num "fundamento".
 E aí coloco uma melodia também diferente*[38].

Totonho canta nas rodas sempre com seu caderno na mão, repleto das letras dos seus pontos. O gesto da escrita repete-se forjando o traço da "autoralidade", que se apresenta nas mais variadas formas de se fazer música no Brasil. Esse processo de escrita entrelaça no mesmo gesto criador a música e o autor, fazendo dos pontos a história de vida de Totonho – assim como em Bellinati e em todo compositor.

TOTONHO *Eu fiz alguns pontos de que gosto demais.
 Tem um que fiz numa fase meio difícil da vida.
 Eu fui morar na beira do mar.
 Fiquei um tempo lá, sozinho, vigiando e morando num
 quiosque,
 na praia de Itamambuca, em Ubatuba.
 Estava sentado tomando um café, aí vi uma faísca, que bateu
 assim na beira da praia.
 Eu levantei e fui chegando para ver.
 Comecei a sentir uma coisa estranha*[39].
 *Ouvi uma voz que falava para mim: "Pega uma candeia, leva
 uma candeia, acende a candeia".
 Eu corri para dentro do quiosque, peguei umas velas e acendi.
 Comecei a fazer uma oferenda pra Ogum ali.
 E naquele exato momento vieram os versos:*

 Acendi minhas candeias foi lá na areia
 Para Ogum Sete Ondas, linda sereia
 Aí, depois de sete noites de lua cheia
 Minhas candeias estavam acesas na areia

 Oi, Beira mar
 Esse mar tem mironga, vou mirongar[40].

---

[38] Alexandre Kishimoto, Maria Cristina Cabral Troncarelli e Paulo Dias (org.), *O jongo do Tamandaré*, São Paulo: Associação Cultural Cachoeira, 2012, p. 106.

[39] ↳ João Bosco à p. 219: "Às vezes, ele acontece subitamente, num solavanco; às vezes, ele vem numa velocidade lenta e você vai ficando diferente, sente que tem alguma coisa acontecendo. Nunca se sabe direito".

[40] Alexandre Kishimoto, Maria Cristina Cabral Troncarelli e Paulo Dias (org.), *O jongo do Tamandaré*, op. cit., p. 106.

41 Chico Saraiva, "Melodia para a incerteza", *Água* (CD), São Paulo, MCD, 1999. Gravada em parceria com Eduardo Ribeiro (bateria) e José Nigro (baixo). Disponível em: http://chicosaraiva.com/albuns/agua.

42 Chico Saraiva e Luiz Tatit, "Incerteza", *Trégua* (CD), Rio de Janeiro, Biscoito Fino, 2003. Disponível em: http://chicosaraiva.com/albuns/tregua.

43 Chico Saraiva, "Melodia para a incerteza", em: Fernando Caselato e Quarteto Tau, *Cordas brasileiras* (CD), Rio de Janeiro, Delira, 2011. Link para a música em: www.violao-cancao.com/referencias.

UM PROBLEMA ANTIGO

SARAIVA *Tive recentemente uma experiência importante para mim,*
que foi a de reescrever aquela nossa primeira parceria, "Incerteza".

TATIT *Aquela música já é mais antiga, foi do seu primeiro disco instrumental, não foi?*

SARAIVA *Isso, o primeiro que lhe dei.*

TATIT *Eu me lembro.*

SARAIVA *O disco é de 1999.*
E eu não cheguei a escrever na época por causa dessa chance de mobilidade,
que é própria da canção.
E, agora, no meu curso de pós-graduação, que estuda a chamada "música erudita", consegui chegar a uma partitura para quarteto de violões que me satisfez.
Não que eu não vá chegar ainda a uma próxima versão.

Apresentamos a seguir o percurso da composição mencionada através de uma de suas passagens musicais, representada por partituras das diferentes formações em que a composição foi registrada ao longo do tempo. A primeira versão foi instrumental[41]; a segunda, gravada em violão e voz, recebeu interpretação de Simone Guimarães e letra de Luiz Tatit[42]; e a terceira versão é registro do Quarteto Tau de violões[43].

Melodia para a incerteza
violão solo
Chico Saraiva (1999)

Incerteza
voz e violão

Chico Saraiva/Luiz Tatit (2003)

não sa-ber quem é quem

Melodia para a incerteza
quarteto de violões

Chico Saraiva (2011)

morrendo aos poucos — *rubato*
morrendo aos poucos — *rubato*
morrendo aos poucos
morrendo aos poucos

TATIT   *Jobim fez isso ao longo do tempo.*
Fechava versões e cada vez ia tocando de uma forma um pouco diferente[44].

SARAIVA   *Então era cancionista, não?*
Que deixa flexível.

TATIT   *Jobim é tipicamente isso.*
O cancionista não se preocupa com os detalhes das notas.
O que interessa é a inflexão inteira.

[44] Paulo Bellinati à p. 185: "Um processo de evolução das músicas".

*É por isso, então, que tem canções cuja finalização
é descendente
e a pessoa [intérprete] acaba ascendente, coisa que na
música erudita é inconcebível.*

De fato, a nota do terceiro compasso da transcrição apresentada na partitura, de voz e violão, de "Incerteza" aconteceu espontaneamente na interpretação de Simone Guimarães. A nota surgiu apenas no *take* escolhido para o disco, já que nos demais *takes* a cantora manteve a nota lá sustenido, da finalização original da frase (conforme indicado nas partituras).[45]

Tal flexibilidade é natural no mundo da canção, ainda que determinadas vertentes e autores populares procurem tanto quanto possível evitar esse tipo de flexibilização da melodia. Já no mundo da música erudita, seja em canção (*Lied*), seja em música instrumental, a flexibilização das alturas grafadas na partitura, inclusive as que constituem a melodia, tende a soar como um recurso fora de contexto.

SARAIVA *Na partitura, a nota que vale é a escrita.*

TATIT *Isso não existe na canção.
A canção vai sendo feita através das interpretações.*

O processo de fixação, que abre caminho para o desenvolvimento da canção popular no Brasil, não é o da escrita em partitura, e sim o da audiogravação, que dá origem à indústria do disco e faz a canção popular brasileira nascer atrelada à ideia de canção comercial. "Ineptos para a inscrição de suas invenções sonoras na pauta musical, esses primeiros sambistas recebiam os novos aparelhos como um encontro com a própria identidade."[46, 47]

Essa dinâmica baseada em gravações cristaliza a natureza flexível e sempre renovada que um gesto musical carrega como traço intrínseco, sem deixar de proporcionar ao cancionista – e à rede de agentes de indústria e comércio – que uma versão seguinte da mesma canção seja lançada em um futuro próximo. Assim, "a canção vai sendo feita através das interpretações", como ressaltou Tatit, ao multiplicar naturalmente a oferta de produtos já conhecidos pelo público consumidor.

---

45 Observação minha à p. 213 sobre a variação melódica em "O violeiro": "Esta é a frase inicial [...] ponteio do violão, claramente inspirado no som da viola".

46 Luiz Tatit, *O século da canção*, Cotia: Ateliê, 2004, p. 34.

47 O primeiro samba gravado, "Pelo telefone", surge a partir de uma dinâmica muito distante daquela determinada pela partitura: "O tema em voga teria sido desenvolvido [....] na casa da tia Ciata, numa das frequentes rodas de samba [...]. Em sua versão inicial como partido e, portanto, aberto às improvisações, esse samba foi cantado 'solto como um pássaro' até 1916 nos pagodes, quando [...] Donga teria lhe dado desenvolvimento definitivo com uma letra fixada pelo jornalista Mauro de Almeida". Nesse episódio a partitura – de piano, aliás – teve papel eminentemente burocrático, como suporte que oficializaria o registro da obra na Biblioteca Nacional em nome de Donga, "que não menciona parceiros". Ver Roberto Moura, *Tia Ciata e a Pequena África no Rio de Janeiro*, Rio de Janeiro: Funarte; INM; Divisão de Música Popular, 1983, p. 116.

TATIT   *A canção vai mudando, e o próprio autor, quando vai gravar outra vez,*
já grava parecido com uma versão que ele ouviu.
É isso que a torna instigante e, ao mesmo tempo, diferente do pensamento escrito.

SARAIVA   *É outro pensamento.*

TATIT   *É outra coisa.*

Entretanto, não é difícil apontar recursos "diferentes do pensamento escrito" que se fazem também presentes nos processos habitualmente utilizados na prática da música erudita, de tradição escrita. No plano do "tocar", o intérprete erudito realiza uma leitura da obra que tem sempre a possibilidade de exercer uma influência significativa em interpretações futuras. Nesse contexto musical, as indicações na partitura são relativizadas pelos intérpretes, embora as notas musicais sejam preservadas. No plano do "compor", a dinâmica que se baseia na contínua produção de novas versões encontra paralelo no âmbito da música escrita, sendo inúmeros os casos de trechos compostos – como fazia Villa-Lobos, por exemplo – para uma determinada formação instrumental que, posteriormente, são adaptados pelo próprio autor em nova versão ou até mesmo reaproveitados em outra obra.

SARAIVA   *Estou tentando transitar entre essas duas coisas,*
que consistem em uma contraposição dura e antiga,
pelo que posso supor.
Eu não estou falando de nada que não seja muito antigo[48].

TATIT   *Sim, mas nunca resolvido.*

Quando se fala da diferença entre uma música escrita e uma música que tem vocação para canção,
normalmente as pessoas estão pensando em outra coisa, em outro objeto.
Pensam que, para ter vocação de canção, ela precisa ser um pouco mais lenta,
para fazer as inflexões de maneira confortável.

De fato, o termo "canção" remete o músico em geral a uma compreensão que coincide com a colocada acima por Tatit e que podemos constatar também na afirmação

---

48   Comentário meu à p. 214: "E, justamente ali – na nascente principal da escrita musical europeia –, a notação se restringia à determinação das alturas".

de Sérgio Assad, segundo a qual "as melhores canções, na realidade, têm poucas notas e mais respiração"[49].

TATIT   *Mas canção dinâmica*
é uma canção que fica, inclusive, muito mais esquisita do que finalizada,
porque ela se baseia na instabilidade da fala, e não num conforto para você fazer as inflexões.
Portanto, o problema é antigo, mas nem se sabe do que se está falando ainda.
O lado bom da vida acadêmica é que você demora em um convívio para poder discutir várias vezes.

A complexidade do "problema antigo" demanda, a meu ver, ponderações que partam dos mais variados pontos de vista, pois a referida instabilidade da fala, que revela com profundidade a sutil percepção de Tatit, interage com outras dimensões que lidam também, por sua vez, com a dualidade estável-instável a partir de outros parâmetros.

A fala se relaciona desde sempre com aspectos rítmicos, já que na África e, consequentemente, no Brasil o gesto vocal não se distancia do gesto musical pronunciado pelo corpo como um todo. Mesmo os motivos rítmicos de referência, que atuam na base do tecido musical, são transmitidos oralmente, utilizando-se de recursos inflexivos inerentes à voz, o que resulta em uma espécie de percussão vocal, como ocorreu tantas vezes ao longo desses nossos diálogos musicais. Trata-se de frases rítmicas estruturais que lidam diretamente com a relação estável-instável, resultando em infinitas possibilidades de articulação rítmica-vocal que, em contexto de canção, atingem a palavra.[50]

Outra dimensão que se relaciona diretamente com a instabilidade da fala – que para Tatit caracteriza uma "canção dinâmica" – remonta a um percurso ligado não ao eixo das durações rítmicas, mas ao eixo das alturas. Esse eixo nos conduz ao instrumento melódico-harmônico, que tem, no piano, possibilidades infinitas e, no violão, um limite que lhe empresta um caráter essencial muito vinculado à canção.

O fato é que, no fértil jogo entre a voz e o instrumento ativo na busca melódica, tanto o instrumento propõe à voz caminhos, pelos quais ela poderia não enveredar, quanto se espelha na voz e procura imitá-la[51]. Esse processo é bastante evidente em duas músicas de Chico Buarque, "Bolero Blues"[52], que segundo ele

---

49 Ver "A não canção?" à p. 69, no capítulo "Canção: graus de ação do instrumento no processo criativo".

50 Observação minha à p. 166: "Um virtuosismo da estabilidade, uma âncora do tempo, do pulso rítmico".

51 Edu Lobo à p. 209: "Quando você compõe no piano, [...] faz o acorde e canta uma nota, mas o dedo escolhe outra, e o cérebro registra e escolhe o que ele prefere".

52 Chico Buarque e Jorge Helder, "Bolero Blues". Link para a música em: www.violao-cancao.com/referencias.

próprio é impossível de cantar[53], e "Rubato"[54]. Ambas as canções são melodias do instrumentista Jorge Helder que, letradas e filtradas por tudo o que Chico Buarque viveu em canção[55], revelam um tênue equilíbrio entre o gesto vocal e o instrumental, em compatibilidade que orienta a linha de atuação desta obra e dialoga com o conceito de *gesto musical*.

O MOMENTO DA ESCRITA

Minha busca pessoal para soluções de escrita que atendam à natureza das composições que venho desenvolvendo se relaciona com questões apresentadas ao longo deste livro. Isso, em parte, esclarece minhas motivações como pesquisador.

O trecho a seguir, do diálogo com Sérgio Assad, parte da execução ao violão solo de uma de minhas composições – intitulada "Coco"[56] –, que utilizo como exemplo para abordar questões que já há algum tempo se apresentam em minha atividade artística.

SARAIVA[57] *Você acha que ela pode gerar uma boa partitura para violão solo?*
Porque o que eu canto permite também alimentar um segundo violão.
E ela tem letra também, podendo ser escrita para violão e voz.

ASSAD *No seu caso, eu escreveria para violão solo.*
A harmonia já está aí,
está interessante.

SARAIVA *E como você acha que ela chega para o concertista, dentro daquela preocupação, que vem do exemplo aqui citado de Brouwer[58],*
esperando que funcione tanto quando o intérprete se referencia no jogo rítmico
quanto no caso de uma priorização do tecido melódico-harmônico?
Eu testo e sinto que ela traz intenções possíveis no gesto.

Na observação a seguir, o musicólogo Richard Hatten se baseia no repertório de concerto para traçar uma relação entre a "configuração individual do gesto" que emerge do compositor e variações microestruturais que

---

53 Ver o vídeo de Chico Buarque apresentando a letra para Jorge Helder, seu parceiro e baixista de sua banda. Link para o vídeo em: www.violao-cancao.com/referencias.

54 Chico Buarque e Jorge Helder, "Rubato". Link para a música em: www.violao-cancao.com/referencias.

55 ⌨ Observação minha à p. 116: "[Chico Buarque] se serve dos anos passados ao pé do piano de Jobim para desenvolver uma estrutura dificilmente imaginável por um estudioso do violão".

56 Chico Saraiva, "Coco", *Saraivada* (CD), Rio de Janeiro, Biscoito Fino, 2008. Disponível em: www.chicosaraiva.com/albuns/saraivada.

57 🔊 Faixa 21, disponível em www.violao-cancao.com/faixas-do-livro.

58 ⌨ Reflexão minha à p. 155: "Uma polifonia perfeita, [...] que faz essa música se sustentar em qualquer uma das duas abordagens".

"resultam num perfil rítmico muito sofisticado", presente sobretudo na música popular:

A configuração individual do gesto emerge na peça de um compositor com a sintaxe reguladora do estilo musical. Mas [...] algumas vezes essas energias e flexibilidades tonais e rítmicas não estão evidentes à primeira vista somente na sintaxe. A significante caracterização de gesto também pode ser ouvida nas distorções sutis de colocação métrica e acentuação na performance. Isso é especialmente verdadeiro em boa parte da música popular, em que as variações microestruturais no timing resultam num perfil rítmico muito sofisticado, que pode ser totalmente ignorado pelo estudioso que se concentra no ritmo anotado e na métrica em si[59].

SARAIVA   Então, estou pesquisando como trazê-la para a partitura. Por exemplo, como anotar essa intenção?
[Toco a passagem.]

SARAIVA   Acabei de fazer *crescendos* que só aconteceram agora,
que eu não tenho, a princípio, como escolha composicional.

ASSAD   Mas, a partir do momento em que você coloca no papel, passa a ser sua intenção.

SARAIVA   Eu já a escrevi, mas ainda assim gosto que seja cada hora de um jeito.
Pelo menos para mim é bom, pois vai alimentar novas músicas.
Então, é um pouco o conflito entre o fixo e o flexível.
Tem que haver esse momento da escrita, da escolha.
Já fiz alguns *crescendos* aqui e ali.
Pode ser de tantas maneiras...

ASSAD   Acho que você tem que colocar no papel o que está fazendo.

---

59 Robert Hatten, *Interpreting musical gestures, topics, and tropes*, Bloomington: Indiana University Press, 2004, p. 118 (tradução minha).

> *Começa a fazer, vai anotando, que você vai se deparar com*
> *alguns problemas.*
> *A começar por: como eu escrevo isso?*
>
> *Você vai se descobrir fazendo e anotando*
> *as coisas que formam sua linguagem pessoal,*
> *e vai se descobrir cada vez mais.*

Essa situação nos leva a considerar também o momento em que a escrita se dá ao longo do processo, dados os exemplos nos quais uma notação "tardia" aponta no sentido de uma oralidade mista, que se apresenta "quando a influência do escrito permanece externa, parcial e atrasada"[60].

A forma, ou mesmo a duração, de uma composição nos revela outro ponto de interessante intercâmbio entre a canção popular e o violão de concerto. No que tange à questão da forma, vale mencionar que entre esses dois polos o *Lied* representa uma referência importante. Segundo Zamacois, a forma *Lied* se apresenta da seguinte maneira: "O pequeno tipo ternário. [...] São possíveis os tipos A-B-A, A-A-B, A-B-B e A-B-C. A estrutura preferencial é a A-B-A: ternária reexpositiva – *Lied* ternário"[61].

Transposta para o âmbito popular, a "forma" recebe influência decisiva do fato de a canção ter nascido e se desenvolvido em vivo diálogo com a indústria do disco, dela recebendo parâmetros como o tempo de duração das faixas, em função até das tecnologias pioneiras em audiogravação. Assim, na medida em que não restringem a duração das peças, tais parâmetros revelam com nitidez a distância que existe entre os padrões habituais à canção popular e a expectativa da escuta do ambiente de concerto.

Sérgio Assad sugere que a peça apresentada assuma a forma de pequena suíte, a fim de obter um efeito de contraste que, de fato, é mais comum a essa situação de concerto (erudito) do que a um show (popular).

> ASSAD *Sugiro que você junte isso com outras duas coisas*
> *que tenham afinidade,*
> *fazendo assim uma pequena suíte.*
> *Num ambiente de concerto, que é sobre o que estamos falando,*
> *você precisa de segmentos maiores, de músicas mais longas.*
> *E um jeito de driblar isso é juntar peças do mesmo autor,*
> *aí se forma um grupo e não fica aquele concerto em que se*
> *para a cada três minutos para aplaudir.*
> *Quanto mais agrupar, melhor.*

---

60 Paul Zumthor, *A letra e a voz*, São Paulo: Companhia das Letras, 1993, p. 18.

61 Joaquín Zamacois, *Curso de formas musicales*, Barcelona: Labor, 1960, p. 50 (tradução minha).

62 Vale salientar que o desenho da clave se inicia no segundo compasso transcrito, a partir da barra dupla que marca o início da quadratura. O desenho foi extraído da apostila do *workshop* do universo percussivo baiano ministrado por Letieres Leite em setembro de 2013.

63 Versão gravada pelo Duo Saraiva-Murray (Chico Saraiva e Daniel Murray) para o CD *Galope* (2016), que conta com a produção de Paulo Bellinati. Link para a música em: www.violao-cancao.com/referencias.

SARAIVA *Entendo, é mais adequado ao meio.*

ASSAD *Então eu acho legal você juntar essa peça, que é mais movimentada, com duas outras coisas,*
um prelúdio ou algo assim, que seja mais lento, coisas contrastantes.
E estabeleça você mesmo o seu grupo de peças.

SARAIVA *Essa ideia de contraste é uma coisa que, na canção popular, não acontece tanto,*
ainda que existam os recitativos, por exemplo.
Mas o compromisso do material de essência popular com a continuidade rítmica
acaba aprisionando o compositor, em certo sentido.
Essa música pode ser sentida...
[executo o trecho a seguir, salientando o caráter rítmico baseado no ritmo do ijexá[62]].

SARAIVA *Porém, pode ser também...*
[apresento a relação de andamentos que leva ao momento lento e contrastante da composição, exposto a seguir na versão escrita para duo de violões[63]].

ASSAD *Claro, pode virar qualquer outra coisa.*

SARAIVA *Esse tipo de contraste foi buscado, ainda que muito incipientemente,*
como você pode ver nessas partituras que deixo contigo.
Cada um vai sentir esse "aprisionamento" de uma forma.
Afinal, prisão é uma coisa muito pessoal
[risos].

ASSAD *Um exercício que eu faço é pegar algo em três tempos, por exemplo, e passá-lo para quatro.*
Tem músicas que dão certo.

SARAIVA *Tem a versão em samba do Martinho da Vila para "Valsinha", do Chico Buarque.*

ASSAD *São exercícios musicais que eu acho gostoso fazer.*

UMA COISA POÉTICA DENTRO DE UMA MÚSICA COM SUINGUE

Entre os vários diálogos aqui apresentados, aponto o próximo momento como sendo de especial entrega de um entrevistado à proposta investigativa. Guinga, com quem já havia conversado algumas vezes sobre a questão, expõe sua busca franca pelo que chama num primeiro momento de "uma certa beleza da música lenta".

Aqui ele parte de seus próprios limites, os quais são intuitivamente incorporados na concepção conceitual de sua música, para perseguir a ideia que acaba se traduzindo como "uma coisa poética dentro de uma música com suingue"[64]. Sua intenção parece ser a de integrar os estímulos rítmicos (que desde seu mais fértil berço, o africano, oferecem ao mundo uma poesia própria) aos estímulos melódico-harmônicos (forjados ao longo da história da música europeia e que, aos olhos do músico popular, se associam ao poético)[65].

GUINGA[66] *A velocidade é um negócio que está dentro do cara mesmo, um negócio motor.*
O cara nasce com mais facilidade para a velocidade.
E eu, digo sempre isso, adoraria ser veloz.

---

64 Segundo o *Dicionário Aurélio*, "suingue" significa: "Elemento rítmico do *jazz*, de pulsação sincopada, e que caracteriza esse tipo de música". Como vemos, esse conceito foi totalmente incorporado à música brasileira.

65 Marco Pereira à p. 122: "O Paulinho [Nogueira] era muito mais poético, muito mais sutil e delicado [do que Baden Powell]".

66 Faixa 22, disponível em www.violao-cancao.com/faixas-do-livro.

SARAIVA   Mas você trouxe toda uma maravilha
sobre a qual é importante que a gente converse
para conseguir entender melhor.

GUINGA   O cara fica procurando, dentro de seus limites,
o que pode conseguir de bom.
Por exemplo, às vezes eu penso assim:
"Na velocidade de uma Ferrari, você não vê a paisagem,
pega a [avenida] Niemeyer e não vê o Rio de Janeiro.
Já com um carro pouco veloz você desfruta mais da paisagem".

SARAIVA   Às vezes, tem que deixar soar este tipo de harmonia, né?
[Toco uma sequência de acordes em *rallentando*,
finalizando com uma *fermata*.]

GUINGA   É, tem momentos em que é necessário dar um tempo de
permanência ao acorde.
A música às vezes precisa da exuberância dos sons, precisa
que eles se misturem.
Posso dar como exemplo uma música minha [toca].

Garoa e maresia

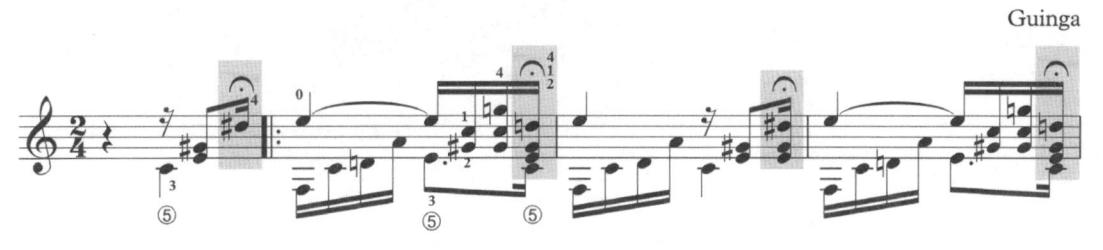

Guinga

Guinga toca, deixando "permanecer" as notas e os acordes indicados pelas *fermatas*, representadas a partir da gravação na primeira frase da música transcrita na partitura[67]. Isso não significa que esses gestos representem decisões composicionais de caráter permanente.

As partituras editadas do compositor não apresentam um detalhamento no plano das entidades expressivas da música, a saber, *fermatas*, *rallentandos* e *accelerandos*[68]. A conduta adotada nas transcrições se justifica na medida em que contempla uma flexibilidade e constante reinvenção desses aspectos em sua música,

---

67 Guinga, *Noturno Copacabana*, Rio de Janeiro: Gryphus, 2006. Link para a música em: www.violao-cancao.com/referencias.

68 A ideia de "dispositivos de variação do tempo", apresentada à p. 45.

tratando-se de um dos principais pontos de interesse na forma como Guinga toca. Assim, as gravações do próprio músico acabam por representar um referencial nesse sentido, processo característico de um cancionista que prescinde da notação musical dos efeitos que cria[69].

Se, por um lado, as exuberantes direcionalidades do discurso melódico-harmônico de Guinga não são exploradas no sentido de uma determinação autoral, ao menos pela via escrita, por outro lado tais partituras[70] dialogam com diferentes tipos de leitores ao agregarem a cifra alfanumérica, e até mesmo ao prescindirem do acabamento no aspecto aqui ressaltado[71]. Dessa maneira, as partituras atingem um ponto raro de equilíbrio entre a tradição escrita e a não escrita, e vêm sendo utilizadas tanto por músicos de formação popular como erudita, os quais, naturalmente, se valem dos recursos musicais que sua formação musical lhes proporciona.[72]

Na entrevista realizada com Marco Pereira, retomamos o tema, tão caro a este livro:

SARAIVA Conversei com alguns dos entrevistados
sobre a importância de conhecer os dois lados,
de saber entrar mas também sair do ritmo,
por mais que a estabilização do tempo seja desejada.

MARCO PEREIRA Claro, tem a coisa totalmente rítmica,
mas tem também a coisa mais solta, mais melódica.

SARAIVA As escolhas das indicações de expressão acabam
sendo determinantes.
Villa-Lobos foi muito preciso nesse sentido
[canto uma passagem hipotética aludindo a
um *rallentando*].
O *rallentando* diz tanto e é imprescindível,
uma coisa própria da música escrita.

MARCO PEREIRA Você nunca vai saber se está sendo
interpretado como Villa-Lobos pensou.
É difícil, porque na hora em que tiver escrito, por exemplo...
[toca][73].

---

69 Consideração minha sobre uma "dinâmica baseada em gravações", à p. 191.

70 Partituras transcritas por Carlos Chaves e Marcos Alves, do quarteto carioca de violões Maogani.

71 Sérgio Assad à p. 152: "Tem partituras que vêm sem indicação nenhuma, como, por exemplo, a 'Brasiliana nº 8', de Radamés Gnattali".

72 Comentário sobre Elomar à p. 212: "Sua música não poderia estar num *songbook*", defende.

73 O trecho de transcrição apresentado é extraído da partitura editada por Sampaio Araújo (Casa Arthur Napoleão, Rio de Janeiro) e distribuído pela Fermata do Brasil.

Choros (n°1)
(típico)
(chora violão)

Heitor Villa-Lobos (1920)

MARCO PEREIRA *Como vão ser essas fermatas?*
[Canta algumas possíveis interpretações das fermatas da primeira frase.]
Onde é que está a medida? Acho difícil precisar a interpretação correta.

Essa questão se reflete também nos andamentos:
un poco più mosso, por exemplo, quer dizer "um pouco mais rápido".
Quanto é o "pouco" que deve ser mais rápido?
Hoje em dia, existem softwares de escrita musical
que nos dão a possibilidade de indicar com precisão essas mudanças de andamento[74].

Voltemos para o desfecho do diálogo com Guinga:

GUINGA *Tem que dar um tempinho para o acorde sobreviver.*
Claro que depende do discurso da música.
Não vai querer tocar uma música como "Desvairada", do Garoto, deixando todo acorde sobreviver.

SARAIVA *Tem uma ideia muito presente entre quem estuda e teoriza a canção:*
a de que ela, quando envolve intervalos amplos ou angulosos, precisaria dessa coisa mais desacelerada[75].
Você procura também em andamentos mais acelerados esse tipo de expressividade?

GUINGA *Eu tento. Às vezes, não consigo,*
mas dentro da cabeça eu sei como gostaria que fosse.
Por exemplo, uma música como "Capital"[76]

---

74 Consideração minha sobre Elomar, que escreve há anos no *software* Encore (p. 210).

75 Conforme o conceito de "passional", desenvolvido por Luiz Tatit, "Ao investir na continuidade melódica, no prolongamento das vogais, o autor está modalizando todo o percurso da canção com o 'ser' e com os estados passivos da paixão (é necessário o pleonasmo). Suas tensões internas são transferidas para uma emissão alongada das frequências e, por vezes, para as amplas oscilações de tessitura. Chamo esse processo de passionalização". Ver Luiz Tatit, *O cancionista*, São Paulo: Edusp, 1996, p. 22.

76 Guinga e Simone Guimarães, "Capital". Link para a música em: www.violao-cancao.com/referencias.

77   Observação minha à p. 155, sobre a música se sustentar "em qualquer uma das duas abordagens".

[toca a composição, mais rítmica do que "Garoa e maresia"].

Sinto que há momentos em que ela precisa de uma "certa beleza da música lenta".

Dá para tocar assim mais livre ou mais...
[toca, enfatizando o caráter rítmico em um andamento mais acelerado].

Nesse momento, começo a marcar o tempo com a boca para reforçar o caráter proposto.

GUINGA   [Segue a execução assumindo caráter rítmico.]
Se eu conseguisse tocar assim, o meu cachê seria mais alto [risos].
A verdade é essa,
porque o show às vezes não combina tanto com a reflexão.
Entretenimento, diversão, alegria, euforia, show.
E a vida também precisa de show.

SARAIVA   *Deixe-me perguntar sobre isso.*
Então tem um lado que é...
["canto ritmicamente" o motivo de abertura da mesma composição].

GUINGA   *É!*
[Os dois batucam junto com a boca a partir do material rítmico-melódico da composição.]

SARAIVA   *E, num dado momento, você sente então...*
[canta um dos *rallentandos* possíveis na finalização de uma das frases da composição].

Nesse momento, Guinga volta a exemplificar de que forma a continuidade rítmica proporcionada pela batucada, que depende da estabilidade do tempo, pode ser relativizada através de intenções de expressão musical[77]. Assim, o músico nos apresenta sua franca busca do que poderia vir a ser, se não uma decisão composicional a ser grafada dentro da lógica da tradição escrita, um possível efeito a ser utilizado numa próxima execução ao vivo ou numa "versão", que pode ser vocal ou instrumental, de sua canção.

GUINGA *Não sei.*
Seria assim:
uma coisa poética dentro de uma música com suingue.

Não é difícil aceitar a ideia de que, nessa busca, o compositor remonta a séculos de conflito – tão fértil quanto insolúvel – que se dá entre a "música das alturas" e a "música rítmica". Nas palavras de Wisnik:

A ruptura entre uma música cívica e outra dionisíaca[78] [...] será definitiva para o desenvolvimento cindido da música na tradição ocidental: ela prenuncia, e já promove, a separação entre a música das alturas (considerada equilibrada, harmoniosa, versão sublimada da energia sonora purgada de ruído e oferecida ao discurso, à linguagem, à razão) e a música rítmica (música de pulso, ruidosa e turbulenta, oferecida ao transe). O aprofundamento da separação entre a música apolínea e a dionisíaca a favor da primeira provocará, com o tempo, a estabilização de uma hierarquia em que, assim como a música se subordina à palavra, o ritmo se subordina à harmonia (já que o ritmo equilibrado é aquele que obedece a proporções harmônicas em detrimento dos excessos rítmicos [...] da festa popular)[79].

Podemos observar nos intérpretes do repertório da música erudita o cultivo de uma clareza conceitual das frases melódicas, que revela o exato momento em que o apoio de determinadas notas proporciona uma resolução de maior leveza à frase, diante do contexto harmônico. Para tanto, o intérprete toma uma liberdade metronômica que incide sobre o ritmo e, assim, o subordina à harmonia. Já para o músico popular a expressão rítmica promovida pela manutenção do "pulso" e pelo pacto em torno da palavra "suingue" é soberana, e acaba por impor uma significativa diminuição da faixa de ação e, eventualmente, da própria utilização das entidades de expressão musical[80].

O "desenvolvimento cindido da música na tradição ocidental", como frisou Wisnik, tem estimulado historicamente trabalhos que se aprofundam em cada um dos flancos dessa dicotomia ancestral, em detrimento de iniciativas, como a nossa, que investigam a interação de elementos entre tais dimensões musicais[81].

---

78 Citação de Edoardo Catemario à p. 74: "Por um lado, existe a faceta apolínea: melodia e lirismo. Por outro, há ritmo e corpo, a faceta dionisíaca". Outra abordagem, na qual a "festa popular" tem lugar central, é a da discussão a partir do olhar da tradição não escrita, de herança africana. Cito o cronista carioca Luiz Antônio Simas: "Mandei Dionísio e Apolo para o banco de reservas e coloquei Exu e Oxalufã no jogo: a gira carioca é a da tensão entre exusíaco e oxalufânico. A vitalidade de Exu e a contenção de Oxalufã entraram em campo. A dança de Oxalufã é solene, marcada pelo ritmo lento e constante dos atabaques. Apoiado em um cajado, coberto por um pano branco, ele exige respeito e é reverenciado por todos os orixás. [...] Já Exu vive no riscado, na fresta, na casca da lima, malandreando no sincopado, desconversando, quebrando o padrão, subvertendo no arrepiado do tempo, gingando capoeiras no fio da navalha" (Luiz Antônio Simas, "Matutando nas encruzas", *O Dia*, Rio de Janeiro: 2018).

79 José Miguel Wisnik, *O som e o sentido*, São Paulo: Companhia das Letras, 1989, p. 104.

80 Consideração minha à p. 45: "Diferença entre uma abordagem rítmica que se alimenta da estabilidade do tempo, [...] e outra [...] regida justamente por dispositivos de variação do tempo".

81 "No Brasil as informações musicais europeias e africanas são, em certa medida, representadas pelo que é consensualmente tomado pelos estudiosos como 'duas raízes da música popular brasileira'" (Bruno Kiefer, *A modinha e o lundu*, Porto Alegre: Movimento, 1977).

É verdade que o sistema de poder da cultura ocidental se apoia numa estratégia de disjunção, na redução da heterogeneidade simbólica a um esquema de divisões binárias (produtor/consumidor, cultura/ natureza, morte/vida etc.), segundo o qual uma identidade só pode existir disjuntivamente como "ou isto ou aquilo" – por exemplo, ou se é produtor ou consumidor. No samba, esse poder institui divisões radicais (compositor/ouvinte, música/dança etc.), que rompem com o envolvimento sensorial característico do samba tradicional.[82, 83]

Essa disjunção não corresponde à dinâmica do fluxo que se estabelece entre o que percebemos como opostos complementares.[84] É o caso, por exemplo, da modinha, que transformou, já no século XIX, arte que se *aprende* em arte que se *apreende*, tal como atestou Mário de Andrade:

Dar-se-á o caso absolutamente raríssimo duma forma erudita haver passado para a popular? O contrário é que sempre se dá. Formas e processos populares em todas as épocas foram aproveitados pelos artistas eruditos e transformados de arte que se aprende em arte que se aprende. [...] Pois com a modinha parece que esse fenômeno se deu[85]

---

82 Muniz Sodré, *Samba, o dono do corpo*, Rio de Janeiro: Mauad, 1998, p. 55.

83 ↳ Observação minha à p. 159: "O discurso [musical] ganha significado na medida em que é coletivizado através da dança e da interação entre os participantes da roda, fazendo que o espectador seja agregado à realização". Paulo César Pinheiro à p. 172: "O samba tem um mistério". O processo descrito nas remissões desta nota se irmana com a dinâmica de "sobrevivência subterrânea" das culturas tradicionais de um modo geral, como aparece no estudo de Xidieh no sudoeste paulista, citado à p. 214.

84 ↳ Citação de Gilles Deleuze e Félix Guattari à p. 18: "O meio não é uma média; ao contrário, é o lugar onde as coisas adquirem velocidade".

85 Mário de Andrade, *Modinhas imperiais*, São Paulo: Martins, 1964, p. 8 (grifos meus).

ELOMAR E O INAPREENSÍVEL

Já nos primeiros estágios desta pesquisa, Elomar Figueira Mello se apresentou como figura central, na medida em que, assim como Guinga, é um autor que produz tanto canções como peças escritas para violão solo. E, naturalmente, músicas que visitam livremente e de diferentes maneiras elementos desses dois universos.

O compositor não figurou na lista inicial de entrevistados por não permitir que sua *performance* e figura fossem registradas em vídeo, formato adotado desde o primeiro instante da pesquisa – em 2011. Entretanto, a partir da iniciativa de gravar uma de suas canções[1], a convergência natural me aproximou do mestre do sertão. Desde então, de quando em quando venho recebendo honrosos convites para acompanhá-lo como instrumentista em seus concertos. A admiração foi dando espaço também à amizade, em um estreitamento de laços que me levou a visitar, junto com outros amigos, o grande músico baiano – já em 2017 – na mítica Casa dos Carneiros, localizada na zona rural de Vitória da Conquista, sul da Bahia. Ali, numa tarde fraterna e de muito ensinamento, a centralidade de Elomar para meu tema de estudo se fez evidente.

Colhi o que me foi confiado, ciente do valor daquelas palavras, numa "mão de prosa", como ele gosta de dizer. Atendendo à sua solicitação, nossa conversa foi adaptada para o formato de texto corrido, sem perder o sabor da prosa de cozinha, ao lado do fogão de lenha, que iluminava o suficiente para se ver a tez clara e os olhos translúcidos desse artista que reflete na sua pessoa e obra – em voz e violão – o indizível, e de fato inapreensível, que emana da imensidão sertaneja.

❦

O violão "solo" na obra de Elomar muitas vezes aparece reforçando o canto, quando ele canta e ao mesmo tempo dobra a melodia no violão, o que chama de "ponteio". O artista nunca estudou composição – não nos moldes acadêmicos, por meio de um curso de música. Ele conta não ter embasamento teórico; tudo o que faz é na base da intuição pura, observando os instrumentos da orquestra. Quando começou a compor, sentiu a necessidade de dobrar a voz com o instrumento, sem bem saber por quê. Diz que foi uma coisa espontânea. Quando criança, entre 6 e 8 anos, ouvia alguns violeiros cantando: violeiros rapsodos, menestréis, cantando e ponteando na viola. E aquilo impregnou sua alma, com o efeito colateral benigno de reforçar a nota da voz e não desafinar.

---

[1] "Cavaleiro de São Joaquim", música gravada com a cantora portuguesa Susana Travassos para nosso CD *Tejo-Tietê* (2013), cujo texto de apresentação foi redigido por Elomar.

O violão dá sustentação para o canto do artista. Ele relata a dificuldade que é se apresentar com orquestras, sem o apoio do seu instrumento companheiro. O "canto no ar" não flui tão bem, porque as músicas foram compostas como voz e violão, e o som perde espontaneidade. É que o violão é o fundamento de toda a música de Elomar.

No universo da canção popular, é habitual que o cantor atinja maior fluência quando o arranjo deixa a melodia livre, com o canto no ar, soando como um jogo entre dois fluxos independentes, de voz e violão. Já para o violonista-compositor, que muitas vezes não se desvencilha deliberadamente do tratamento usual dado ao violão solístico[2], a fluência do gesto musical parece se alimentar da interação entre voz e violão, atuantes na melodia principal, que acaba por gerar ali um terceiro som, resultante da fusão do timbre vocal com a sonoridade trabalhada no violão.

Isso produz um tipo de canção com intenção de contraponto, que se revela quando o violão vem dobrando a voz e, numa dada passagem, "escapole" dela – como diz o músico. Geralmente o violão dobra a melodia e cuida do chão onde vai pisar, que é a harmonia. Entrelaçada nela está a melodia, que pode ser entrevista no acompanhamento, na sequência dos acordes.

Elomar diz ter a característica de não saber compor "amarrado" em dois ou três acordes. Guarda a lembrança de quando o músico paraibano Vital Farias contou 29 acordes em uma frase da "Cantiga do estradar" – cada sílaba, um acorde. Como compositor, Elomar tem por princípio esgotar as possibilidades harmônicas. Às vezes, a melodia para e os acordes continuam viagem, sustentando a linha melódica; a nota da melodia está sempre presente no acorde.[3]

É a melodia que vai amarrar o movimento harmônico mais complexo. Parada, dá esteio a um pulo inimaginável, até que... se torna um desafio verbalizar gestos musicais como esse. Melhor que uma análise musical técnica seria a possibilidade de uma demonstração que explicitasse na prática a expressão do efeito alcançado. No impasse, a verve poética de Elomar, que é a um só tempo compositor e poeta iluminado, representa alguma possibilidade de tradução dessa síntese que conhece tão profundamente. É difícil falar a respeito, pois o assunto é muito subjetivo, ele avalia. Nós dois sabemos do que se trata, mas – na comunicação verbal – estamos ambos num "estrupício". A risada vem fácil.

---

2 Citação de Ralph Towner à p. 123: "Como solista, você é responsável por todas as três funções conceituais ao mesmo tempo: a voz da melodia, os acordes e suas variações, e uma voz de baixo".

3 Sérgio Assad à p. 116: "A primeira coisa que eu vou ouvir é o que está 'passando por trás da melodia'".

O encanto de Elomar pela música sinfônica se deu desde muito cedo; talvez por isso, ele diz que toda canção sua tem uma pincelada de erudição. Ao mesmo tempo, considera sua orquestração difícil de ser executada de forma essencialmente europeia, por ser fora do padrão. As composições não seguem o modelo europeu, mas se servem livremente da teoria e base da música europeia. Por isso, têm uma marca muito forte. Uma orquestração do artista é facilmente reconhecível, nas palavras dele, pelo "violãozão", um violão inchado, ampliado. Diferentemente dos europeus, que compunham a partir do cravo, do piano – a base de todos os compositores clássicos.

Esse ato de fundamentar-se no instrumento também invade o processo criativo de canção. O parâmetro central da obra de Tom Jobim se transmite a Edu Lobo, que nos revela: "Quando você compõe no piano, [...] faz o acorde e canta uma nota, mas o dedo escolhe outra – e o cérebro registra e escolhe o que ele prefere"[4]. Vira uma maneira de elaborar, que no caso do piano é bem comum, já que se trata de um instrumento no qual é muito viável tocar a melodia sempre, contando-se com as dez notas que podem ser tocadas ao mesmo tempo.

Elomar diferencia a composição no violão da composição no piano – o instrumento de teclas apresenta a facilidade de uma nota pronta, que não precisa ser "fabricada" com a mão esquerda como no violão. Isso se acirra ainda mais nos instrumentos de corda sem traste, como o violino e o violoncelo. No violão, o uso do capotraste, costumeiro para Elomar, contorna em certa medida essa questão, ao menos no que tange à "transposição": uma peça de violão é resultado do jogo de digitações oferecidas pela tonalidade na qual foi composta, e, diante da necessidade da transposição imposta pela adequação à tessitura vocal, corremos o risco de perder integridade de gestos musicais originais em uma peça – ou canção profundamente vinculada ao violão.[5] Ao menos para se elevar o tom, na medida em que posicionamos o capotraste diminuindo progressivamente o braço do violão, conseguimos transpor a peça preservando a digitação. É assim que Elomar considera "fantástica" a invenção do capotraste, porque deixa livre a mão esquerda.[6] Toma como exemplo sua canção "O pedido", em mi menor, em que, para fazer o mi menor, ele prende o si (quinta corda) e o mi (quarta corda), deixando

---

4 Citação completa à p. 68.

5 Guinga à p. 115: "Como é que a gente vai transpor um efeito desse?".

6 Sérgio Assad à p. 108: "É aquela harmonia que você imaginou que tem que soar, não importando o esforço".

o resto da mão está livre, com os quatro dedos para pontear. Ele compara essa configuração com o uso da pestana em sol, na terceira casa, e comenta que perdeu um dedo, pestanando, então só tem três para poder trabalhar. O capotraste dá ao músico a vantagem de tocar em sol como se estivesse tocando em mi, por exemplo. Ou em dó menor, uma tonalidade que seria difícil, como se a música fosse em lá menor.[7]

Violão-canção alude à ideia de uma canção que se serve muito profundamente disso tudo: da geografia, do terreno, deste chão que é o violão. É quando o artista usa essa acoplagem entre violão e voz em um nível estrutural para a música que produz, o que se distancia significativamente de um processo que trabalha com a voz "destacada" da base. Elomar sentiu a necessidade de cantar o ponteio mesmo sem ter visto ninguém antes dele fazer isso.

A escrita musical é uma atividade central no cotidiano de Elomar, que compõe abundantemente há anos e até hoje, no primeiro *software* de escrita musical que chegou ao mercado – o Encore. Já João Omar, seu filho, maestro e violonista, escreve num *software* contemporâneo, o Finale, o qual Elomar considera "um capeta de difícil".

Um dos focos da atenção deste trabalho é a forma como os instrumentos, ou equipamentos envolvidos na composição, interagem com a voz. Esse processo é atravessado pelo "ouvido interno" – na terminologia corrente na tradição escrita –, o que na prática popular equivale ao "fazer na cabeça"[8]. Os instrumentos se fazem presentes no instante criativo e, consequentemente, acabam por incidir na natureza do material musical resultante de cada processo.

Se para Edu Lobo há uma diferença muito grande entre compor no violão, tendo a voz como referência na busca melódica, e compor no piano – com o instrumento ativo na mesma busca –, Elomar surpreende ao abordar o *software* de escrita musical[9]: é ele quem fala mais diretamente desse equipamento, considerado quase imprescindível no manejo musical dentro da tradição escrita. Cabe-nos a reflexão sobre como essa e outras ferramentas podem ser organicamente incorporadas, potencializando o processo criativo de linguagens, como a do mestre Elomar, profícuas em uma interação natural – e, muitas vezes, anterior à escrita – entre voz e violão.

Não faltando pontos em comum entre este livro e a produção de Elomar, abordamos também com

---

7 Guinga à p. 101: "É um tom pouco usado. Mas às vezes você descobre".

8 Guinga à p. 92: "Mauro Duarte [...] não tocava nenhum instrumento, fazia tudo na cabeça".

9 Marco Pereira à p. 201: "Hoje em dia, existem *softwares* de escrita musical que nos dão a possibilidade de indicar com precisão essas mudanças de andamento".

muita naturalidade outro tema central aqui: o do violão solo ligado à tradição escrita. A obra para violão solo de Elomar acaba de ser gravada por João Omar[10], após longo tempo de cultivo. São peças compostas há quarenta, quase cinquenta anos. Elomar comenta que não veio para ser um compositor de violão, de peças violonísticas[11]. A música chegava com toda a calma, sem pressa, sem encomenda, sem nada. Chegava a ideia e fazia. Às vezes, inspirava-se muito nas pessoas.

Relembra que, ali pelos "mil oitocentos e uns quatro dedos" (há muito, muito tempo), Turibio Santos[12] foi fazer um concerto em Conquista e passou na fazenda onde Elomar mora. Passaram juntos uma tarde, um dia, uma noite ou duas... O papo que tiveram rendeu duas peças. O violonista baiano perguntou ao parceiro maranhense: "Ô, Turibio, que fim levou o Prelúdio nº 6 de Villa-Lobos?" Elomar observa que o grande compositor brasileiro era "mentiroso feito a peste", "mentia mais do que casa velha". Então nos oferece a narrativa de Turibio: "Villa conta o seguinte: que ele compôs o Prelúdio, o nº 6, e andando lá pela Amazônia, pesquisando os cânticos autóctones, dos silvícolas, um índio, num igarapé daqueles, emborcou a canoa numa curva e o Prelúdio mergulhou, foi embora". Elomar comenta que, quando uma peça vai embora, não volta. E emenda com outra versão de Villa-Lobos para o prelúdio perdido, desta vez na voz do próprio: "Estando na Espanha, encontro Andrés Segovia. Segovia viu o prelúdio, leu de olho cru, gostou e falou: 'Me dá que eu vou tocar'. Botou dentro da túnica, pois estava no campo de batalha (é bonito, porque a história é épica), e a partitura sumiu na Revolução Espanhola".

Aos 17 anos, Elomar ouvia muitos prelúdios de Chopin e decidiu compor um. Começou a escrever, mas parou e desistiu, considerando que prelúdio era coisa de europeu; passaria a fazer apenas música nativa. Mas, quando Turibio lhe contou a história do Prelúdio nº 6, ele ressuscitou o prelúdio já iniciado e deu "umas pinceladas" à la Villa-Lobos. Chamou-o "Prelúdio Número Sexto", em homenagem à peça perdida pelo mestre.[13]

Em inglês, é clara a diferença entre *composer* e *songwriter*, ao passo que em português os sentidos se fundem num só: compositor. A dualidade intrínseca, entre o fixo e o flexível, propaga ainda mais essa fricção com a qual Elomar, como vemos, lidou a vida toda: compôs um vasto repertório de obras sinfônicas, para violão solo e música de câmara, muitas das quais

---

10 João Omar, *Ao Sertano – peças para violão solo de Elomar F. Mello* (CD), Rio de Janeiro, Arlequim, 2016. Link para música do disco em: www.violao-cancao.com/referencias.

11 ↳ Guinga à p. 69: "Eu sou compositor de canção, não sou compositor de música para o violão".

12 ↳ Observação minha à p. 83: "Turibio Santos demonstra a amplitude de sua visão musical".

13 ↳ Reflexão minha à p. 219: "O paradigma de uma atuação baseada em soluções pessoais para uma 'invenção' do que viria a ser o Brasil é Heitor Villa-Lobos".

registradas em partitura por ele próprio. À época da conversa, vinha se dedicando prioritariamente à transcrição de suas óperas. Confiou suas peças de voz e violão a um grupo de transcritores mineiros, que, assim, deram à luz o desejo de uma notação apurada das idolatradas peças de voz e violão – ou canções, como queiram – que primeiro projetaram nosso tão amplo menestrel para muito além de sua caatinga.

Elomar conta que o pessoal que escreveu o seu cancioneiro o fez porque era necessário escrever. Sua música não poderia estar num *songbook*, defende.[14] Cifra não funciona: tem que ser cabeça de nota[15], nota por nota, acorde por acorde. Acredita que os violonistas devem ter "suado os capeta" para transcrever as músicas. Ele mesmo escreveu a respeito disso no texto de apresentação do cancioneiro.

O texto a seguir descreve o trabalho da trupe de pesquisadores mineiros que participaram do processo de transcrição do livro *Cancioneiro: Elomar*, no qual sua obra para violão e voz foi, finalmente, reproduzida em partitura:

Foi durante o período de setecentos e trinta e sete sóis que a gesta se deu. Cinco cavaleiros, um soprano sob comando de uma hexoriã, de ouvidos – ora em casa de um – apurados – ora em casa de outro – tentando entre um "lá três" ou um dó seguinte na prima do violão entender de quem se trata, dentre o emaranhado nevoento de um acorde puderosamente dissonado, envolto no grosso cobertor de um fá sustenido barítono em três fês, sendo oportuno lembrar que a incógnita nota tem o tempo de vida de apenas um décimo de milionésimo de milissegundo[16].

Elomar lembra que, ao gravar "Fantasia leiga para um rio seco", Lindembergue Cardoso[17] escreveu as partituras para orquestra e, no momento de fazer a notação do violão, lhe disse: "O violão quem vai escrever é você, não sou besta de eu escrever esse violão. Não vou conseguir"[18]. Elomar salienta o fato de um compositor de ponta, que sabe tudo de teoria musical, evitar a empreitada. E comenta que, quando escreve a partitura, determina um trilho, abre uma "picada" para quem quiser percorrer aquele trecho. A maneira de passar por ele varia de indivíduo para indivíduo; o compositor revela que não tem rigor, deixa à vontade. Essa relação entre o que está no papel e o gesto musical da interpretação é complexa, mas no que tange ao processo composicional parece reveladora a comparação com a prática corrente no universo da canção, que, em geral, não é

---

14 Observação minha à p. 200: "As partituras atingem um ponto raro de equilíbrio entre a tradição escrita e a não escrita".

15 A cabeça da nota corresponde, na partitura, ao círculo que denota o local da nota na escala melódica. [N.E.]

16 *Elomar: Cancioneiro*, Belo Horizonte: Duo Editorial, 2008, p. 7.

17 Ilustre compositor, maestro e professor baiano.

18 Citação de Hector Berlioz à p. 105: "É praticamente impossível escrever bem para o violão sem conhecer o instrumento na prática".

19 Xangai ou Eugênio Avelino, nascido em Itapevi, sul da Bahia, em 1948, é um dos principais intérpretes da obra de Elomar.

20 Link para a versão em www.violao-cancao.com/referencias.

21 Observação minha à p. 191: "Tal flexibilidade é natural no mundo da canção".

22 Link para a gravação em www.violao-cancao/referencias.

escrita e tem como norma essa "flexibilidade". A canção vai se constituindo a cada nova releitura.

O compositor faz a ressalva de que, por outro lado, deve haver pudor, porque existe uma crítica e um público crítico. Avalia que Xangai[19] já tomou muito "trompaço" retado porque, ao interpretar, muda muito a melodia.

Esta é a frase inicial da música "O violeiro" na variação melódica usada por Xangai[20], com o desenho melódico arpejado:[21]

Vô can-tá no can-to-ri pri-mê-ro

Compare-se ela à versão original, a seguir, com o desenho melódico da voz em notas repetidas, exatamente como foi editado, em seus primeiros três compassos (a partir da entrada da voz), interagindo com o ponteio do violão, claramente inspirado no som da viola.

Vô can-tá no can-to-ri pri-mê-ro   As coi-sa lá da mi-a mu-der-

na-ge   Qui mi fi-ze-ro er-ran-te e vi-o-lê-ro   Eu fa-lo se ro e num é va-di-

Colocar-se no lugar dos transcritores é um bom exercício. Para isso, basta ouvir a gravação[22] e observar de que forma ela se acomodou em sua "viagem até o papel". Podemos presumir qual deve ter sido a dúvida no momento de estabelecer o valor da pausa que vem depois da palavra "primêro" ou no momento de assumir a divisão em compasso composto (⁶/₈), a partir do nítido apoio da sílaba "na" da palavra "mudernage".

Nesses casos, verifica-se uma priorização da prosódia, estratégia dos transcritores que se justifica totalmente, uma vez que a palavra é ponto de partida no trabalho de Elomar. A ordem desse encadeamento é perceptível na música das culturas tradicionais brasileiras em geral, com a qual a obra do autor baiano alcança uma rara relação de reciprocidade, e se faz presente também nos cantos de "devoção das almas" – aparentados diretos das "incelenças" – tão presentes em Elomar. Um estudo de Oswaldo Elias Xidieh cita os cantos "bendito" ou "louvação", da tradicional cerimônia de Semana Santa em localidades do sudoeste paulista: "Ali a música comparece como auxiliar secundário ou derivado da palavra, porém, nem por isso vamos arriscar à afirmação de que seja um produto da influência do cantochão ou do gregoriano adaptado ao gosto popular"[23].

Historicamente, a rítmica do texto cantado sempre foi determinada pela palavra. E, justamente ali – na nascente principal da tradição da escrita musical europeia –, a notação se restringia à determinação das alturas:

Em sua primeira fase, a música religiosa conhecida como cantochão não tinha acompanhamento. Consistia em melodias que fluíam livremente, quase sempre se mantendo dentro de um intervalo de oitava e se desenvolvendo, preferencialmente, através de intervalos de um tom. Os ritmos são irregulares, fazendo-se de forma livre, de acordo com as acentuações das palavras e no ritmo natural da língua latina, base do canto dessa música[24].

Assim, como em Tatit, as propriedades naturais à palavra e a "instabilidade da fala" – inerente ao gesto vocal – despontam como fatores decisivos da relação entre o "fixo" e o "flexível", neste que é, de fato, um problema antigo[25].

A escrita do violão das seções rítmicas de Elomar, que aparecem como partes contrastantes em suas canções, representa outro ponto revelador de como a música grafada se relaciona com a ideia de estabilidade, em termos que se aproximam do violão de Gilberto Gil ou de João Bosco. São representantes da escola de violão e voz mais comum no Brasil, mestres no jogo de fluxos independentes de violão e de voz que ganham expressão a partir da sincronização precisa de

23 Oswaldo E. Xidieh, *Semana santa cabocla*, São Paulo: IEB-USP, 1972, p. 17.

24 Roy Bennett, *Uma breve história da música*, Rio de Janeiro: Jorge Zahar, 1986, p. 13.

25 ↳ Luiz Tatit à p. 193: "[A canção] se baseia na instabilidade da fala, e não num conforto para você fazer as inflexões".

suas inflexões rítmicas[26]. Essas referências culturais, ou a ausência delas, incidem nas interpretações de seu estilo. Segundo ele, até hoje só há um músico que faz algo próximo a sua batida de violão, à pegada, ao maneirismo no violão: João Omar. Ainda faltaria um "cabelo de sapo"; de todo modo, não poderia ser igual. Ele comenta que suas peças de violão têm muito xaxado, ritmo em que, não hesita em afirmar, os violonistas europeus vão "dar uma quebrada de cara danada".

Diante da incalculável riqueza que percebia ao vislumbrar os exemplos musicais em uma gravação no mesmo formato que fiz com os demais entrevistados, e já festejando a iminência de, mesmo que apenas no livro, conseguir incluir ao menos traços da visão do mestre sobre o objeto de estudo que lhe é tão familiar, pergunto por que nunca se deixa ser filmado.

Elomar se diz encrencado com a imagética; diz que, depois que a imagem chegou, o mundo mudou demais. Ela trouxe alguns benefícios e muitos danos. Por exemplo, diz: "Pegue um jornal de cinquenta anos atrás, vá ver o texto e a informação, e pegue um de hoje. Pouco texto, pouca informação e só fotografia. Na televisão, o que interessa é se a moça é bonita. A coisa é falsa, desbota, esmaece. No discurso de um locutor, mesmo lendo, o texto não importa, o que importa é a imagem". Lembra que, uma vez em São Paulo, estava cantando num teatro quando viu uma moça tirar foto dele. Brigou e perguntou por que ela não usava uma tabuleta para desenhar a sua imagem. A moça respondeu que não sabia desenhar. Ele sugeriu que pagasse alguém que sabe, pois haveria vários desenhistas ali na Paulista. A moça se defendeu dizendo não ter dinheiro. Por fim, apontou uma saída: sugeriu que pegasse um ponteiro, elevasse a chama no fole e, quando estivesse a mil graus de temperatura, escrevesse, com caracteres de fogo nas carnes do coração, o seu nome ou a sua canção.

---

26 Observação minha à p. 127: "A informação da quiáltera ou tercina [...], presente no canto, interroga o compasso proposto pelo violão".

ALUMBRA—
MENTO

ALUMBRA——
MENTO

ALUMBRA
——MENTO

ALUMBRA——
MENTO

UMBRA
MENTO

ALUMBRA
ME

ALUMBRA
——MENTO

UMBRA
MENTO

Embora a dinâmica do processo criativo de canção popular se baseie mais em seu caráter instantâneo do que em uma elaboração pormenorizada, essa conduta geral é fertilmente subvertida por compositores de canção que se referenciam nos mais variados processos de criação musical. Assim, a canção se articula – especialmente no Brasil – com a música composta para o violão solo, seja ele popular ou de concerto, em uma relação que apresenta diferentes pontos de equilíbrio nas várias polaridades aqui trabalhadas, entre as quais destacamos, além do próprio violão-canção: tocar-compor; fixo-flexível; rítmico-harmônico; erudito-popular; ou mesmo científico-artístico[1].

Os autores que lidam com as exigências da matéria musical da qual é composta a canção popular têm, de maneira análoga à do compositor que se utiliza da partitura, o desafio de instaurar um cotidiano de trabalho que promova uma contínua lapidação de sua prática e sensibilidade, sem que sejam feridas nuances da dinâmica composicional que lhe é sugerida pela própria música.

P.C. PINHEIRO   *Eu sou disciplinado, são cinquenta e poucos anos de trabalho de uma disciplina brutal. Para compor e criar, três coisas são fundamentais:*
disciplina, concentração e inspiração.

Eu acordo, tomo meu café da manhã e sento diante da minha mesa de trabalho
com papel, caneta, gravador e fitas cassete – pois ainda trabalho assim –,
às vezes escrevendo, às vezes ouvindo, para entender o que a música está querendo.
Tem sempre pilhas de fitas em cima da minha mesa
com músicas de todos os meus parceiros, então sempre me exercito,
mesmo que nada preste e eu jogue tudo no lixo.
No dia seguinte, eu sento de novo, até sair.

Às vezes, passam dias, ou mesmo um mês, e não sai nada;
às vezes, em um dia eu faço três. Pinta tudo instantaneamente.
Mas eu estou ali em frente àquele papel em branco com aquela caneta, esperando.
Minha função é esperar.

Eu sento, fico ouvindo muito a música
e, em algum momento, acontece:

---

1   Citação de Gilles Deleuze e Félix Guattari à p. 18: "O meio não é uma média; ao contrário, é o lugar onde as coisas adquirem velocidade".

> *vem uma palavra, uma frase e ela me diz:*
> *"É por aí que você tem que andar". Aí eu vou.*
> *É assim o meu processo de trabalho.*

O cotidiano do criador se baseia, então, em se exercitar com as ferramentas envolvidas no processo, de forma a estar pronto para o esperado momento da inspiração.

> JOÃO BOSCO *Eu prefiro pensar que a gente deve estar sempre mirando,*
> *fazendo a pontaria,*
> *porque você não sabe a que horas a coisa passa.*
>
> *Enquanto essas coisas não se traduzem,*
> *você vai se desenvolvendo.*
> *[Trabalhando] a sua técnica de tocar,*
> *a sua forma de cantar.*
>
> *Você está se preparando para o momento,*
> *e não sabe quando,*
> *nem como,*
> *nem o que vai acontecer.*
> *Mas estar pronto é um dever.*

Na banca de qualificação do mestrado que deu origem a este livro, José Miguel Wisnik contribuiu para a concepção do projeto, sugerindo a realização de entrevistas que investigassem os meandros do ato criativo-performático de cada artista entrevistado. Em suas palavras:

> JOSÉ MIGUEL MISNIK *Considero fundamental que seja registrada a relação do artista com o instrumento. Que ele toque cada coisa que disser. Se fizer isso, você terá depoimentos como nunca foram feitos. Por exemplo, o modo como Luiz Tatit compõe; de que modo ele se relaciona com o instrumento e extrai elementos que têm potencial entoativo. E assim para cada um, pelo modo de ser daquele artista. No caso de Luiz Tatit, a entoação; nos demais, certamente você vai encontrar outro tipo de questão motivadora perseguida por aquele artista.*[2]

Assenti e dei prioridade ao aspecto pessoal, subjetivo, em cada conversa. O depoimento de João Bosco em seguida à nota confirma a importância dessa escolha.

2   Observação minha à p. 23: "A banca, formada por José Miguel Wisnik, Ivan Vilela e Gil Jardim, apreciou o trabalho resultante das orientações recebidas desde a qualificação".

3   🔊 Faixa 23, disponível em www.violao-cancao.com/faixas-do-livro.

4   🔗 Observação minha, à p. 207, a respeito de Elomar, que nunca estudou composição.

5   Tom Jobim em entrevista ao programa *Roda Viva* da TV Cultura, gravada em 20 dez. 1993: "Quando fui inventar o Brasil, [...] [ele] já estava inventado. Mas [...] Villa-Lobos teve que inventar o Brasil". Link para a entrevista em: www.violao-cancao.com/referencias.

6   Gil Jardim, *O estilo antropofágico de Heitor Villa-Lobos*, São Paulo: Philarmonia Brasileira, 2005, p. 23.

7   Sérgio Assad à p. 111: "Como no caso de Villa-Lobos, que mudou a história de como escrever para o violão usando suas relações naturais".

Ele prossegue revelando a ideia de "segredo intuitivo" como fator determinante para um processo que resulte em composições de características próprias.

JOÃO BOSCO[3] *Mas quando se trata de algo próprio, pessoal,*
há sempre uma referência, que é um segredo intuitivo que cada um tem.

Eu não sei direito de que forma ele aponta para essa referência
que vai produzir um caminho musical.
Isso é um processo que foge à minha alçada de tradução.

Mas ele existe,
e são várias situações que forjam esse momento.
Eu falo sobre o meu, já que tenho um também.

Às vezes, ele acontece subitamente, num solavanco;
às vezes, ele vem numa velocidade lenta e você vai ficando diferente,
sente que tem alguma coisa acontecendo.
Nunca se sabe direito.

No âmbito da música composta para violão de concerto, Sérgio Assad, que também é professor, não se distancia dessa mesma referência ao conduzir os anos de formação de seus alunos.

ASSAD   *Eu acho que composição não se ensina*[4].
Ninguém ensina uma pessoa a compor, isso não existe.
Você pode é dar as ferramentas para ela usar no que já faz.

O paradigma de uma atuação baseada em soluções pessoais para uma "invenção" do que viria a ser o Brasil é Heitor Villa-Lobos[5]. Sua música é "o nascedouro de grande parte dos elementos que identificamos ser nacionais na linguagem musical brasileira, seja ela erudita ou popular"[6]. Assim, o compositor, muito em virtude de seu especial talento como melodista, instaura um campo de interseção dentro da música brasileira, que se alimenta do trânsito, de mão dupla, entre a canção popular e a música erudita[7].

O que há de mais interessante nestes choros
[Choros nº 5 – "Alma brasileira"]

[8] Heitor Villa-Lobos *apud* Hermínio Bello de Carvalho, *O canto do pajé*, Rio de Janeiro: Espaço e Tempo; Metal Leve, 1988, p. 54.

[9] ↪ Observação minha à p. 57: "Outra dinâmica se estabelece por meio da readequação dos recursos de escrita rítmica à música popular, que alcança sua expressão hegemônica por meio do pacto forjado em torno da palavra 'suingue'".

[10] ↪ Citação de Robert Hatten à p. 195: "Variações microestruturais no *timing* resultam num perfil rítmico muito sofisticado, que pode ser totalmente ignorado pelo estudioso que se concentra no ritmo anotado e na métrica em si".

[11] Neves *apud* Paulo de Tarso Salles, *Villa-Lobos*, Campinas: Editora Unicamp, 2009, p. 81.

[12] José Miguel Wisnik, *O coro dos contrários*, 191 f., dissertação (mestrado em letras), Universidade de São Paulo, São Paulo: 1974, p. 168.

[13] ↪ Esse momento da entrevista é aprofundado em "Boi de Mamão" (p. 168).

são as cadências rítmicas e melódicas, irregulares, postas
    em compasso quadrado,
dando uma disfarçada impressão de rubato,
ou de execução melódica se retardando,
que é justamente a característica mais interessante
    dos seresteiros[8].

Um dos tantos olhares que nos são apresentados por Villa-Lobos é esse que se distancia da escrita aproximada[9], corrente no âmbito da música popular, para observar as filigranas musicais próprias da música brasileira a partir de um ponto de vista a meio caminho entre a prática popular e a erudita[10]. Seu "preciosismo de escritura o levou a colocar em notação metronômica as mínimas flutuações da rítmica popular, o que contribui para dar às suas obras um caráter tão pessoal"[11]. E é com a multiplicação de perspectivas que Villa-Lobos concilia elementos aparentemente conflituosos da complexa constituição musical da "alma brasileira". Assim, em sua "poética sem drama, do prazer e não da crise, do jorro e não do impasse, conjura tudo ao conseguir fundir de algum modo a extensa diversidade"[12].

O músico brasileiro herda o desafio de manejar de forma criativa e desimpedida expressões oriundas dos universos musicais que compõem a "extensa diversidade" de que fala Wisnik, e que excede, assombra, alumbra. O mapeamento das oito entrevistas realizadas, que constituem nossos oito capítulos, apresenta-se como o resultado de um esforço no sentido de estabelecer tantas articulações quantas fossem possíveis, diante do meu universo de atuação e da natureza deste livro.

P.C. PINHEIRO   *Então, [para] criar, inventar, compor
não tem fórmula. Isso gira de tantas maneiras diferentes
    na cabeça de alguém
que é muito difícil de explicar*[13].

SARAIVA   *Nem temos que conseguir também.*

P.C. PINHEIRO   *Eu ouço essas perguntas há mais de quarenta anos.
E, de tanto ouvir perguntas e afirmações sobre isso,
   um dia eu sentei para fazer alguma coisa a esse respeito:
tentar explicar até para mim mesmo.*

14 "A primeira é 'Súplica', que é um rogo para que a música venha de onde ela estiver para você: [*canta*] 'Vem a mim, ó música'; e a terceira etapa acontece quando se realiza a missão do cantor – a música chegar ao povo, para quem foi feita 'Minha missão': [*canta*] 'Quando eu canto'" (Paulo César Pinheiro, na mesma entrevista).

15 João Nogueira e Paulo César Pinheiro, "Poder da criação". Link para a música em www.violao-cancao.com/referencias.

16 Verso de "Mordaça", de Eduardo Gudin e P. C. Pinheiro. Link para a música em: www.violao-cancao.com/referencias.

17 🔊 Chico Saraiva, "Costa da lagoa", em: Chico Saraiva e Daniel Murray, *Galope* (CD), produzido por Paulo Bellinati, São Paulo, Borandá, 2016. Faixa 24, disponível em www.violao-cancao.com/faixas-do-livro.

18 "Vale lembrar que os problemas colocados por Mário (quando aconselha os músicos), por mais conscientes que possam ser, ficam sempre externos à forma, o que não acontecerá em *Macunaíma*, quando eles serão radicalmente enfrentados no interior da invenção" (José Miguel Wisnik, "Getúlio da Paixão Cearense [Villa-Lobos e o Estado Novo]", em: Ênio Squeff e José Miguel Wisnik, *Música*, São Paulo: Brasiliense, 1982, p. 144).

E fiz com João Nogueira três músicas
que eu chamei de Trilogia do Alumbramento[14].
A segunda delas fala sobre esse momento em que a música
    vem e envolve você.
[*Canta a música, que convida o povo a entoar um dos*
    "lalaiás" mais poderosos da música brasileira.]

Poder da criação[15]
Não, ninguém faz samba só porque prefere
Força nenhuma no mundo interfere
Sobre o poder da criação
Não, não precisa se estar nem feliz nem aflito
Nem se refugiar em lugar mais bonito
Em busca da inspiração
[...]

P.C. PINHEIRO *Não sei se consegui explicar.*

SARAIVA *No mínimo, você emocionou muita gente.*

P.C. PINHEIRO *É o meu lema de vida:*
"O importante é que nossa emoção sobreviva"[16].

Encerro o livro com a partitura de "Costa da lagoa"[17], música que compus numa alvorada esplendorosa à margem da Costa da Lagoa da Conceição, em Florianópolis. Revisada até o último instante, na busca contínua pelo aprendizado do manejo dos signos que possam representar sua melhor expressão musical, a partitura é também uma ponte entre o primeiro sopro de inspiração e o momento em que a música é devolvida ao ar.

Este projeto segue se perguntando sobre a importância da articulação entre a canção que nasce no Brasil, quase sempre com um violão por perto, e aquilo que o violão oriundo da tradição escrita europeia carrega, devidamente reprocessado em nossa síntese antropófaga, que já acumula alguma experiência na subversão das barreiras herdadas do duro processo histórico que nos constitui como nação racial miscigenada. Mais do que responder a essas aparentes contradições de um modo que corra o risco de reforçar distâncias, o que se deseja é a promoção e o desfrute do convívio entre as diferentes maravilhas que compõem nossa musicalidade, a partir de um lugar onde houve emocionantes êxitos nesse sentido: "O interior da invenção"[18].

Costa da lagoa
para dois violões

Chico Saraiva

Andante

Fm(add9)/A♭
G7(♯5)
Fm(add9)/A♭
G7(♯5)
canto
B♭m/D♭
canto
B♭m/C
C7(sus4)
B♭m6/D♭
B♭m6
B♭m7
Am
Cm/G
refrão
Gm7(♭5)/F
canto
B♭7/D
A♭(add9)/E♭
canto
C7(♭13)/E
D♭6(♯11)/F
B♭7/D
canto
A♭(add9)/E♭
canto
D♭/E♭
E/D
D.C ao fine
cresc.
cresc.

BIBLIOGRAFIA

ADNET, Mario e NOGUEIRA, Zé. *Coisas: cancioneiro Moacir Santos*. Rio de Janeiro: Jobim Music, 2006.

ALDWELL, Edward e SCHACHTER, Carl. *Workbook: Harmony and Voice Leading*. New York: Thomson/Shirmer, 2003.

ALMADA, Carlos. *Arranjo*. Campinas: Editora Unicamp, 2000.

ALMIRANTE. *No tempo de Noel Rosa*. Rio de Janeiro: F. Alves, 1977.

AMARAL, Rita. *Xire! O modo de crer e viver no candomblé*. Rio de Janeiro: Pallas; São Paulo: Educ, 2002.

ANDRADE, Mário de. *Modinhas imperiais*. São Paulo: Martins, 1964.

_____. "Ernesto Nazareth (1926)". Em: *Música, doce música*. São Paulo: Martins, 1976.

_____. *Os cocos*. São Paulo: Duas Cidades, 1984.

_____. *Ensaio sobre a música brasileira*. Belo Horizonte: Itatiaia, 2006.

ANTUNES, Gilson Uehara Gimenes. *O violão nos programas de pós-graduação e na sala de aula: amostragem e possibilidades*. 223 f. Tese (doutorado em música) – Universidade de São Paulo. São Paulo: 2012.

ASSAD, Sérgio. *Aquarelle: pour guitare*. Paris: Henry Lemoine, 1992. Partitura [14 p.]. Violão.

BARROS, Manuel de. *O livro das Ignoräças*. Rio de Janeiro: Civilização Brasileira, 1993.

BECKER, José Paulo. *O acompanhamento do violão de seis cordas a partir de sua visão no conjunto Época de Ouro*. Dissertação (mestrado em música). Universidade Federal do Rio de Janeiro. Rio de Janeiro: 1996.

BELLINATI, Paulo. *The Guitar Works of Garoto*. San Francisco: Guitar Solo Publications, 1991. 2 v. Partitura [v. 1: 44 p.; v. 2: 41 p.]. Violão.

_____. *Jongo*. San Francisco: Guitar Solo Publications, 1993. Partitura [12 p.]. Violão.

_____. *Jongo*. San Francisco: Guitar Solo Publications, 1993. Partitura [19 p.]. Duo de violões.

BENNETT, Roy. *Uma breve história da música*. Rio de Janeiro: Jorge Zahar, 1986.

BERLIOZ, Hector. *Grand Traité d'instrumentation et d'orchestration modernes*. Paris: Schoenberger, 1844. [Henry Lemoine, 1993.]

BESSA, Virgínia de Almeida. *A escuta singular de Pixinguinha: história e música popular no Brasil dos anos 1920 e 1930*. São Paulo: Alameda, 2010.

BITTAR, Iuri Lana. A roda é uma aula: uma análise dos processos de ensino-aprendizagem do violão através da atividade didática do professor Jayme Florence (Meira). Em: I Simpósio Brasileiro de Pós-Graduandos em Música, XV Colóquio de Pós-Graduação em Música da Unirio, 2010, Rio de Janeiro. *Pesquisa em música: novas conquistas e novos rumos (Anais)*. Rio de Janeiro: Unirio, n° 1.

BLACKING, John. *How Musical is Man?* Seattle: University of Washington Press, 1973.

_____. "Música, cultura e experiência". Trad. André-Kees de Moraes Schouten. *Cadernos de campo: revista dos alunos de pós-graduação em antropologia social da USP*. São Paulo: 2007, v. 16, n° 16.

BOGDANOVIĆ, Dušan. *Counterpoint for Guitar: with Improvisation in the Renaissance Style and Study in Motivic Matemorphosis*. Ancona: Bèrben, 1996.

BROUWER, Leo. *El Decamerón negro*. Paris: Editions Musicales Transatlantiques, 1983. Partitura [13 p.]. Violão.

_____. *Gajes del oficio*. Havana: Letras Cubanas, 2004.

BROUWER, Leo e PAOLINI, Paolo. *Scales for Guitar: A Study Method*. San Giuliano Milanese: Ricordi, 1979.

BUARQUE, Chico. *Cancioneiro Chico Buarque*. Texto de Regina Zappa. Rio de Janeiro: Jobim Music, v. 1-3, 2009.

CABRAL, Sérgio. "O ritmo de Caymmi". Em: CAYMMI, Dorival. *Dorival Caymmi: Songbook*. Produzido e editado por Almir Chediak. Rio de Janeiro: Lumiar, 1994.

CAETANO, Rogério. *Sete cordas: técnica e estilo*. Texto, organização e direção de Marco Pereira. Rio de Janeiro: Garbolights, 2010.

CAMARGO, Guilherme de. *A guitarra do século XIX em seus aspectos técnicos e estilístico-históricos a partir da tradução comentada e análise do "Método para guitarra de Fernando Sor"*. 188 f. Dissertação (mestrado em música) – Universidade de São Paulo. São Paulo: 2005.

CARDOSO, Thomas Fontes Saboga. *Um violonista-compositor brasileiro: Guinga. A presença do idiomatismo em sua música*. 148 f. Dissertação (mestrado em música) – Universidade Federal do Estado do Rio de Janeiro. Rio de Janeiro: 2006.

CARLEVARO, Abel. *Série didática para guitarra*. Buenos Aires: Barry, v. 1-4, 1966.

CARVALHO, Hermínio Bello de. *O canto do pajé: Villa-lobos e a música popular brasileira*. Rio de Janeiro: Espaço e Tempo; Metal Leve, 1988.

CARVALHO, Inaê Coutinho de. *Caixa de fotografias: relatos de cor, tempo e luz*. 158 f. Tese (doutorado em poéticas visuais) – Universidade de São Paulo. São Paulo: 2012.

CATEMARIO, Edoardo. *Fundamentals of Interpretation: A Practical Manual of Interpretation*. Milano: Amadeus Arte, 2012.

COHEN, Sara e GANDELMAN, Salomean. *A cartilha rítmica para piano de Almeida Prado*. Rio de Janeiro: [s.n.], 2006.

CRAFT, Robert. *Stravinsky: crônica de uma amizade*. Rio de Janeiro: Difel, 2002.

DELEUZE, Gilles e GUATTARI, Félix. *Mil platôs: capitalismo e esquizofrenia*. São Paulo: Editora 34, v. 1, 1995.

DREYFUS, Dominique. *O violão vadio de Baden Powell*. Rio de Janeiro: Editora 34, 1999.

DUARTE, Rogério. *Villa-Lobos errou?: subsídios para uma revisão musicológica em Villa-Lobos*. São Paulo: Algol, 2009.

DUDEQUE, Norton. *História do violão*. Curitiba: Editora UFPR, 1994.

DUNCAN, Charles. *Guitar at Sight: A Programmed Text for Improved Music Reading and Fingerboard Comprehension*. San Francisco: Guitar Solo Publications, 1996.

ECO, Umberto. *Como se faz uma tese*. São Paulo: Perspectiva, 1999.

ELOMAR. *Elomar: cancioneiro*. Texto de João Paulo Cunha. Belo Horizonte: Duo Editorial, 2008.

FRANÇA, Gabriel Muniz Improta. *Coisas: Moacir Santos e a composição para seção rítmica na década de 60*. 194 f. Dissertação (mestrado em música) – Universidade Federal do Rio de Janeiro. Rio de Janeiro: 2007.

FRANCASTEL, Pierre. *A realidade figurativa*. Trad. Mary Amazonas Leite de Barros. São Paulo: Perspectiva, 1973.

FRY, Peter. "Feijoada e 'soul food': 25 anos depois". Em: ESTERCI, Neide, FRY, Peter e GOLDENBERG, Mirian (org.). Em: *Fazendo antropologia no Brasil*. Rio de Janeiro: DP&A, 2001.

GALILEA, Carlos. *Violão ibérico*. Rio de Janeiro: Trem Mineiro, 2012.

GARCIA, Walter. *Bim Bom: a contradição sem conflitos de João Gilberto*. São Paulo: Paz e Terra, 1999.

_____(org.). *João Gilberto*. São Paulo: Cosac Naify, 2012.

GAULDIN, Robert. *Harmonic Practice in Tonal Music*. New York: W. W. Norton, 1997.

GLOEDEN, Edelton. *O ressurgimento do violão no século XX: Miguel Llobet, Emílio Pujol e Andrés Segovia*. 175 f. Dissertação (mestrado em música) – Universidade de São Paulo. São Paulo: 1996.

_____. *As 12 valsas brasileiras em forma de estudos para violão de Francisco Mignone: um ciclo revisitado*. 172 f. Tese (doutorado em música) – Universidade de São Paulo. São Paulo: 2002.

GROUT, Donald J. e PALISCA, Claude V. *História da música ocidental*. Trad. Ana Luísa Faria. Lisboa: Gradiva, 1988.

GUINGA. *A música de Guinga*. Rio de Janeiro: Gryphus, 2003.

_____. *Noturno Copacabana: partituras*. Rio de Janeiro: Gryphus, 2006.

HARO, Maria Jesus Fábregas. *Nicanor Teixeira: a música de um violonista compositor brasileiro*. 134 f. Dissertação (mestrado em música) – Universidade Federal do Rio de Janeiro. Rio de Janeiro: 1993.

HARRISON, Daniel. *Harmonic Function in Chromatic Music: A Renewed Dualist Theory and an Account of its Precedents*. Chicago: The University of Chicago Press, 1994.

HATTEN, Robert S. *Musical Meaning in Beethoven: Markedness, Correlation, and Interpretation*. Bloomington: Indiana University Press, 1994.

_____. *Interpreting musical gestures, topics, and tropes: Mozart, Beethoven, Schubert*. Bloomington: Indiana University Press, 2004.

HIKIJI, Rose Satiko Gitirana. *A música e o risco: etnografia da performance de crianças e jovens participantes de um projeto social de ensino musical*. São Paulo: Edusp, 2006.

HIME, Francis. *Álbum musical: livro de partituras*. Rio de Janeiro: Gryphus, 2004.

HOBSBAWN, Eric J. *História social do jazz*. Trad. Angela Noronha. São Paulo: Paz e Terra, 1986.

JACOMINO, Américo. *Método de violão*. São Paulo: Irmãos Vitale, [s. d.].

JARDIM, Gil. *O estilo antropofágico de Heitor Villa-Lobos: Bach e Stravinsky na obra do compositor*. São Paulo: Philarmonia Brasileira, 2005.

JOBIM, Helena. *Antonio Carlos Jobim: um homem iluminado*. Rio de Janeiro: Nova Fronteira, 1996.

JOBIM, Tom. *Cancioneiro Jobim*. Rio de Janeiro: Jobim Music, v. 1-5, 2001. *(Obras completas)*

JONES, Arthur Morris. *Studies in African Music*. London: Oxford University Press, 1959.

KAYATH, Marcelo. "Violão: pequena orquestra ou grand piano?". Link para o artigo em: www.violao-cancao.com/referencias.

KEIL, Charles e FELD, Steven. *Music Grooves: Essays and Dialogues.* Chicago: University of Chicago Press, 1994.

KIEFER, Bruno. *A modinha e o lundu: duas raízes da música popular brasileira.* Porto Alegre: Movimento, 1977.

_____. *Villa-Lobos e o modernismo na música brasileira.* Porto Alegre: Movimento, 1986.

KISHIMOTO, Alexandre; TRONCARELLI, Maria Cristina Cabral e DIAS, Paulo (org.). *O jongo do Tamandaré: Guaratinguetá – SP.* São Paulo: Associação Cultural Cachoeira, 2012.

KOSTKA, Stefan e PAYNE, Dorothy. *Tonal Harmony: With an Introduction to Twentieth-Century Music.* New York: Alfred A. Knopf, 1989.

KUBIK, Gerhard. *Angolan Traits in Black Music, Games and Dances of Brazil: A Study of African Cultural Extensions Overseas.* Lisboa: Junta de Investigações Científicas do Ultramar; Centro de Estudos de Antropologia Cultural, 1979, n. 10.

_____. "African Music and Dance". Trad. Domingos Morais. Em: MURRAY, Jocelyn. *Cultural Atlas of Africa.* Oxford: Phaidon, 1981.

LACERDA, Hudson Flávio Meneses. *Detecção e análise de sentidos harmônicos múltiplos no Cancioneiro de Elomar Figueira Mello.* 306 f. Dissertação (mestrado em música) – Universidade Federal de Minas Gerais. Belo Horizonte: 2013.

LÉVI-STRAUSS, Claude. *O cru e o cozido: mitológicas 1.* Trad. Beatriz Perrone-Moisés. São Paulo: Cosac Naify, 2004.

LIMA, Edilson de. *As Modinhas do Brasil.* São Paulo: Edusp, 2001.

LOBO, Edu. *Edu Lobo: Songbook.* Produzido e editado por Almir Chediak. Rio de Janeiro: Lumiar, 1995.

LOPES, Nei. *Bantos, malês e identidade negra.* Belo Horizonte: Autêntica, 2007, p. 186.

MACHADO, Cacá. *O enigma do homem célebre: ambição e vocação de Ernesto Nazareth.* São Paulo: Instituto Moreira Salles, 2007.

MACHADO, Regina. *A voz na canção popular brasileira: um estudo sobre a vanguarda paulista.* São Paulo. 117 f. Dissertação (mestrado em música) – Universidade Estadual de Campinas. Campinas: 2007.

MANNIS, José Augusto. Anotações sobre processos criativos – conceitos e estrutura: do material à realização, da ideia aos elementos de performance musical. Em: II Encontro Internacional de Teoria e Análise Musical, Unesp; USP; Unicamp, 2011, São Paulo. *Estrutura e significado em música (Resumo).*

MARCUS, George E. "The Modernist Sensibility in Recent Ethnographic Writing and the Cinematic Metaphor of Montage". Em: TAYLOR, Lucien (org.). *Visualizing Theory: Selected Essays from V.A.R., 1990-1994.* New York: Routledge, 1994.

MASTERS, Martha. *Reaching the Next Level: A Method for the Experienced Classical Guitarrist.* Fenton: Mel Bay Publications, 2010.

MEDAGLIA, Júlio. *Música impopular.* São Paulo: Global, 1988.

MOLINA, Sérgio. "Música popular erudita: relações entre a história da música popular no século XX e o perfil do estudante brasileiro, de música popular, no século XXI". Em: *Arte e cultura Santa Marcelina.* São Paulo: FASM, 2007, ano 1, n. 1.

MOLINA, Sidney José. *Mahler em Schoenberg: angústia da influência na Sinfonia de Câmara n. 1*. São Paulo: Rondó, 2003.

_____. *O violão na Era do Disco: interpretação e desleitura na arte de Julian Bream*. 351 f. Tese (doutorado em comunicação e semiótica) – Pontifícia Universidade Católica de São Paulo. São Paulo: 2006.

MORAIS, Domingos. Do gesto musical, gerador privilegiado de identidade cultural – ou de como se forma o sentimento de pertença consciente. Em: *Congreso A Cultura no Século XXI (Actas)*. Santiago de Compostela: Xunta de Galicia; Consellería de Cultura, Comunicación Social e Turismo, 2001.

MOURA, Roberto. *Tia Ciata e a Pequena África no Rio de Janeiro*. Rio de Janeiro: Funarte; INM; Divisão de Música Popular, 1983.

MURRAY, Jocelyn. *Cultural Atlas of Africa*. Oxford: Phaidon, 1981.

NACHMANOVITCH, Stephen. *Free Play: la improvisación en la vida y en el arte*. Buenos Aires: Paidós, 2009.

NEVES, José Maria. *Villa-Lobos, o choro e os choros*. São Paulo: Ricordi, 1977.

NKETIA, Joseph Hanson Kwabena. *The music of Africa*. New York: W. W. Norton, 1974.

OLIVEIRA, Thiago Chaves de Andrade. *Sérgio Assad: sua linguagem estético-musical através da análise de Aquarelle para violão solo*. 276 f. Dissertação (mestrado em música) – Universidade de São Paulo. São Paulo: 2009.

OROSCO, Maurício Tadeu dos Santos. *O compositor Isaías Sávio e sua obra para violão*. Dissertação (mestrado em música) – Universidade de São Paulo. São Paulo: 2001.

OWEN, Harold. *Music Theory Resource Book*. New York: Oxford University Press, 2000.

PARAGUASSU. *Método prático para violão*. São Paulo: Irmãos Vitale, [s. d.].

PARÉS, Luis Nicolau. *A formação do candomblé: história e ritual da nação jeje na Bahia*. Campinas: Editora Unicamp, 2006.

PEREIRA, Marco. *Heitor Villa-Lobos: sua obra para violão*. Brasília: Musimed, 1984.

_____. *Ritmos brasileiros*. Rio de Janeiro: Garbolights, 2007.

_____. *Cadernos de harmonia*. Rio de Janeiro: Garbolights, v. 1, 2011.

PISTON, Walter. *Harmony*. London: Victor Gollancz, 1987.

PRADA, Teresinha. *Violão: de Villa-Lobos a Leo Brouwer*. São Paulo: Terceira Margem, 2008.

PUJOL, Emilio. *Escuela razonada de la guitarra: basada en los principios de la técnica de Tarrega*. Buenos Aires: Ricordi Americana, 1934.

RAMIRES, Marisa. *A teoria de Costère: uma perspectiva em análise musical*. São Paulo: Embraform, 2001.

ROCHA, Ulisses. *Estudos para violão n. 1*. São Paulo: Árvore da Terra, 1998.

ROIG-FRANCOLÍ, Miguel A. *Harmony in Context*. Boston: McGraw-Hill, 2003.

ROSTAND, Claude. *Darius Milhaud: em pauta*. Trad. Eduardo Seincman e Mônica Seincman. São Paulo: Perspectiva, 1997.

SAD, Jorge. "Som, gesto, interação musical". Link para o artigo em: www.violao-cancao.com/referencias.

SALLES, Paulo de Tarso. *Villa-Lobos: processos composicionais*. Campinas: Editora Unicamp, 2009.

SANDRONI, Carlos. *Feitiço decente: transformações do samba no Rio de Janeiro, 1917-1933*. Rio de Janeiro: Jorge Zahar, 2001.

SANTOS, Lenine Alves dos. *O canto sem casaca – propriedades pedagógicas da canção brasileira e seleção de repertório para o ensino de canto no Brasil*. 479 f. Tese (doutorado em música) – Universidade Estadual Paulista. São Paulo: 2011.

SANTOS, Turibio. *Heitor Villa-Lobos e o violão*. Rio de Janeiro: Museu Villa-Lobos, 1975.

SARAIVA, Chico (Francisco Saraiva da Silva). Bellinati-Tatit: interfaces entre o violão solístico e a canção brasileira. Em: XXII Congresso da Anppom, 2012, João Pessoa. *Produção de conhecimento na área de música (Anais)*. Disponível em: http://antigo.anppom.com.br/anais/anaiscongresso_anppom_2012/Anais_ANPPOM_2012.pdf. Acesso em: out. 2016.

_____. "O berço de Jobim: o lado musical da canção na primeira metade do século XX". *Revista Brasileira de Estudos da Canção*. Natal: jul-dez 2012, n. 2, pp. 191-210. Disponível em: http://rbec.ect.ufrn.br/data/_uploaded/artigo/N2/RBEC_N2_A11.pdf. Acesso em: out. 2016.

_____. Guinga e Elomar: a presença do violão solístico na gênese da canção. Em: I Jornada Acadêmica Discente – PPGMUS ECA–USP, 2012, São Paulo. Disponível em: www3.eca.usp.br/sites/default/files/form/ata/pos/ppgmus/francisco_saraiva-performance.pdf. Acesso em: out. 2016.

SARAIVA, Chico e JARDIM, G. R. A influência de Villa-Lobos na canção popular brasileira. Em: 38º Enarte – Encontro das Artes de Belém, 2011, Belém. *A arte é de todos: um olhar sociocultural (Anais do Seminário de Pesquisa em Música do Pará: Pesquisa, Difusão e Patrimonialização das Práticas Musicais)*. Belém: UFPA; ICA; Escola de Música, 2011.

SCHENKER, Heinrich. *Harmony*. Chicago: University of Chicago Press, 1954.

SCHOENBERG, Arnold. *Harmonia*. São Paulo: Editora Unesp, 2001.

_____. *Fundamentos da composição musical*. Trad. Eduardo Seincman. São Paulo: Edusp, 2004.

SILVA, Kristoff. *Contribuições do arranjo para a construção de sentido na canção brasileira: análise de três canções de Milton Nascimento*. 144 f. Dissertação (mestrado em música) – Universidade Federal de Minas Gerais. Belo Horizonte: 2011.

SILVA, Vagner Gonçalves da. "Religião e identidade cultural negra: católicos, afrobrasileiros e neopentecostais". *Cadernos de Campo: revista dos alunos de pós-graduação em antropologia social*. São Paulo: 2011, v. 20, n. 20, p. 295.

_____. *Exu Brasil: o senhor de muitos nomes*. Tese (livre-docência em antropologia das populações africanas e afro-brasileiras), Universidade de São Paulo. São Paulo: 2013.

SIMAS, Luiz Antônio. "Matutando nas encruzas". *O Dia*. Rio de Janeiro: 2018. Disponível em: https://odia.ig.com.br/_conteudo/noticia/opiniao/2015-09-30/luiz-antonio-simas-matutando-nas-encruzas.html. Acesso em: 12 abr. 2018.

SMARÇARO, Júlio Cesar Caliman. *O cantador: a música e o violão de Dori Caymmi*. 186 f. Dissertação (mestrado em música) – Universidade Estadual de Campinas. Campinas: 2006.

SODRÉ, Muniz. *Samba, o dono do corpo*. 2ª ed. Rio de Janeiro: Mauad, 1998.

STRAVINSKI, Igor e CRAFT, Robert. *Conversas com Igor Stravinski*. Trad. Stella Rodrigo Octávio Moutinho. São Paulo: Perspectiva, 1984.

TABORDA, Márcia Ermelindo. *Dino sete cordas e o acompanhamento de violão na música popular brasileira*. 101 f. Dissertação (mestrado em música) – Universidade Federal do Rio de Janeiro. Rio de Janeiro: 1995.

_____. *Violão e identidade nacional: Rio de Janeiro, 1830-1930*. São Paulo: Civilização Brasileira, 2011.

TATIT, Luiz. *O cancionista: composição de canções no Brasil*. São Paulo: Edusp, 1996.

_____. *O século da canção*. Cotia: Ateliê, 2004.

_____. *Todos entoam: ensaios, conversas e canções*. São Paulo: Publifolha: 2007.

_____. *Estimar canções: estimativas íntimas na formação do sentido*. Cotia: Ateliê, 2016.

TAUBKIN, Myriam (org.). *Violões do Brasil*. São Paulo: Senac; Edições Sesc, 2007.

TINÉ, Paulo José de Siqueira. *Três compositores na música popular no Brasil: Pixinguinha, Garoto e Tom Jobim. Uma análise comparativa que abrange o período do choro à bossa nova*. 190 f. Dissertação (mestrado em música) – Universidade de São Paulo. São Paulo: 2001.

THORNTON, John. *A África e os africanos na formação do Mundo Atlântico: 1400-1800*. Trad. Marisa Rocha Mota. Rio de Janeiro: Elsevier, 2004.

TOMÁS, T. Navarro. *Manual de entonación española*. Madrid: Labor, 1974.

TONI, Flávia Camargo (org.). *A música popular brasileira na vitrola de Mário de Andrade*. São Paulo: Senac; Edições Sesc, 2004.

_____. *Mário de Andrade e Villa-Lobos*. São Paulo: Centro Cultural São Paulo, 1987.

TOWNER, Ralph. *Improvisation and Performance Techniques for Classical and Acoustic Guitar*. Wayne: 21st Century Music Productions, 1985.

ULLOA, Mario. *Recursos técnicos, sonoridades e grafias do violão para compositores não violonistas*. Tese (doutorado em música) – Universidade Federal da Bahia. Salvador: 2001.

VASCONCELLOS, Daniel Murray Santana. *Técnicas estendidas para violão: hibridização e parametrização de maneiras de tocar*. 197 f. Dissertação (mestrado em música) – Universidade Estadual de Campinas. Campinas: 2012.

VIANNA, Hermano. *O mistério do samba*. Rio de Janeiro: Zahar; UFRJ, 1995.

VIEIRA, Regina. *Técnica de Alexander: postura, equilíbrio e movimento*. São Paulo: Terceiro Nome, 2010.

VILELA, Ivan. "O caipira e a viola brasileira". Em: PAIS, José Machado (org.). *Sonoridades luso-afro-brasileiras*. Lisboa: Imprensa de Ciências Sociais da Universidade de Lisboa, 2004.

_____. *Cantando a própria história: música caipira e enraizamento*. São Paulo: Edusp, 2013.

VILLA-LOBOS, Heitor. *Douze études pour guitare*. Paris: Max Eschig, 1953. Partitura [39 p.]. Violão.

WISNIK, José Miguel. *O coro dos contrários: a música em torno da Semana de 22*. 191 f. Dissertação (mestrado em letras) – Universidade de São Paulo. São Paulo: 1974.

_____. "Getúlio da Paixão Cearense (Villa-Lobos e o Estado Novo)". Em: SQUEFF, Ênio e WISNIK, José Miguel. *Música*. São Paulo: Brasiliense, 1982.

_____. *O som e o sentido: uma outra história das músicas*. São Paulo: Companhia das Letras, 1989.

_____. "Cajuína transcendental". Em: BOSI, Alfredo (org.). *Leitura de poesia*. São Paulo: Ática, 1996.

_____. "Entre o erudito e o popular". *Revista de História*. São Paulo: 2007, n. 157. Disponível em: www.revistas.usp.br/revhistoria/article/view/19062/21125. Acesso em: 26 out. 2016.

_____. *Machado Maxixe: o caso pestana*. São Paulo: Publifolha, 2008.

_____. "Encontros entre o popular e o erudito". Link para o artigo em: www.violao-cancao.com/referencias.

WOLFF, Daniel. *Transcribing for Guitar: A Comprehensive Method*. 328 f. Tese (doutorado em música) – Manhatan School of Music. New York: 1998.

XIDIEH, Oswald E. *Semana Santa cabocla*. São Paulo: IEB-USP, 1972.

ZAGONEL, Bernardete. *O que é gesto musical*. São Paulo: Brasiliense, 1992.

ZAMACOIS, Joaquín. *Teoría de la música*. Barcelona: Labor, v. 1, 1979.

_____. *Curso de formas musicales*. Barcelona: Labor, 1960.

ZANON, Fabio Pedroso. *Villa-Lobos' Studies as a Source for the Twentieth Century Guitar Music*. 49 f. Dissertação (mestrado em música) – Royal Academy of London. London: 1995.

_____. *Villa-Lobos*. São Paulo: Publifolha, 2009.

ZUMTHOR, Paul. *A letra e a voz: a "literatura" medieval*. Trad. Amálio Pinheiro e Jerusa Pires Ferreira. São Paulo: Companhia das Letras, 1993.

MUSICOGRAFIA[1]

[1] As versões integrais de todas as músicas que tiveram trechos executados ao longo das entrevistas estão relacionadas (com links para audição) em www.violao-cancao.com/referencias – inclusive aquelas que foram absorvidas mais por meio de leitura da partitura e de apreciações ao vivo do que pela escuta de um fonograma específico.

ASSAD, Sérgio. "Angela".
BELLINATI, Paulo. "Jongo".
BOSCO, João. "Gagabirô".
BOSCO, João e BLANC, Aldir. "Agnus sei".
_____. "Sonho de caramujo".
BOSCO, João e LOPES, Nei. "Jimbo no jazz".
BUARQUE, Chico. "Morro Dois Irmãos".
BUARQUE, Chico e BOSCO, João. "Sinhá".
BUARQUE, Chico e HELDER, Jorge. "Bolero Blues".
_____. "Rubato".
CARTOLA. "Acontece".
CAYMMI, Dori e PINHEIRO, Paulo César. "Estrela da terra".
_____. "Rio Amazonas". Em: CAYMMI, Dori. *Mundo de dentro* (CD). MusicTaste/Horipro, 2009.
GUINGA. "Geraldo no Leme".
GUINGA e BLANC, Aldir. "Nítido e obscuro".
_____. "Coco do coco".
_____. "Lendas brasileiras".
_____. "Pra quem quiser me visitar".
GUINGA e GUIMARÃES, Simone. "Capital".
GUINGA e PINHEIRO, Paulo César. "Senhorinha".
JOBIM, Tom. "Rancho nas nuvens".
_____. "Chovendo na roseira". Em: JOBIM, Tom e REGINA, Elis. *Elis & Tom* (LP). Rio de Janeiro. Philips, 1974.
JOBIM, Tom e PINHEIRO, Paulo César. "Matita Perê".

SARAIVA, Chico. "Melodia para a incerteza". *Água* (CD). São Paulo. MCD, 1999.
_____. "Coco". *Saraivada* (CD). Rio de Janeiro. Biscoito Fino, 2008.
_____. "Melodia para a incerteza". Em: CASELATO, Fernando e QUARTETO TAU. *Cordas brasileiras* (CD). Rio de Janeiro. Delira, 2011.
_____. "Costa da lagoa". Em: SARAIVA, Chico e MURRAY, Daniel. *Galope* (CD). São Paulo. Borandá, 2016.
SARAIVA, Chico e TATIT, Luiz. "Incerteza".
SILVA, Ismael e BASTOS, Nilton. "Se você jurar". Em: BOSCO, João. *Dá licença meu senhor* (CD). Rio de Janeiro. Epic/Sony Music, 1995.

LISTA DE FAIXAS[2]

O VIOLÃO SOLO E O VIOLÃO E VOZ
Faixa #1
Um violão que canta | *Marco Pereira*
Faixa #2
Um violão que canta | *Sérgio Assad*
Faixa #3
Um violão que se engrena na canção | *Guinga*

A PROCURA DO OUTRO
Faixa #4
Matrizes rítmicas | *Marco Pereira*
Faixa #5
Matrizes rítmicas | *João Bosco*
Faixa #6
Matrizes melódico-harmônicas | *Guinga*

CANÇÃO: GRAUS DE AÇÃO DO INSTRUMENTO NO PROCESSO CRIATIVO
Faixa #7
A não canção? | *Guinga*
Faixa #8
A canção sem violão | *Paulo César Pinheiro*
Faixa #9
A pergunta de Tatit | *Luiz Tatit*
Faixa #10
O violão às vezes traz a melodia | *Guinga*

VIOLÃO: O ERUDITO-POPULAR E O TOCAR-COMPOR
Faixa #11
Violão-piano | *Sérgio Assad*
Faixa #12
O idioma do violão | *Guinga*
Faixa #13
Tocar junto | *João Bosco*
Faixa #14
Som polido | *Sérgio Assad*

SANGUE MESTIÇO: CINCO SOLOS
Faixa #15
"Gagabirô" | *João Bosco*
Faixa #16
Uma pergunta para Brouwer | *Sérgio Assad*
Faixa #17
É teu? | *Guinga*
Faixa #18
Rítmica brasileira | *Marco Pereira*
Faixa #19
"Boi de mamão" | *Paulo César Pinheiro*

O FIXO E O FLEXÍVEL
Faixa #20
Ver fazer: o "Jimbo no jazz" | *João Bosco*
Faixa #21
O momento da escrita | *Sérgio Assad*
Faixa #22
Uma coisa poética dentro de uma música com suingue | *Guinga*

ALUMBRAMENTO
Faixa #23
Alumbramento | *João Bosco e Sérgio Assad*
Faixa #24
"Costa da Lagoa"
    Compositor: *Chico Saraiva*
    Por *Duo Saraiva-Murray*
    Produzido por *Paulo Bellinati*

2 Todas as faixas de áudio estão disponíveis em www.violao-cancao.com/faixas-do-livro.

SOBRE
O AUTOR

Chico Saraiva nasceu no Rio de Janeiro em 1973, foi criado em Santa Catarina e vive em São Paulo desde 1995. Estreou em 1999, no álbum instrumental *Água* (MCD), gravado com Eduardo Ribeiro e José Nigro, no qual apresenta suas primeiras composições. Em 2003, foi vencedor do 6º Prêmio Visa de MPB (edição compositores), gravando as canções concorrentes no CD *Trégua* (Biscoito Fino) como parte da premiação. Em 2007, lançou seu terceiro disco, intitulado *Saraivada* (Biscoito Fino), com uma leitura autoral da música das culturas tradicionais brasileiras, interpretando o universo que pesquisa desde 1998 como integrante do grupo A Barca. *Sobrepalavras* (Borandá), seu quarto álbum autoral, veio a público em 2009, numa parceria com Verônica Ferriani e Mauro Aguiar. Em 2012, lançou *Tejo-Tietê* (Delira), ao lado de Susana Travassos; em 2016, o Duo Saraiva-Murray (formado com Daniel Murray) apresentou o álbum instrumental *Galope* (Borandá) – os dois últimos discos foram produzidos por Paulo Bellinati. Assim, ao longo dos anos, Chico Saraiva vem desenvolvendo seu trabalho no lapidar contínuo de sua música, que se alimenta do trânsito de elementos entre o violão e a canção. Mais informações em www.chicosaraiva.com.

SOBRE OS ENTREVISTADOS

ELOMAR

VITÓRIA DA CONQUISTA, BA – 1937

Cantor, violonista e compositor, Elomar Figueira Mello tem uma formação cultural e musical fortemente influenciada pelas tradições ibérica e medieval remanescentes no Nordeste brasileiro. Fundindo música popular e erudita, apresenta uma poética muito singular, enraizada na oralidade sertaneja e enriquecida com elementos da cultura europeia, o que torna sua obra bastante complexa. Entre os trabalhos mais representativos de sua proposta estética, estão os álbuns *Na quadrada das águas perdidas* (1979), *Fantasia leiga para um rio seco* (1981) e *Cartas catingueiras* (1983).

GUINGA

RIO DE JANEIRO, RJ – 1950

Carlos Althier de Souza Lemos Escobar, mais conhecido como Guinga, é compositor, violonista e cantor. Aprendeu a tocar violão clássico com Jodacil Damaceno e começou a compor ainda na adolescência, tornando-se um dos compositores mais reverenciados do país. Suas músicas já foram gravadas por nomes como Elis Regina, Chico Buarque, Clara Nunes, Leila Pinheiro e tantos outros. Como violonista, acompanhou artistas como Beth Carvalho, Cartola, João Nogueira e Alaíde Costa. Entre seus trabalhos, destaca-se o álbum *Cheio de dedos* (1996), vencedor do prêmio Sharp de melhor disco instrumental, melhor música (com "Dá o pé, Loro") e melhor produção.

JOÃO BOSCO

PONTE NOVA, MG – 1946

Cantor, violonista e compositor, João Bosco recebeu forte influência de gêneros como jazz, bossa nova e tropicalismo, e de cantores como Ângela Maria, Cauby Peixoto e Clementina de Jesus. Com Vinicius de Moraes, compôs as músicas "Rosa dos ventos", "Samba do pouso" e "O mergulhador". Mas foi com Aldir Blanc que estabeleceu sua parceria mais duradoura, compondo mais de uma centena de músicas, entre as quais, "O bêbado e o equilibrista", "Bala com bala", "O mestre-sala dos mares" e "De frente pro crime". Seu álbum *Caça à raposa* (1975) é considerado pela crítica um dos melhores discos já lançados no Brasil.

LUIZ TATIT

SÃO PAULO, SP – 1951

Além de compositor, cantor e violonista, Tatit é professor livre-docente do departamento de Linguística da Universidade de São Paulo (USP), onde desenvolve trabalho sobre a canção popular no Brasil. Foi o fundador do grupo Rumo (1974-1991), representante da vanguarda musical paulista, com o qual gravou seis discos. Entres seus álbuns solo, destacam-se *Felicidade* (1997) e *Sem destino* (2010). É autor dos livros *A canção: eficácia e encanto* (1986); *Semiótica da canção: melodia e letra* (1994); *O cancionista: composição de canções no Brasil* (1996); *Musicando a semiótica: ensaios* (1997); *Análise semiótica através das letras* (2001); *O século da canção* (2004); *Três canções de Tom Jobim* (com Arthur Nestrovski e Lorenzo Mammì, 2004).

MARCO PEREIRA

SÃO PAULO, SP – 1950

Violonista, compositor, arranjador e professor adjunto do Departamento de Composição da Universidade Federal do Rio de Janeiro (UFRJ), Marco Pereira já gravou com importantes nomes da música brasileira, entre os quais Tom Jobim, Gilberto Gil, Paulinho da Viola, Milton Nascimento e Leila Pinheiro. Na Espanha, foi premiado em dois importantes concursos: Andrés Segovia e Francisco Tárrega. E, no Brasil, recebeu o prêmio Sharp de melhor arranjador de MPB pelo disco *Gal*, da cantora Gal Costa (1993), e melhor solista/melhor disco instrumental do ano por *Bons encontros*, em duo com o pianista Cristóvão Bastos (1994).

PAULO BELLINATI

SÃO PAULO, SP – 1950

Violonista, compositor, arranjador e produtor musical, Paulo Bellinati realiza trabalhos ligados ao violão solo e à canção, na interseção entre a música popular e a de concerto.

Integra, desde os anos 1980, o grupo Pau Brasil, uma das mais importantes formações de música instrumental do Brasil, com o qual gravou cinco discos. Como arranjador, já trabalhou com artistas como Leila Pinheiro, Gal Costa, Edu Lobo e Vânia Bastos. Em 1988, foi premiado no Carrefour Mondiale de la Guitare, pela composição da música "Jongo", gravada por diversos músicos, entre os quais o renomado violonista John Williams. Recebeu o prêmio Sharp de melhor arranjador de MPB com o disco *O sorriso do gato de Alice*, de Gal Costa (1994).

PAULO CÉSAR PINHEIRO

RIO DE JANEIRO, RJ – 1949

Compositor e poeta, Paulo César Pinheiro já compôs mais de 2 mil canções e estabeleceu parceria com cerca de 120 músicos, entre os quais Tom Jobim, Baden Powell, Maria Bethânia, Dori e Danilo Caymmi, João Nogueira, Guinga, Francis Hime e muitos outros. De sua parceria com Baden Powell, nasceram as canções "Samba do perdão", "Quaquaraquaquá" e "Aviso aos navegantes", que ficaram famosas na voz de Elis Regina. Em 2002, recebeu, juntamente com Dori Caymmi, o Grammy latino de melhor canção brasileira. No ano seguinte, ganhou o prêmio Shell pelo álbum *O Lamento do samba*.

SÉRGIO ASSAD

MOCOCA, SP – 1952

Violonista, compositor, arranjador e *guitar professor* no SFCM (San Francisco Conservatory of Music), Sérgio Assad integra, juntamente com seu irmão Odair, o Duo Assad, um dos principais duos de violão erudito do mundo, que tem em seu repertório clássicos como Bach, Scarlatti, Rameau e François Couperin. Em 2002, o álbum *Sérgio e Odair Assad tocam Piazzolla* recebeu o Grammy latino de melhor álbum de tango. Em 2008, uma de suas composições para dois violões, "Tahhiyya Li Ossoulina", recebeu o Grammy latino de melhor composição contemporânea.

AGRADECIMENTOS

Sou grato aos mestres entrevistados pelo que concederam naquelas oito tardes, a todos os que contribuíram de alguma forma para este trabalho existir, e, especialmente, a Everton Gloeden, Marisa Ramires, Alberto Ikeda, Domingos Morais, Rose Satiko e equipe do Laboratório de Imagem e Som em Antropologia (Lisa); a Bruno Salerno, Clívia Ramiro, Isabel Alexandre e equipe das Edições Sesc; à Capes e ao Cnpq; a Letícia Bertelli, João Omar, Francisco Bosco, Daniel Tápia, Fábio Eitelberg, Lucas Pulice, Zé Rafael Mamigonian, Luiz Carlos Felizardo, Osni Ribeiro, Cléber Teixeira (*in memoriam*), Viviane Veras, Rodrigo Assad, Thais Taverna, Regina Vieira, Daniel Murray, Lincoln Antônio e toda A Barca; a Olga, ao maestro Gil Jardim, a Ivan Vilela e a Zé Miguel Wisnik; e a ela – a música – por sempre apontar um novo caminho.

Fontes	Skolar
	History
Papel	Pólen Bold 90 g/m²
	Supremo Duo Design 300 g/m²
Impressão	Mundial Gráfica
Data	junho de 2018

MISTO
Papel produzido a partir
de fontes responsáveis
FSC® C133551
www.fsc.org